OS EFEITOS DOS RECURSOS

R821e   Rosinha, Martha.

Os efeitos dos recursos: atualizado com o projeto do Novo Código de Processo Civil / Martha Rosinha. – Porto Alegre: Livraria do Advogado Editora, 2012.

147 p.; 23 cm. – (Temas de Direito Processual Civil; 2)

Inclui bibliografia e anexos.

ISBN 978-85-7348-779-4

1. Recursos (Direito) – Brasil. 2. Processo civil – Brasil. 3. Tutela jurisdicional. I. Título. II. Série.

CDU	347.955(81)
CDD	341.465

Índice para catálogo sistemático:

1. Recursos no direito processual civil: Brasil   347.955(81)

(Bibliotecária responsável: Sabrina Leal Araujo – CRB 10/1507)

Temas de Direito Processual Civil **2**

Martha Rosinha

OS EFEITOS DOS RECURSOS

Atualizado com o
Projeto do Novo Código de Processo Civil

Porto Alegre, 2012

Coleção
Temas de Direito Processual Civil

Coordenadores
Daniel Mitidiero
José Maria Rosa Tesheiner
Sérgio Gilberto Porto

© Martha Rosinha, 2012

Projeto gráfico e diagramação
Livraria do Advogado Editora

Revisão
Rosane Marques Borba

Direitos desta edição reservados por
Livraria do Advogado Editora Ltda.
Rua Riachuelo, 1338
90010-273 Porto Alegre RS
Fone/fax: 0800-51-7522
editora@livrariadoadvogado.com.br
www.doadvogado.com.br

Impresso no Brasil / Printed in Brazil

Para meu filho, Pedro Felipe,
com todo amor que houver nessa vida.

Agradecimentos

Gostaria de agradecer pessoas muito especiais que contribuíram para tornar alguns de meus sonhos em realidade, dentre eles a realização do Mestrado em Direito, que culminou com a publicação deste livro.

Nesse sentido, agradeço...

Ao meu filho, por ser minha principal fonte de inspiração e motivação.

Ao meu pai, por endossar todos os meus projetos.

Às minhas amigas, pela parceria e apoio de sempre.

À Faculdade de Direito São Judas Tadeu, pela confiança profissional que em mim deposita.

Aos meus alunos, pelo sempre instingante e motivador convívio acadêmico.

Aos colegas da PUC, pelas ricas trocas que tivemos no decorrer dos estudos.

Agradeço ainda aos professores do Programa de Pós-Graduação, em especial os doutores Ingo Wolfgang Sarlet, Daniel Mitidiero e Juarez Freitas, pelos valiosos conhecimentos a mim transmitidos.

Externo ainda minha gratidão aos professores que participaram da minha banca, Dr. José Maria Rosa Tesheiner e Dr. Darci Guimarães Ribeiro, por me honrarem com suas arguições.

Agradeço, de maneira muito especial por ter podido desfrutar do convívio acadêmico, ao professor doutor Araken de Assis, que sempre serviu de inspiração e com quem muito dialoguei e aprendi ao longo do Mestrado.

Por fim, meu muitíssimo obrigada, ao meu orientador e amigo, professor doutor Sérgio Gilberto Porto, que sempre me apoiou e incentivou, não só nesta publicação, mas em todas as minhas apostas acadêmicas.

Por fim, àqueles que, ainda que aqui não nominados, sempre acreditaram em mim.

Muito Obrigada!

Dificilmente um instituto jurídico subsistirá se contrariar os verdadeiros impulsos da personalidade humana. Poderá surgir e manter-se, até, por largos períodos históricos, por contingências imperscrutáveis. Mas um dia fatalmente se extinguirá. O recurso, porém, encontra na sua constância – perene e universal – a melhor prova de que corresponde a uma exigência e a um ideal.

Alcides de Mendonça Lima

Prefácio

A presente monografia, de autoria da Professora Martha Rosinha é produto de sua marcante passagem pelo Curso de Mestrado da PUCRS, onde além de granjear admiradores, face a sua densidade científica como pesquisadora, também conquistou amigos, em razão de seu saudável espírito cooperativo.

Martha, mercê de sua determinação, produziu invulgar trabalho na seara recursal, pois desenvolve instigante investigação em torno do tema referente aos múltiplos efeitos presentes nos recursos. Circunstância que, em realidade, importa em verdadeiro exame do cenário dos desdobramentos do sistema recursal.

No quotidiano da atividade judiciária, quando há referência aos efeitos presentes nos recursos, surge para o operador, como regra, um automático liame subjetivo com os clássicos efeitos suspensivo e devolutivo. Assim, poder-se-ia imaginar que um trabalho que se preocupa em discorrer sobre os efeitos dos recursos o faria limitado a esse horizonte. Entretanto, assim não é o livro da Professora Martha Rosinha, pois, além de oferecer uma visão panorâmica do sistema recursal brasileiro, esmiúça efeitos atribuídos aos recursos, muitos dos quais, por regra, não percebidos pelo operador, haja vista que implícitos na atividade recursal.

A título de ilustração, podem-se aqui destacar outros efeitos – além do suspensivo e devolutivo – examinados com percuciência pela autora, tal qual o efeito obstativo (aquele que impede a consolidação da decisão recorrida), o expansivo (que aponta a possibilidade de o recurso ir para além da matéria impugnada), o substitutivo (que contém em si a potencialidade de substituir a decisão de mérito), dentre outras hipóteses que necessariamente devem integrar a área de domínio do profissional do direito.

O trabalho, pois, explora os meandros da técnica recursal com invejável precisão, propiciando ao leitor o necessário domínio e diagnóstico da extensão do manejo recursal.

A peculiaridade da obra de centrar a investigação no esclarecimento dos possíveis desdobramentos decorrentes da interposição de recurso, elucidando cada qual dos efeitos possíveis, nem sempre bem compreendidos e conhecidos, a torna obra única e, portanto, de indispensável presença no dia a dia dos operadores em geral, seja qual for a área de atuação.

Estão de parabéns, pois, a autora, por produzir precioso estudo, a PUCRS, por propiciar o desenvolvimento de ideias tais como a presente, e a Livraria do Advogado Editora, por tornar público e, por decorrência, brindar à comunidade jurídica com uma especial e relevante publicação.

Porto Alegre, primavera, 2011.

Prof. Dr. Sérgio Gilberto Porto

Sumário

Introdução..15

1. O sistema recursal...19

    1.1. Raízes históricas dos recursos..19

        1.1.1. Tempos primitivos...19

        1.1.2. Direito romano...21

        1.1.3. Direito português..25

        1.1.4. No direito pátrio..26

    1.2. Sistema recursal no direito comparado....................................31

        1.2.1. Sistema português..31

        1.2.2. Sistema espanhol..34

        1.2.3. Sistema alemão..37

        1.2.4. Sistema argentino 39

        1.2.5. Sistema uruguaio..42

    1.3. Breves notas acerca do sistema recursal brasileiro..........................45

        1.3.1. O duplo grau de jurisdição...................................45

        1.3.2. Conceito de recurso...51

        1.3.3. Natureza jurídica dos recursos: extensão do direito de ação em fase posterior de um procedimento, ou pretensão autônoma em *simultaneo processu?*...............52

2. Efeitos dos recursos...59

    2.1. Efeito obstativo..59

    2.2. Efeito devolutivo...63

    2.3. Efeito expansivo...70

        2.3.1. Efeito expansivo objetivo – interno e externo...................72

        2.3.2. Efeito expansivo subjetivo: extensão subjetiva do efeito devolutivo......74

    2.4. Efeito translativo...78

        2.4.1. O Art. 515, § 3º, do CPC....................................82

    2.5. Efeito suspensivo...90

        2.5.1. Efeito suspensivo ativo......................................93

        2.5.2. Extensão do efeito suspensivo 94

        2.5.3. Os recursos em espécie *x* suspensividade.......................95

        2.5.4. Meios para obtenção de efeito suspensivo......................98

    2.6. Efeito substitutivo..101

    2.7. Outros efeitos...104

2.7.1. Efeito regressivo...104
2.7.2. Efeito diferido..106
Conclusão...109
Referências bibliográficas...115
Anexo I
EXPOSIÇÃO DE MOTIVOS DO NOVO CPC.............................123
Anexo II
PLS 166/2010..137

Introdução

Já há algum tempo o sistema processual civil brasileiro tem-se voltado na busca pela efetividade e celeridade da tutela jurisdicional, sendo que, inegavelmente, os recursos comumente são tidos como os responsáveis pela morosidade dos processos.

Assim, sopesando-se que a irresignação é uma característica marcante no ser humano, e que os meios recursais se mostram adequados para que se tenha uma prestação jurisdicional mais justa, contribuindo para que se alcance maior segurança jurídica, o aprofundamento do estudo nesta área merece atenção.

A inconformidade humana frente a uma decisão desfavorável é inata, sendo que a busca por um pronunciamento de autoridade superior remonta aos tempos bíblicos.[1]

Os meios recursais, enquanto formas de controle judicial dos atos do Estado, mostram-se adequados para que se tenha uma prestação jurisdicional mais justa, contribuindo para que se alcance maior segurança jurídica. Como leciona Othmar Jauernig, o significado da política do direito dos recursos consiste, antes de mais nada, na garantia reforçada da justeza da decisão.[2]

É de se ter em mente que aqueles que buscam a proteção jurídica do Estado[3] almejam a certeza e a verdade, além da utilidade e da tempestividade. Portanto, é importante que exista dialeticidade e proporcionalidade dos dois institutos antagônicos, mas igualmente assegurados em nossa Constituição: efetividade e segurança jurídica, equilibrando-se desta forma duas disposições constitucionais de igual magnitude, quais sejam: de que os recursos são inerentes ao direito à ampla defesa

---

[1] São Lucas, capítulo XXV, versículo 11-12, atos dos apóstolos: "Se fiz algum agravo, ou cometi alguma coisa digna de morte, não recuso morrer, mas, se nada há das coisas que estes me acusam, ninguém me pode entregar a eles; apelo para Cesar".

[2] JAUERNIG Othmar. *Direito processual civil.* 25.ed. Coimbra: Almedina, 2002, p. 362.

[3] Sobre o tema, Darci Guimarães Ribeiro: "genera, indistintamente, para todas las personas de la comunidad, una promesa de protección a todos aquellos que necesiten de justicia, es decir, desde que el Estado monopolizó la distribución de la justicia se comprometió, como consecuencia directa de este monopolio, a garantir y asegurar la protección de aquellos individuos que necesiten de ella. ... Llamamos esa promesa de protección jurídica de pretensión a la tutela jurídica...". In: RIBEIRO, Darci Guimarães. *La pretensión procesal y la tutela judicial efectiva: hacia una teoría procesal del derecho.* Barcelona: Bosch, 2004, p. 77.

(CF, art. 5°, inc. LV)[4] e da mesma forma não podem ser um entrave para um processo com duração razoável (CF, art. 5°, inc. LXXVIII).[5]

De um lado, busca-se a celeridade, com uma prestação jurisdicional mais ágil e efetiva; de outra banda, não com menor importância, quer-se uma decisão isenta de erros. Esse o dilema...

Dentro do sistema, a questão atinente aos efeitos dos recursos clama pelo seu estudo minucioso, até porque esta matéria no âmbito doutrinário encontra-se distante de pacificação.

O que claramente se constata é que a classificação dual dos efeitos dos recursos – devolutivo e suspensivo – expressamente mencionados no CPC, não se mostra satisfatória a identificar toda a extensão dos fenômenos decorrentes das impugnações.

Impõe-se, além do estudo dos efeitos devolutivo e suspensivo, a ampliação do panorama na temática dos efeitos recursais, com a apreciação dos efeitos translativo, obstativo e substitutivo, e ainda os efeitos expansivo, regressivo e diferido.

Dessarte, vislumbra-se uma importante necessidade da análise dos efeitos, quer do ponto de vista doutrinário, quer sob o enfoque da novel legislação recursal, ordenando os conceitos entre si, sem deixar de harmonizar esta construção com os princípios recursais, o que de pronto se mostra como tarefa árdua.

Aliás, problemática já é a apreciação de quais fenômenos processuais podem ser alçados à categoria independente de efeitos dos recursos ou devem ser tidos como mera extensão de outro efeito recursal, sendo que neste tópico a literatura se mostra altamente controvertida.

Diferenciando-se de outras abordagens, a tônica central refugirá ao aprofundamento do estudo apenas nos clássicos efeitos suspensivo e devolutivo – sem deixá-los, por óbvio, de ter a merecida apreciação –, sendo que se apresentará um panorama mais vasto possível, com análise dos "efeitos" obstativo, translativo, expansivo, regressivo, diferido e substitutivo.

Pretende-se que, ao fim da análise, a dissertação preste-se a uma reflexão científica sobe o tema proposto. Cumpre, a propósito, lembrar da advertência de Tarello,[6] apontando que, pouco a pouco, os juristas foram recuperando suas responsabilidades políticas, no sentido de que toda e qualquer construção não pode ser feita à base de uma iconoclastia em relação ao sistema jurídico. É preciso, ao

---

[4] "aos litigantes, em processo judicial ou administrativo, e aos acusados em geral são assegurados o contraditório e ampla defesa, com os meios e recursos a ela inerentes".

[5] "a todos, no âmbito judicial e administrativo, são assegurados a razoável duração do processo e os meios que garantam a celeridade de sua tramitação".

[6] TARELLO, Giovanni. *Storia della cultura giuridica moderna:* assolutismo e codificazione del diritto. Bologna: Società Editrice il Mulino, 1976.

contrário, trabalhar adequadamente com os modelos jurídicos e com certa teoria hermenêutica para desenhar resultados positivos para a construção de um Poder Judiciário mais ágil e enérgico e que, sobretudo, seja capaz de dirimir os conflitos sociais hodiernos.

1. O sistema recursal

1.1. RAÍZES HISTÓRICAS DOS RECURSOS

Ao dirigir o olhar para o passado, verifica-se que o inconformismo do ser humano, bem como sua condição de falibilidade, é imanente à sua natureza. E daí o relevo que assume o estudo dos recursos ao longo da história, como um impulso instintivo, um grito de clamor e de rebeldia dos que se sentem injustiçados e recorrem a um juízo superior.[7]

Para se analisar o atual sistema recursal, faz-se necessário, ainda que de forma muito breve, que o mesmo seja historicamente estudado, eis que, nas palavras de Moacyr Lobo da Costa: "Sem o exame direto das fontes em que deitam suas raízes, nenhum instituto recursal pode ser devidamente entendido em sua evolução".[8]

1.1.1. Tempos primitivos

Inegavelmente, a irresignação é uma característica marcante no ser humano, e a busca por um pronunciamento de autoridade superior remonta aos tempos bíblicos, sendo que ainda que de forma bastante primitiva, no Antigo Testamento, já constatamos a formação dos primeiros julgamentos colegiados, bem como a noção de hierarquia.

É o que se constata das orientações de Jetro, sogro de Moisés, aclamado chefe dos hebreus, ao se deparar com a impossibilidade de um único homem administrar a justiça:

> Ouve agora minha voz, eu te aconselharei, e Deus será contigo. Sê tu pelo povo diante de Deus, e leva tu as causas a Deus;
> E declara-lhes os estatutos e as leis, e faze-lhes saber o caminho em que devem andar, e a obra que devem fazer.

---

[7] COUTURE, Eduardo. Prólogo. In: COSTA, Agustin A. *El recurso ordinario de apelacion en el proceso civil*. Buenos Aires: Asociación de Abogados de Buenos Aires, 1950, p. 3-4.

[8] COSTA, Moacyr Lobo da. *Origem do agravo no auto do processo*. Rio de Janeiro: Borsoi, 1976, p. 4.

E tu dentre todo o povo procura homens capazes, tementes a Deus, homens de verdade, que odeiem a avareza; e *põe-nos sobre eles por maiorais de mil, maiorais de cem, maiorais de cinqüenta, e maiorais de dez;*
Para que julguem este povo em todo o tempo; e seja que todo o negócio grave tragam a ti, mas todo o negócio pequeno eles o julguem; assim a ti mesmo te aliviarás da carga, e eles a levarão contigo.[9] (grifou-se)

E da noção de hierarquia:

Quando alguma coisa te for difícil demais em juízo, entre sangue e sangue, entre demanda e demanda, entre ferida e ferida, em questões de litígios nas tuas portas, então te levantarás, e subirás ao lugar que escolher o Senhor teu Deus;
E virás aos sacerdotes levitas, e ao juiz que houver naqueles dias, e inquirirás, e te anunciarão a sentença do juízo.[10] (grifou-se)

A organização judicial dos Hebreus se alterou por completo quando estes se estabeleceram na Palestina. Segundo a Lei de Moisés, em cada cidade devia haver juízes delimitando aí sua jurisdição, sendo que de suas sentenças podia se apelar ao chefe da república, e ainda ao sumo sacerdote, e mais acima ao rei.[11]

Já no Novo Testamento aparece claramente a busca por um novo pronunciamento de autoridade hierarquicamente superior: "Se fiz algum agravo, ou cometi alguma coisa digna de morte, não recuso morrer, mas, se nada há das coisas que estes me acusam, ninguém me pode entregar a eles; apelo para Cesar".[12]

Ainda, em se referindo à antiguidade, pode-se lembrar que a ideia do homem enquanto ser falível, bem como um prenúncio de uma ideia de revisão das decisões, já se vislumbrava no Código de Hammurabi, elaborado durante o reinado de Hammurabi, Rei da Babilônia.[13] Dispunha o § 5, no item que trata dos *Sortilégios, Juízo de Deus, Falso Testemunho, Prevaricação de Juízes*:

Se um juiz dirige um processo e profere uma decisão e redige por escrito a sentença, se mais tarde o seu processo se demonstra errado e aquele juiz, no processo que dirigiu, é convencido de ser causa do erro, ele deverá então pagar doze vezes a pena que era estabelecida naquele processo, e se deverá publicamente expulsá-lo de sua cadeira de juiz. Nem deverá ele voltar a funcionar de novo como juiz em um processo.[14]

---

[9] Êxodo, capítulo XVIII, versículos 19 a 22. Disponível em: <http://www.bibliaonline.com.br/acf/ex/18>. Acesso em: 01 maio 2009.

[10] Deuteronômio, capítulo XVII, versículos 8 e 9. Disponível em: <ttp://www.bibliaonline.com.br/acf/dt/17>. Acesso em: 01 maio 2009.

[11] CARAVANTES , Jose de Vicente y. *Tratado histórico, crítico filosófico de los procedimientos judiciales en materia civil, según la nueva Ley de Enjuiciamento.* Madrid: Imprenta de Gaspar y Roiz, 1856. Tomo I, p. 21-2.

[12] Ato dos Apóstolos, capítulo XXV, versículo 11. Disponível em: <http://www.bibliaonline.com.br/acf/atos/25>. Acesso em: 01 maio 2009.

[13] Khammu-rabi, rei da Babilônia no 18º século a.C., estendeu grandemente o seu império e governou uma confederação de cidades-estado. Erigiu, no final do seu reinado, uma enorme "estela" em diorito, na qual ele é retratado recebendo a insígnia do reinado e da justiça do rei Marduk. Abaixo mandou escreverem 21 colunas, 282 cláusulas que ficaram conhecidas como Código de Hamurábi (embora abrangesse também antigas leis). Disponível em: <http://www.dhnet.org.br/direitos/anthist/hamurabi.htm>. Acesso em: 01 maio 2009.

[14] Código de Hammurabi. Disponível em: <http://www.dhnet.org.br/direitos/anthist/hamurabi.htm>. Acesso em: 01 maio 2009.

Muito embora não houvesse a previsão de recurso como tal, fica demonstrada a não rigidez das decisões face à possibilidade de erro, ponto de partida para a revisão recursal.

O Código de Manu[15] da mesma forma esboçava a possibilidade de depuração do processo e das decisões ao prever a anulação de atos baseados em falso testemunho. Assim dispunha o artigo 101 do Livro Oitavo: "Todo processo no qual um falso testemunho foi prestado, deve ser recomeçado pelo juiz e, o que foi feito, deve ser considerado como não feito".[16]

O povo egípcio dispunha de hierarquia judiciária, com diversidade de instâncias e possibilidade de recursos, sendo que, no ápice desta, havia a corte suprema, composta por trinta membros, escolhidos pelas cidades de Menfis, Tebas e Helió-polis. No mesmo diapasão, em Atenas e Esparta, os cidadãos podiam apelar para a assembleia do povo, a qual decidia os recursos interpostos das decisões de vários tribunais.[17]

Nestess períodos os recursos não estavam disciplinados como tal, podendo-se considerar como uma fase embrionária na evolução histórica dos recursos.

1.1.2. Direito romano

Quanto ao direito romano, considerando a sua inegável influência no processo moderno, cabe um estudo mais minucioso.

A sociedade romana, cuja origem data de 754 a.C., e que se estendeu até a morte do Imperador Justiniano (565 d.C), dividiu-se historicamente em períodos, assim entendidos:

1) período real (que vai das origens de Roma à queda da realeza em 510 a.C.);

2) período republicano (de 510 a 27 a.C., quando o Senado investe Otaviano – o futuro Augusto – no poder supremo com a denominação de *princeps*);

3) período do principado (de 27 a.C. a 285 d.C., com o início do dominato Diocleciano);

4) período do dominato (de 285 a 565 d.C., data em que morre Justiniano).[18]

---

[15] Segundo uma lenda, *Sarasvati* foi a primeira mulher, criada por *Brahma* da sua própria substância. Desposou-a depois e do casamento nasceu *Manu*, o pai da humanidade, a quem se atribui o mais popular código de leis reguladoras da convivência social. *Manu*, progênie de *Brahma*, pode ser considerado como o mais antigo legislador do mundo; a data de promulgação de seu código não é certa, alguns estudiosos calculam que seja aproximadamente entre os anos 1300 e 800 a.C. Disponível em: <http://www.dhnet.org.br/direitos/anthist/manu.htm>. Acesso em: 01 maio 2009.

[16] Código de Manu. Disponível em: <http://www.dhnet.org.br/direitos/anthist/manu2.htm>. Acesso em: 01 maio 2009.

[17] LIMA, Alcides de Mendonça. *Sistema de normas gerais dos recursos cíveis*. Rio de Janeiro: Freitas Bastos, 1963, p. 15.

[18] ALVES, José Carlos Moreira. *Direito romano*. 14.ed. Rio de Janeiro:Forense, 2008, p. 1.

OS EFEITOS DOS RECURSOS

Em Roma, foram conhecidos e utilizados três sistemas de processo civil:

a) as ações da lei *(legis actiones)*, que vigoraram desde os primeiros anos da fundação de Roma até o tempo de Cícero;

b) o procedimento formulário ou ordinário *(ordinaria judicia)*, que perdurou até o reinado de Diocleciano (ano 294, d. C.);

c) o procedimento extraordinário *(extraordinaria judicia)*.

O sistema das ações da lei se caracterizava por um espírito austero e formalista, próprio dos primeiros tempos de Roma. Este primeiro procedimento só se aplicava aos cidadãos. Entretanto, uma palavra equivocada proferida por inexperiência do demandante o fazia perder seu direito. Eram cinco as ações da lei: *actio sacramenti, judicis postulatio, condictio, manus injectio* e a *pignoris capio*.[19]

Pouco a pouco, paralelamente a este procedimento formal, foi se estabelecendo o procedimento formulário, que consistia em uma instrução escrita onde o magistrado nomeava o juiz e fixava os elementos sobre os quais este deveria fundamentar seu juízo, dando um comando, mais ou menos determinado, para a uma sentença com condenação ou para a absolvição. As partes desta fórmula seriam: *demonstratio, intentio, adiudicatio e comdemnatio* (Gayo, IV, § 39).[20]

Tanto no período das *legis actiones*, como no período formulário, o procedimento se dividia em duas instâncias, *in iure*, perante um magistrado, e *iudex in iudicio*, perante um juiz, sendo ambas de mesmo grau.

Nestes tempos, não havia um recurso propriamente dito, como, por exemplo, uma apelação; mas sim remédios de outra índole, que muito embora não possuíssem o caráter de revisão das decisões tal como se entende nos dias modernos, devem ser tidos por espécies recursais.[21]

Da sentença do *iudex* seguia-se diretamente para o procedimento executivo, com a *actio iudicati*, quando se podia impugnar a nulidade da sentença por meio da *infitiatio iudicati*. Podia-se também buscar a nulidade da sentença por via própria, pela *revocatio in duplum*.[22]

Havia ainda o remédio da *intercessio*, que visava apenas ao sobrestamento da execução mediante o veto de magistrado de igual ou superior hierarquia do sentenciador.[23]

---

[19] CARAVANTES , Jose de Vicente y. *Tratado histórico, crítico filosófico de los procedimientos judiciales en materia civil, según la nueva Ley de Enjuiciamiento*. Madrid: Imprenta de Gaspar y Roiz, 1856. Tomo I, p. 31.

[20] SCIALOJA, Vittorio. *Procedimiento civil romano*: ejercicio y defensa de los derechos. Buenos Aires: Europa-América, 1954, p. 159.

[21] Nesse sentido: SCIALOJA, Vittorio. *Op.cit.*, p. 356-364; LIMA, Alcides de Mendonça. *Sistema de normas gerais dos recursos cíveis*. Rio de Janeiro: Freitas Bastos, 1963, p. 17; SIDOU, J. M. Othon. *Os recursos processuais na história do direito*. 2.ed. Rio de Janeiro : Forense, 1978, p. 31.

[22] SCIALOJA, Vittorio. *Op. cit.*, p. 358.

[23] SIDOU, J. M. Othon. *Os recursos processuais na história do direito*. 2.ed. Rio de Janeiro: Forense, 1978, p. 20.

Cabia ademais a *restitutio in integrum*, onde se devia demonstrar ao magistrado que a sentença proferida havia ofendido interesses de uma pessoa e que por tal haveria uma justa causa para que não se produzisse essa ofensa. Neste caso, muito embora houvesse uma revisão da sentença, uma nova não era proferida. Sucedia apenas a supressão dos efeitos da sentença já pronunciada com a restituição ao estado primitivo das coisas.[24]

Como forma primitiva da apelação, havia a *appellatio collegarum*, apelação perante um magistrado de igual ou maior grau, ou perante os tribunos da plebe (*appellatio tribunorum plebis*), para que fosse exercido o direito de veto, ou seja, proibir a execução de um ato, ou caso já executado, de proibir a produção de efeitos. As partes que se sentissem ofendidas por um ato de um magistrado podiam *appellare* a um magistrado de igual ou maior grau, ou perante os tribunos da plebe, pedindo sua intercessão para suspender os efeitos da decisão *(intercessio)*.[25]

Ao lado da primitiva *appellatio* suprarreferida surgiu uma nova instituição – a *provocatio*, quando a parte lesada por uma sentença podia invocar a autoridade de um juiz superior, que, examinando de novo o julgamento, podia manter ou reformar a sentença. A *provocatio* foi como que o embrião da *appellatio* imperial. Quando a anterior *appellatio* desapareceu, deu-se à *provocatio* a nomenclatura de *appellatio*.[26]

A terceira fase procedimental romana, chamada de *extraordinaria judicia*, caracterizava-se pelo procedimento perante um magistrado como único julgador, desde o princípio até o fim do processo. É quando a apelação se torna o meio ordinário para impugnar as sentenças.[27]

Nesta fase, a sentença não mais valia como *res judicata*, senão quando não era mais admissível uma apelação, tal qual nos moldes atuais.

O procedimento se dava da seguinte forma: proferida a sentença, o vencido podia apelar ao magistrado superior ao que a proferira, ou, na conformação, cumpri-la.

Nem toda sentença era passível de apelação: anteriormente a Justiniano, o Código Teodosiano estabelecia, por via de regra, a proibição, sob penas severas de se apelar de sentenças interlocutórias ou preparatórias. Justiniano manteve a restrição, permitindo a apelação contra qualquer sentença definitiva ou terminativa.

Justiniano limitou em duas o número de apelações sucessivas, eis que anteriormente não havia limite de graus de jurisdição, de modo que o número de apelações variava de acordo com o de juízes escalonados hierarquicamente entre o que primeiro decidira e o imperador. Desta forma, poderia haver tantas apelações

---

[24] SCIALOJA, Vittorio. *Op. cit.*, p. 359.

[25] SCIALOJA, Vittorio. *Procedimiento civil romano:* ejercicio y defensa de los derechos. Buenos Aires: Europa-América, 1954, p. 360.

[26] LIMA, Alcides de Mendonça. *Sistema de normas gerais dos recursos cíveis*. Rio de Janeiro: Freitas Bastos, 1963, p. 18.

[27] SCIALOJA, Vittorio. *Op. cit.*, p. 422.

quanto o número de juízes em escala hierárquica ascendente até o imperador, a quem cabia um último recurso. Via de regra, a apelação cabia ao juiz imediatamente superior ao que proferira a sentença, mas, em casos de especial importância, a apelação podia ser dirigida diretamente ao imperador.

A apelação poderia ser feita oralmente (bastava o apelante dizer *appello* quando da leitura da sentença), ou por escrito (por meio de um *libellus appellatorius*) dentro de, a princípio, dois dias (ou três, no caso de representação por *procurator*) após proferida a sentença, e, após Justiniano, dentro do prazo de dez dias.

Caso a apelação fosse julgada improcedente, além de perder a demanda e de pagar as custas, o recorrente era condenado a penas que variaram no tempo: no período de Constantino, se fosse rico, a desterro por dois anos metade de seus bens era confiscada, e, se fosse pobre, a dois anos de trabalhos forçados nas minas; sob Justiniano, cabia ao juiz estabelecer pena moderada contra o apelante temerário.[28]

Da apreciação do Digesto, livro 49, depreende-se que a apelação possuía efeito devolutivo (o juiz superior tomava pleno conhecimento da causa julgada pelo magistrado recorrido), e suspensivo (suspendia-se a exequibilidade da sentença recorrida até que o juiz superior decidisse a apelação).

49.7.1. Ulpianus libro quatro de appellationibus

pr. Appellatione interposita, sive ea recepta sit sive non, medio tempore nihil novari oportet: si quidem fuerit recepta appellatio, quia recepta est: si vero non est recepta, ne praeiudicium fiat, quoad deliberetur, utrum recipienda sit appellatio an non sit.

1. Recepta autem appellatione tamdiu nihil erit innovandum, quamdiu de appellatione fuerit pronuntiatum.[29]

Se a sentença fosse confirmada, ela produziria efeitos a partir da data em que fosse proferida, e não da data em que se julgara a apelação.[30]

Em termos recursais, admitia-se ainda um remédio contra as sentenças do prefeito do pretório (não apeláveis), a *supplicatio* (as partes se dirigiam ao imperador por uma súplica), sendo que também esta figura recursal produzia efeito suspensivo.[31] A *supplicatio* é tida como o primeiro precedente do agravo, que teria inspirado o agravo ordinário das Ordenações Manuelinas.[32]

---

[28] ALVES, José Carlos Moreira. *Direito romano*. 14.ed. Rio de Janeiro: Forense, 2008, p. 264.

[29] Digesto. Disponível na The Roman Law Library em: <http://web.upmf-grenoble.fr/Haiti/Cours/Ak/>. Acesso em: 08 maio 2009.

[30] ALVES, José Carlos Moreira. *Op.cit.*, p. 265.

[31] SCIALOJA, Vittorio. *Procedimiento civil romano:* ejercicio y defensa de los derechos. Buenos Aires: Europa-América, 1954, p. 426. Em sentido contrário, entendendo não haver efeito suspensivo. CARAVANTES, Jose de Vicente y. *Tratado histórico, crítico filosófico de los procedimientos judiciales en materia civil, según la nueva Ley de Enjuiciamento.* Madri: Imprenta de Gaspar y Roiz, 1856. Tomos I, p. 51: *"Este recurso no tenia por efecto suspender la ejecucion de la sentencia atacada; pero Justiniano permitió á la parte vencida, que hubiese presentado una demanda por escrito com este objeto, exigir de su adversario una caucion relativamente á la ejecucion para el caso en que se reformara la sentencia."* (grifou-se)

[32] MIRANDA, Francisco Cavalcanti Pontes de. *Comentários ao código de processo civil.* Rio de Janeiro: Forense, 1975. T. 7, p.271.

Com o fim do império romano, instaurou-se o direito germânico, sendo que, durante quase todo o feudalismo, não existiam recursos, eis que as decisões eram proferidas pelo senhor feudal, no caso, a autoridade máxima.

Com o enfraquecimento do feudalismo, os recursos ressurgem e passam a ser utilizados como instrumento político, com a concentração do poder na figura do rei, que passa a ter o direito de decidir em última instância, enfraquecendo desta forma os susseranos.[33]

Neste período, o rei enfeixava em suas mãos todos os poderes do Estado, e os juízes, por ele delegados, julgavam em seu nome. Das sentenças cabia recurso ao rei, e daí a origem histórica do termo *devolutivo*, eis que o juiz devolvia ao rei o conhecimento da causa (a jurisdição a ele delegada).[34]

No Direito Canônico a utilização do recurso se dá de forma intensa, como forma de rigorosa repressão aos juízes inferiores que julgassem mal. Cabiam em quaisquer causas e poderiam ser interpostas apelações até que fossem consideradas três sentenças idênticas.[35]

1.1.3. Direito português

A história do Direito Português tem início em 1140, com a independência de Portugal, sendo que, em uma primeira fase, predominou o direito consuetudinário e foraleiro. É na fase de consolidação do Estado Português, a partir do reinado de D. Afonso III – 1248 –, que surge o sistema recursal de forma organizada e definida.[36]

Anteriormente às Ordenações, há registros de coletâneas de leis, não promulgadas, sendo elas:[37] o Livro das Leis e Posturas[38] e as Ordenações de Dom Duarte,[39] onde já constava a possibilidade do recurso (sendo que nestas constam os termos *apelar* e *agravar*, ambos no sentido de *recorrer*).[40]

Em 1271, D. Afonso III disciplinou (Lei inserida no Livro das Leis e Posturas e após, nas Ordenações Afonsinas) sobre o recurso de apelação, sendo que devia desde logo ser declarada a intenção de apelar, e o apelante deveria requerer ao juiz que, dentro de nove dias, lhe entregasse a carta de razões, juízo e agravo

---

[33] SIDOU, J. M. Othon. *Os recursos processuais na história do direito.* 2.ed. Rio de Janeiro: Forense, 1978, p. 2.

[34] LIMA, Bruno de Mendonça. Recursos no processo civil brasileiro – generalidades. *Revista da Faculdade de Direito de Pelotas*, ano VI, v. VII, Pelotas: Faculdade de Direito, 1961, p. 101.

[35] MONTEIRO, João. *Teoria do processo civil.* 6.ed. Rio de Janeiro: Borsoi, 1956, p. 618.

[36] CAETANO, Marcello. *História do direito português:* fontes – direito público: 1140-1495. 3.ed. Lisboa: Verbo, 1992, p. 30-1 e 400 e ss.

[37] COSTA, Mário Júlio de Almeida. *História do direito português.* 3.ed. Coimbra: Almedina, 2005, p. 266.

[38] Livros das Leis e Postura. Disponível na Ius Lusitaniae – Fontes Históricas de Direito Português. <http://www.iuslusitaniae.fcsh.unl.pt/verlivro.php?id_parte=43&id_obra=57&pagina=159>. Acesso em: 09 maio 2009.

[39] Ordenações de Dom Duarte. Disponível na Ius Lusitaniae – Fontes Históricas de Direito Português. <http://iuslusitaniae.fcsh.unl.pt/verlivro.php?id_parte=83&id_obra=71&pagina=223>. Acesso em: 09 maio 2009.

[40] CAETANO, Marcello. *Op.cit.,* p. 404.

passada por tabelião ou escrivão e selada com o selo do conselho ou da entidade que coubesse.[41]

Havia assim dois momentos da apelação: apelação enquanto ato de recorrer, e cuja intenção devia ser manifestada logo que o interessado conhecia a sentença, e o agravo que era a carta ou instrumento público notarial que materializava o recurso (onde eram consignadas as razões da decisão, a própria decisão e os fundamentos da apelação).[42]

Foi D. Afonso IV quem restringiu o uso da apelação contra qualquer sentença interlocutória, só cabendo nos casos de prejudiciais à marcha do processo ou causadores de dano irreparável, nestes casos produzindo efeito suspensivo. Das demais decisões, que não cabia apelação, restava o protesto nos próprios autos, sendo que, não havendo reparo pelo juiz de imediato, tinha apreciação diferida para o momento da apreciação da apelação da sentença definitiva. Daí a origem histórica da distinção entre o agravo nos autos e o agravo de instrumento.[43]

As Ordenações Afonsinas que vigoraram de 1446 a 1521 previam o recurso de apelação e o agravo de instrumento.

De 1521 até 1603 vigoraram as Ordenações Manuelinas.

A partir de 1603, foram promulgadas as Ordenações Filipinas, que previam os seguintes recursos: apelação (Livro 3, títulos LXVIII a LXXXIII); embargos (Livro 3, título LXVI, § 6);[44] agravos (Livro 3, título LXXXIV) e revista (Livro 3, título XCV).[45]

1.1.4. No direito pátrio

Face à impossibilidade de prontamente organizar-se uma legislação nacional com a Independência do Brasil em 7 de setembro de 1822, foi aprovada pela Assembleia Nacional Constituinte de 1823 disposição no sentido de que o Brasil permaneceria submetido às leis portuguesas, mesmo após sua independência.

---

[41] Livros das Leis e Postura. Disponível na Ius Lusitaniae – Fontes Históricas de Direito Português. <http://www.iuslusitaniae.fcsh.unl.pt/verlivro.php?id_parte=43&id_obra=57&pagina=228>. Acesso em: 09 maio 2009.

[42] CAETANO, Marcello. *Op.cit.,* p. 407.

[43] Idem, p. 408.

[44] § 6. E depois que o Julgador dér huma vez sentença diffinitiva em algum feito, e a publicar, ou dér ao Scrivão, para lhe pôr o termo da publicação, não tem mais poder de a revogar dando outra contraria pelos mesmos autos. E se depois a revogasse, e désse outra contraria, a segunda será nenhuma, salvo se a primeira fosse revogada por via de embargos, taes que per Direito por o nelles allegado, ou provado a devesse revogar. Porém se o Julgador der alguma sentença diffinitiva, que tenha em si algumas palavras escuras e intrincadas, bem a poderá declarar; porque outorgado he per Direito ao Julgador, que possa declarar e interpretar qualquer sentença por elle dada, ainda que seja diffinitiva, se duvidosa for: e não somente a esse Julgador, que a sentença deu, mais ainda ao que lhe succedeo no officio de julgar, porque então se guardará também na diffinitiva, para a poder interpretar, o que dissemos no Titulo 65: Das sentenças interlocutorias. E da dita declaração e interpretação poderá a parte, que se sentir aggravada, appellar no termo do Direito, e sendo a quantidade tal, em que caiba appellação.

[45] CERNE, João Baptista Guimarães. *Ordenações em vigor.* Estudos sobre o Código Philippino na nossa Actualidade. Bahia: Empreza Editora. 1897, p. 237.

Assim, as Ordenações Filipinas continuaram vigendo, até a promulgação de nossas primeiras leis, com a previsão de efeito suspensivo na apelação. É o que está disposto no Livro 3, sob o título LXXIII: "Que o juiz, de que foi appellado, não possa innovar cousa alguma, pendendo a appellação":

> Tanto que a appellação he interposta, assi da sentença interlocutória, de que se pôde appellar, como da diffinitiva, logo a jurisdição do Juiz, de que he appellado, he suspensa, e não poderá jamais innovar cousa alguma, nem attentar, ate que a instancia da appellação seja finalmente determinada.[46]

No decorrer dos tempos, o Brasil começa a criar normas próprias, considerando a independência do seu colonizador.

Nesse passo, a Constituição do Império (25/3/1824) prescreveu em seu art. 179, inciso XVIII: "Organizar-se-á quanto antes um código civil, e criminal, fundado nas sólidas bases da justiça, e equidade".

Desta forma, em 1830, é aprovado o Código Criminal, e, em 1832, o Código de Processo Criminal, que manteve a apelação, porém dispôs que os agravos de petição e de instrumento seriam restringidos ao agravo no auto do processo, e o agravo ordinário deixaria de existir.[47] Entretanto, esta situação foi alterada pela Lei nº 261, de 3 de dezembro de 1841, que, expressamente, revogou as disposições nesse sentido daquele diploma, retornando o sistema recursal ao seu *statu quo ante*.[48]

Posteriormente, em 1850, é promulgada a Lei nº 556, de 25 de junho de 1850 (Código Comercial), cuja base processual foi o Regulamento nº 737, que teve por escopo inicial apenas o processo comercial, até que fosse estendido às causas civis, por força do Decreto nº 763, de 19 de setembro de 1890, do Governo Provisório da República. Até então, o processo civil continuou regido pelas Ordenações Filipinas, seguindo-se alterações por leis extravagantes.[49]

O Regulamento 737 previa os seguintes recursos: *appellações* (arts. 646 a 661), embargos (arts. 639 a 645), revista (arts. 665 a 667) e *agravos* (arts. 668 a 671).[50] As *appellações* eram recebidas no duplo efeito: devolutivo e suspensivo (nos casos de ação ordinária e embargos à execução ou de terceiro).[51]

---

[46] CERNE, João Baptista Guimarães, *op. cit.*

[47] COSTA, Moacyr Lobo da. *Breve notícia histórica do direito processual civil brasileiro e de sua literatura.* São Paulo: RT/EDUSP, 1970, p. 5-6.

[48] Art. 120. "Fica revogado o art. 14 da Disposição Provisoria, tanto na parte que supprimio as replicas e treplicas, como naquilo que reduzio os aggravos de petição e instrumento a aggravos no auto do processo, ficando em vigor a legislação anterior que não fôr opposta á esta Lei.".

[49] LIMA, Alcides de Mendonça. *Sistema de normas gerais dos recursos cíveis.* Rio de Janeiro: Freitas Bastos, 1963, p. 37.

[50] FARIA, Antônio Bento de. *Processo comercial e civil:* dec. n. 737 de 25 de novembro de 1850. Rio de Janeiro: Jacintho, 1903, p. 217-31.

[51] Art. 652. "Os effeitos da appellação serão suspensivos e devolutivos, ou devolutivos sómente: o suspensivo compete ás acções ordinarias, e aos embargos oppostos na execução, ou pelo executado ou por terceiro, sendo julgados provados; o effeito devolutivo compete em geral a todas as sentenças proferidas nas demais acções commerciaes.".

OS EFEITOS DOS RECURSOS

Em 1871, a Lei 2.033 determinou a compilação das normas processuais civis.[52] Esse trabalho foi realizado pelo Conselheiro Antonio Joaquim Ribas, passando a disciplinar o processo civil. Manteve-se a regulamentação dos quatro recursos previstos no Regulamento 737, quais sejam: agravo, apelação, embargos e revista.

Em 1890, como dito, o Decreto 763 estende a aplicação do Regulamento 737 também às causas cíveis, ou seja, não mais são válidas as regras das Ordenações e da Consolidação Ribas.

Já com a Constituição Federal de 1891, cada estado-membro passou a ter competência para organizar seu, então chamado, direito adjetivo, hoje processo civil e processo penal.

No primeiro CPC,[53] do Estado do Rio Grande do Sul (chamado de Código de Processo Civil e Comercial), eram previstos os seguintes recursos: agravo, carta testemunhável e apelação (art. 1004).[54]

Os embargos declaratórios estavam estabelecidos no art. 510, na parte referente à sentença.[55]

Os embargos de nulidade e infringentes somente surgiram com a Lei nº 346, de 1925, que regulou a Organização Judiciária, nos arts. 196 e 199, tanto em segunda como em primeira instância, respectivamente, assim como nos casos de instância única, pelo art. 198.[56]

No referido Código, tanto o agravo (art. 1010),[57] como a *appellação* (art. 1032)[58] possuíam efeito suspensivo.

Saliente-se que o Código enumerava apenas os recursos ordinários, mas havia, além desses recursos, o recurso extraordinário, com assento no art. 59, § 1º, da Constituição da República.[59]

---

[52] "Art. 29, § 14. O Governo poderá, no regulamento que der para a execução da presente Lei, impôr prisão até tres mezes e multa até 200$; e fará consolidar todas as disposições legislativas e regulamentares concernentes ao processo civil e criminal".

[53] A primeira legislação processual estadual foi a do Estado do Pará (Decreto 1.380 de 22/06/1905), entretanto, a primeira legislação processual a ser denominada de Código foi a do Rio Grande do Sul (Lei 65, de 15/01/1908). Neste sentido, ver NORONHA, Carlos Silveira. *Sentença civil*: perfil histórico-dogmático. São Paulo: Revista dos Tribunais, 1995, p. 262.

[54] VERGARA, Oswaldo. *Código do processo civil e comercial do Estado do Rio Grande do Sul*: lei nº 65 de 16 de janeiro de 1908. 2.ed. Porto Alegre: Globo, 1922, p. 466.

[55] "Artigo 510. Dentro do prazo legal para a interposição do recurso, e sem prejuízo deste, poderá a parte requerer por simples petição que se declare a sentença, sempre que nella houver alguma obscuridade, ambiguidade ou contradicção; ou se expresse algum ponto omittido sobre que devia haver condemnação".

[56] LIMA, Alcides de Mendonça. *Sistema de normas gerais dos recursos cíveis*. Rio de Janeiro: Freitas Bastos, 1963, p. 37.

[57] "Artigo 1010. O aggravo terá effeito suspensivo e será interposto em audiência ou em cartório do escrivão, por termo nos autos, dentro de cinco dias contados da intimação ou publicação dos despachos ou sentenças em audiência."

[58] "Artigo 1032. A appellação terá sempre effeito suspensivo".

[59] "Das sentenças das justiças dos Estados, em ultima instancia, haverá recurso para o Supremo Tribunal Federal: a) quando se questionar sobre a validade ou a applicação de tratados e leis federaes, e a decisão do tribunal do Estado fôr contra ella; b) quando se contestar a validade de leis ou de actos dos governos dos Estados em face da Constituição ou das leis federaes, e a decisão do tribunal do Estado considerar validos esses actos ou essas leis impugnadas."

Em 1934, vem uma nova Constituição e, a partir de então, a União passa a ter competência legislativa em matéria processual,[60] fórmula esta repetida pela Constituição Federal de 1937,[61] o que leva, em 1939, ao surgimento do Código de Processo Civil unificado. O Código de Processo Civil de 1939, que unificou nacionalmente as legislações estaduais, previa, no seu art. 808, a possibilidade dos seguintes recursos: I – Apelação; II – Embargos de Nulidade e Infringentes; III – Agravo; IV – Revista; V – Embargos de Declaração; e VI – Recurso Extraordinário.[62]

A apelação era cabível das sentenças definitivas, ou seja, que definissem o mérito da causa (art. 820),[63] o agravo de petição cabia das sentenças terminativas (que não resolvessem a lide – art. 846),[64] e o agravo de instrumento dava-se de determinadas decisões arroladas em leis extravagantes ou nas hipóteses referidas nos incisos I a XVII do art. 842.[65] Havia ainda o agravo no auto do processo com cabimento previsto no art. 851.[66]

Quanto aos efeitos, as apelações eram recebidas no efeito devolutivo e suspensivo,[67] ou somente devolutivo, nas situações do art. 830.[68] O agravo de instru-

---

[60] "Art. 5º Compete privativamente à União: XIX – legislar sobre: a) direito penal, comercial, civil, aéreo e processual, registros públicos e juntas comerciais".

[61] "Art 16 – Compete privativamente à União o poder de legislar sobre as seguintes matérias: XVI – o direito civil, o direito comercial, o direito aéreo, o direito operário, o direito penal e o direito processual".

[62] "Art. 808. São admissíveis os seguintes recursos: I – apelação; II – embargos de nulidade ou infringentes do julgado; III – agravo; IV – revista; V – embargos de declaração; VI – recurso extraordinário. Parágrafo único. O recurso extraordinário e a revista não suspendem a execução da sentença, que correrá nos autos suplementares.".

[63] "Art. 820. Salvo disposição em contrário, caberá apelação das decisões definitivas de primeira instância".

[64] "Art. 846. Salvo os casos expressos de agravo de instrumento, admitir-se-á agravo de petição, que se processará nos próprios autos, das decisões que impliquem a terminação do processo principal, sem lhe resolverem o mérito".

[65] "Art. 842. Além dos casos em que a lei expressamente o permite, dar-se-á agravo de instrumento das decisões; I. que não admitirem a intervenção de terceiro na causa; II. que julgarem a exceção de incompetência; III. que denegarem ou concederem medidas requeridas como preparatórias da ação; IV. que não concederem vista para embargos de terceiro, ou que os julgarem; V. que denegarem ou revogarem o benefício de gratuidade; VI. que ordenarem a prisão; VII. que nomearem, ou destituirem inventariante, tutor, curador, testamenteiro ou liquidante; VIII. que arbitrarem, ou deixarem de arbitrar a remuneração dos liquidantes ou a vintena dos testamenteiros; X. que denegarem a apelação, inclusive a de terceiro prejudicado, a julgarem deserta, ou a relevarem da deserção; IX. que decidirem a respeito de êrro de conta; XI. que concederem, ou não, a adjudicação ou a remissão de bens; XII. que anularem a arrematação, adjudicação ou remissão cujos efeitos legais já se tenham produzido; XIII. que admitirem, ou não, o concurso de credores. ou ordenarem a inclusão ou exclusão de créditos; XIV. que julgarem, ou não, prestadas as contas; XV. que julgarem os processos de que tratam os Títulos XV a XXII do Livro V, ou os respectivos incidentes, ressalvadas as exceções expressas; XVI. que negarem alimentos provisionais; XVII. que, sem caução idônea, ou independentemente de sentença anterior, autorizarem a entrega de dinheiro ou quaisquer outros bens, ou a alienação, hipoteca, permuta, subrogação ou arrendamento de bens.".

[66] "Art. 851. Caberá agravo no auto do processo das decisões: I. que julgarem improcedentes as exceções de litispendência e coisa julgada; II. que não admitirem a prova requerida ou cercearem, de qualquer forma, a defesa do interessado; III. que concederem, na pendência da lide, medidas preventivas; IV. que considerarem, ou não, saneado o processo, ressalvando-se, quanto à última hipótese o disposto no art. 846."

[67] "Art. 829. Serão devolutivos e suspensivos, ou sómente devolutivos, os efeitos da apelação. Recebida a apelação no efeito sómente devolutivo, o apelado poderá promover, desde logo, a execução provisória da sentença, que correrá nos autos suplementares.".

[68] "Art. 830. Serão recebidas no efeito sómente devolutivo as apelações interpostas das sentenças: I. que homologarem a divisão ou a demarcação; II. que julgarem procedentes as ações executivas e as de despejo; III. que jul-

---

OS EFEITOS DOS RECURSOS

mento era por regra o devolutivo e, excepcionalmente, suspensivo.[69] Já o recurso extraordinário e o de revista não eram dotados de efeito suspensivo, de acordo com o disposto no parágrafo único do art. 808[70] e art. 858.[71]

Buzaid, ao se manifestar sobre o CPC de 1939 no que tangia ao sistema recursal, referia "a incoerência, a quebra de simetria, a desordem na sistemática", à existência de duas almas: uma moderna, impulsionada pelo progresso, atualizada com todo o sentido contemporâneo da ciência; e outra alma antiga, que tinha mais de três séculos, rançosa e envelhecida, incompatível com a primeira.[72]

Neste Código, o problema verificado na doutrina e na jurisprudência foi a conceituação do que seria mérito, causando grandes inseguranças na operabilidade do sistema recursal.

Considerando a dificuldade mencionada, quanto à definição do que seria mérito ou não, e o cabimento de apelação ou agravo de petição, o Código de 1973 passou a adotar uma posição mais pragmática, conceituando sentença como o ato que encerra o processo, com ou sem resolução do mérito, assim apelável. Para Pontes de Miranda, o CPC de 1973 "definiu sentença com precisão".[73] Foram extintos o agravo de petição, os embargos infringentes de 1º grau e o agravo no auto do processo. Surge o agravo retido e a figura do recurso adesivo.

Alcides de Mendonça Lima também se manifestou favoravelmente às novas definições e à exatidão de quais recursos cabiam de que decisões: "Desapareceu, assim, a tortura do regime anterior..."[74]

Neste sentido, acentuou Buzaid, na exposição de motivos:

> Se o Juiz põe termo ao processo, cabe apelação. Não importa indagar se decidiu ou não o mérito. A condição do recurso é que tenha havido julgamento final no processo. Cabe agravo de instrumento de toda a decisão, proferida no curso do processo, pela qual o juiz resolve questão incidente.

---

garem a liquidação da sentença. § 1º Nas ações ordinárias em que a execução da sentença depender de liquidação por arbitramento por artigos, será devolutivo o efeito da apelação para o fim exclusivo de autorizar a liquidação na pendência do recurso. § 2º Nos demais casos, receber-se-à a apelação em ambos os efeitos.".

[69] "Art. 843. O agravo de instrumento não suspenderá o processo. § 1º O recurso interposto do despacho referido no nº V do artigo anterior suspenderá apenas a obrigação do pagamento das custas. § 2º Nos casos previstos nos ns. VI, XI e XVII, o juiz suspenderá o processo, si não puder suspender apenas a execução da ordem." (vide nota de rodapé 67).

[70] Vide nota de rodapé 64.

[71] "Art 858. O recurso, que não terá efeito suspensivo, julgar-se-á de acordo com a forma estabelecida para o julgamento dos embargos de nulidade ou infringentes do julgado, ouvido o Procurador Geral."

[72] BUZAID, Alfredo. Uma contribuição para o estudo do sistema de recursos no direito brasileiro – generalidades. *Revista da Faculdade de Direito de Pelotas*. v. II, n. 2. Pelotas: Faculdade de Direito, 1957, p. 16

[73] MIRANDA, Francisco Cavalcanti Pontes de. *Comentários ao Código de Processo Civil (1973)*. Tomo III. Rio de Janeiro: Forense. 1974, p. 86.

[74] LIMA, Alcides de Mendonça. *Introdução aos recursos cíveis*. 2.ed. São Paulo: Revista dos Tribunais. 1976, p. 73.

1.2. SISTEMA RECURSAL NO DIREITO COMPARADO

1.2.1. Sistema português

O Código de Processo Civil português prevê, no art. 676, que as decisões judiciais podem ser impugnadas por meio de recursos; sendo recursos ordinários, a apelação, a revista e o agravo; e extraordinários, a revisão e a oposição de terceiro.[75]

A distinção entre recursos ordinários e extraordinários baseia-se na coisa julgada, que se forma logo que estejam esgotados os primeiros. Caberão, após o trânsito, os recursos extraordinários, que não têm, assim, força suficiente para impedir a sentença de transitar em julgado.[76] Nas palavras de Fernando Pessoa Jorge, "São os primeiros que correspondem à figura típica do recurso... É a possibilidade dos recursos ordinários que impede que as decisões judiciais se tornem definitivas logo que são emitidas".[77]

No sistema processual português, os recursos ordinários têm sempre efeito devolutivo, podendo acrescer-se o efeito suspensivo. Como leciona Fernando Amâncio Ferreira, "consiste o efeito devolutivo em atribuir ao tribunal hierarquicamente superior o poder de rever a decisão recorrida, em vista a confirmá-la ou revogá-la". Já o efeito suspensivo pode se dar em duas formas, "efeito suspensivo sobre o cumprimento da decisão...; e efeito suspensivo sobre a marcha do processo".[78]

A apelação é recurso oponível contra a "sentença final e do despacho saneador que decidam do mérito da causa" (art. 691), e, regra geral, tem efeito meramente devolutivo. A apelação tem, porém, efeito suspensivo, nos seguintes casos (previstos no art. 692.2, do CPC português): a) nas ações sobre o estado das pessoas; b) nas ações referidas no nº 5 do artigo 678,[79] e nas que respeitem à posse ou à propriedade da casa de habitação do réu.

Pode ainda a apelação ter efeito suspensivo, desde que a parte vencida o requeira, no caso de a execução lhe causar prejuízo considerável e dependendo, entretanto, do oferecimento para prestar caução. Fica a atribuição desse efeito condicionada à efetiva prestação da caução no prazo fixado pelo tribunal (art. 692.3).

---

[75] Código de Processo Civil. Disponível em <http://www.portolegal.com/CPCivil.htm>. Acesso em: 01 set. 2009.

[76] PALMEIRA, Pedro. *Da sistemática dos recursos nos códigos de processo civil do Brasil e de Portugal.* Rio de Janeiro: Livraria Freitas Bastos, 1964, p. 11.

[77] JORGE, Fernando Pessoa. O sistema de recursos em processo civil português. *Revista de Processo.* n. 2, São Paulo: Revista dos Tribunais, 1976, p. 174.

[78] FERREIRA, Fernando Amâncio. *Manual dos recursos em processo civil.* 7.ed. Coimbra: Almedina, 2006, p. 182.

[79] Art. 678.5: "Independentemente do valor da causa e da sucumbência, é sempre admissível recurso para a Relação nas acções em que se aprecie a validade, a subsistência ou a cessação de contratos de arrendamento, com excepção dos arrendamentos para habitação não permanente ou para fins especiais transitórios."

No sistema recursal português, há a previsão, no art. 703, em havendo erro quanto ao(s) efeito(s) que o recurso tenha sido recebido pelo julgador *a quo* de, no tribunal superior, o relator alterar o efeito do recurso, ouvindo para tal as partes.

Se o relator entender que a apelação, recebida no efeito meramente devolutivo, deve possuir efeito suspensivo, expede-se ofício – se o apelante o requerer – para que seja suspensa a execução.

Quando, ao invés, o relator julgue que a apelação, recebida nos dois efeitos, devia ter sido recebida apenas no efeito devolutivo, este mandará, a pedido do apelado, efetuar traslado de peças que baixam à 1ª instância.

Cabe recurso de revista (art. 721), do acórdão da Relação que decida do mérito da causa por violação da lei substantiva, que pode consistir tanto no erro de interpretação ou de aplicação, como no erro de determinação da norma aplicável. Para o CPC português, consideram-se lei substantiva as normas e os princípios de direito internacional geral ou comum e as disposições genéricas, de caráter substantivo, emanadas dos órgãos de soberania, nacionais ou estrangeiros, ou constantes de convenções ou tratados internacionais.

O recurso de revista é recebido no efeito meramente devolutivo, tendo, entretanto, efeito suspensivo em questões sobre o estado de pessoas (art. 723).

Sendo o recurso de revista admitido com efeito suspensivo, pode o recorrido exigir prestação de caução, seguindo-se a regra do art. 693.2, que trata da apelação.[80] Se o efeito for meramente devolutivo, pode o recorrido requerer que se extraia traslado, o qual compreende unicamente o acórdão, salvo se o recorrido fizer, à sua custa, inserir outras peças (art. 724.2).

Via de regra, o recurso de revista é interposto de decisões de 2ª instância, entretanto o art. 725 possibilita o recurso de revista direto, sem passar pela apelação, denominado de recurso de revista *per saltum*.[81]

No caso de o relator do processo no Supremo Tribunal de Justiça entender que as questões suscitadas ultrapassam o âmbito da revista, determina-se que o processo baixe à Relação, a fim de o recurso ser processado como apelação.

Saliente-se que, em sendo o recurso processado como revista, o regime dos efeitos é o da apelação (art. 725.6).[82]

O recurso de agravo cabe das decisões susceptíveis de recurso de que não cabe apelação (art. 733).

---

[80] "Não querendo, ou não podendo, obter a execução provisória da sentença, pode o apelado, que não esteja já garantido por hipoteca judicial, requerer, no prazo de 10 dias contados da notificação do despacho que admita a apelação ou que, no caso do nº 3 do artigo anterior, lhe recuse o efeito suspensivo, que o apelante preste caução".

[81] FERREIRA, Fernando Amâncio. *Manual dos recursos em processo civil*. 7.ed. Coimbra: Almedina, 2006, p. 269.

[82] "No caso de deferimento do requerimento previsto no nº 1, o recurso é processado como revista, salvo no que respeita ao regime de subida e efeitos, a que se aplicam os preceitos referentes à apelação".

O agravo, no que tange ao momento de subida, pode se dar de duas formas, quais sejam, o de subida imediata,[83] e o de subida diferida[84] – que subirá com o primeiro recurso interposto depois dele, e que seja de subida imediata, devendo informar o recorrente acerca do interesse em seu exame.[85]

No que diz respeito ao modo de subida, podem ser: agravos que sobem nos próprios autos (interpostos das decisões que ponham termo ao processo no tribunal recorrido ou suspendam a instância e aqueles que apenas subam com os recursos dessas decisões – art. 736); ou agravos que sobem em separado – art. 737 – que são os não compreendidos no artigo anterior.

É no agravo que se apresenta a segunda faceta do efeito suspensivo referida inicialmente (suspensão da marcha do processo). O efeito suspensivo da marcha do processo se dá no caso de agravos que subam imediatamente nos próprios autos.[86]

Já a suspensão do cumprimento da decisão se dá, além da situação referida anteriormente, nos seguintes casos (art. 740.2): a) Os agravos interpostos de despachos que tenham aplicado multas; b) Os agravos de despachos que hajam condenado no cumprimento de obrigação pecuniária, garantida por depósito ou caução; c) Os agravos de decisões que tenham ordenado o cancelamento de qualquer registo; d) Os agravos a que o juiz fixar esse efeito; e) Todos os demais a que a lei atribuir expressamente o mesmo efeito. Neste último item, o juiz só pode atribuir efeito suspensivo ao agravo, quando o agravante o haja pedido no requerimento de interposição do recurso e, depois de ouvir o agravado, reconhecer que a execução imediata do despacho é susceptível de causar ao agravante prejuízo irreparável ou de difícil reparação (art. 740.3).

Cabe ainda a interposição de agravo na 2ª instância, para o Supremo Tribunal de Justiça, e que terá, em regra, efeito meramente devolutivo. Terão, entretanto, efeito suspensivo, os agravos que tiverem subido da 1ª instância nos próprios autos, e aqueles a que se refere o nº 2 do artigo 740 (suprarreferido).

---

[83] "ARTIGO 734 (Agravos que sobem imediatamente) 1. Sobem imediatamente os agravos interpostos: a) Da decisão que ponha termo ao processo; b) Do despacho pelo qual o juiz se declare impedido ou indefira o impedimento oposto por alguma das partes; c) Do despacho que aprecie a competência absoluta do tribunal; d) Dos despachos proferidos depois da decisão final. 2. Sobem também imediatamente os agravos cuja retenção os tornaria absolutamente inúteis".

[84] "ARTIGO 735 (SUBIDA DIFERIDA) 1. Os agravos não incluídos no artigo anterior sobem com o primeiro recurso que, depois de eles serem interpostos, haja de subir imediatamente. 2. Se não houver recurso da decisão que ponha termo ao processo, os agravos que deviam subir com esse recurso ficam sem efeito, salvo se tiverem interesse para o agravante independentemente daquela decisão. Neste caso, sobem depois de a decisão transitar em julgado, caso o agravante o requeira no prazo de 10 dias".

[85] "ARTIGO 748 (INDICAÇÃO DOS AGRAVOS RETIDOS QUE MANTÊM INTERESSE PARA O AGRAVANTE) 1. Ao apresentar as alegações no recurso que motiva a subida dos agravos retidos, o agravante especificará obrigatoriamente, nas conclusões, quais os que mantêm interesse. 2. Se omitir a especificação a que alude o número anterior, o relator convidará a parte a apresentá-la, no prazo de 5 dias, sob cominação de, não o fazendo, se entender que desiste dos agravos retidos".

[86] FERREIRA, Fernando Amâncio. *Manual dos recursos em processo civil.* 7.ed. Coimbra: Almedina, 2006, p. 326.

Expõe o art. 758.2, que ao agravo interposto da decisão de mérito proferida pela Relação, que se impugne com fundamento exclusivamente processual, aplicam-se as disposições do artigo 723,[87] ou seja, ao recurso deve ser atribuído somente o efeito devolutivo, salvo em questões sobre o estado das pessoas.[88]

Já dentre os recursos extraordinários estão previstas a revisão, que corresponde à nossa ação rescisória, e a oposição de terceiro, que é o recurso destinado exclusivamente para quem não foi parte no processo.

Distintamente do CPC brasileiro, onde a ação rescisória não é qualificada como recurso (e portanto não impedindo a formação da coisa julgada), o legislador lusitano optou por transformar em recurso o remédio rescisório, ainda que extraordinário, e desta forma, sem o condão de impedir o trânsito em julgado da sentença e, consequentemente, a sua execução imediata, apenas condicionada à exigência de caução.[89]

Dispõe o art. 680 do CPC português, ao tratar sobre quem pode recorrer que, salvo a oposição de terceiro, os recursos só podem ser interpostos por quem, sendo parte principal na causa, tenha ficado vencido. Entretanto, as pessoas, direta e efetivamente prejudicadas pela decisão, podem recorrer dela, ainda que não sejam partes na causa ou sejam apenas partes acessórias. A orientação lusitana não encontra paralelo em outras legislações. "Os recursos ou podem ser utilizados pelas partes e terceiros prejudicados, ou só pelas partes, com ou sem a instituição de outro especialmente destinado aos terceiros".[90] A distinção se dá quando o legislador português previu o uso dos recursos às partes e ao terceiro diretamente prejudicado, entretanto criou um outro recurso destinado exclusivamente a quem não foi parte na causa.

São irrecorríveis, de acordo com o sistema recursal lusitano, os despachos de mero expediente e os proferidos no uso legal de um poder discricionário (art. 679), como por exemplo, o despacho que manda citar o réu (art. 234.5)[91] e o que indefere o requerimento de retificação, esclarecimento ou reforma da sentença (art. 670.2).[92]

1.2.2. Sistema espanhol

A *Ley de Enjuiciamiento Civil* da Espanha – LEC –[93] dispõe sobre os recursos no Título IV do Livro II, sendo considerados recursos propriamente ditos, o re-

---

[87] "ARTIGO 723 (EFEITO DO RECURSO) O recurso de revista só tem efeito suspensivo em questões sobre o estado de pessoas".

[88] FERREIRA, Fernando Amâncio. *Manual dos recursos em processo civil.* 7.ed. Coimbra: Almedina, 2006, p. 353.

[89] PALMEIRA, Pedro. *Da sistemática dos recursos nos códigos de processo civil do Brasil e de Portugal.* Rio de Janeiro: Livraria Freitas Bastos, 1964, p. 13.

[90] Idem, ibidem.

[91] "Não cabe recurso do despacho que mande citar os réus ou requeridos, não se considerando precludidas as questões que podiam ter sido motivo de indeferimento liminar".

[92] "Do despacho que indeferir o requerimento de rectificação, esclarecimento ou reforma não cabe recurso. A decisão que deferir considera-se complemento e parte integrante da sentença".

[93] Ley de Enjuiciamiento Civil. Disponível em: <http://www.porticolegal.com/pa_ley.php?ref=27>. Acesso em: 03 jun. 2009.

curso de reposição (arts. 451 a 454); a apelação (arts. 455 a 467); extraordinário por infração processual (arts. 468 a 476); cassação (arts. 477 a 489); e queixa (arts. 494 e 495).[94]

No direito espanhol, os atos do juiz se dividem em: providências, *autos* e sentenças (art. 206, 1).[95]

Há providência quando a resolucão não se limite à aplicação de normas de impulso processual, mas se refira às questões processuais que requeiram uma decisão judicial, seja por estabelecer a lei, ou por derivarem delas afetações de direitos processuais das partes, sempre que em tais casos não se exija expressamente a forma de *auto* (art. 246, 2, 1ª).

Autos se caracterizam por decidir recursos contra providências, quando se resolva sobre admissão ou inadmissão de demanda, reconvenção e cumulação de ações, sobre pressupostos processuais, admissão ou inadmissão da prova, homologação judicial de transações e conciliações, anotacões e inscrições registrais, medidas cautelares, nulidade ou validade de atos e quaisquer questões incidentais, tenham ou não previsão de tramitação especial assinalada nesta lei (art. 246, 2, 2ª). Também são *autos* as resoluções que ponham fim à atuação de uma instância, ou recurso, antes de concluída sua tramitação ordinária.

Consoante o art. 246, 2, 3ª, profere-se sentença para pôr fim ao processo, em primeira ou segunda instância, uma vez que tenha concluído sua tramitação ordinária prevista na LEC. Também se resolvem por sentença os recursos extraordinários e os procedimentos para a revisão de sentenças firmes.

O recurso de reposição é o recurso cabível contra todas as providências e *autos* não definitivos proferidos por qualquer tribunal civil, e de acordo com as disposições do art. 451, não possui efeito suspensivo.[96]

A reposição é um recurso ordinário e não devolutivo, pelo qual se solicita ao próprio julgador ou tribunal que houver proferido a decisão recorrida, que declare sua ilegalidade (por ser contrária a uma norma ou garantia processual) e a conseguinte ineficácia da mesma, proferindo nova decisão.[97] O recurso de reposição tem como característica ser apreciado na mesma instância em que foi ditada a decisão recorrida.

A reposição nada mais é que um pedido de reconsideração, tido por meio útil e conveniente – considerando-se a economia processual – possibilitando a recon-

---

[94] AROCA, Juan Montero; MATÍES, José Flors. *Tratado de recursos en el proceso civil*. Valencia: Tirant lo Blanch, 2005, p. 49.

[95] "Artículo 206. Clases de resoluciones judiciales. 1. Las resoluciones de los tribunales civiles se denominarán providencias, autos y sentencias".

[96] "Artículo 451. Resoluciones recurribles. Inexistencia de efectos suspensivos. Contra todas las providencias y autos nos definitivos dictados por cualquier tribunal civil cabrá recurso de reposición ante el mismo tribunal que dictó la resolución recurrida, sin perjuicio del cual se llevará a efecto lo acordado."

[97] AROCA, Juan Montero; MATÍES, José Flors. *Tratado de recursos en el proceso civil*. Valencia: Tirant lo Blanch, 2005, p. 199.

OS EFEITOS DOS RECURSOS

sideração e retificação de uma decisão, evitando assim maiores dilações em caso de eventual reforma.

A apelação é um recurso ordinário que tem cabimento[98] em face de sentenças proferidas em 1ª instância e também contra autos definitivos (que põem fim na primeira instância),[99] e ainda em face de autos que não ponham fim ao juízo, desde que a lei assim determine, eis que seus contéudos se assemelham aos definitivos, como por exemplo, no auto que denega o despacho de execução (art. 522.2).[100]

É a apelação o recurso devolutivo por natureza, ou seja, o Tribunal *ad quem* examina a correção e regularidade de uma decisão proferida pelo Tribunal *a quo*, de acordo com as razões aduzidas pelo apelante.[101]

A apelação é recebida no efeito suspensivo, que consiste na paralisação do cumprimento ou execução da decisão recorrida,[102] conforme as disposições do art. 462.[103] Carecem, entretanto, de efeito suspensivo, os casos de sentenças desestimatórias da demanda e na apelação em face de *autos* definitivos.[104] A previsão legal é alvo de críticas, eis que a sentença que não tenha estimado a pretensão da parte autora dificilmente poderia ser executada, pelo que não haveria o que se falar em execução provisória de uma sentença desestimatória.[105]

De acordo com a legislação espanhola, com a apelação se esgota o sistema de recursos devolutivos. As sentenças proferidas pelas *Audiencias Provinciales*[106] em grau de apelação podem ser submetidas ao controle de órgão jurisdicional de grau superior, somente nos casos determinados pela LEC.[107] Na categoria dos recursos extraordinários, situam-se os recursos de cassação e o recurso extraordinário por infração processual.

Mediante a interposição do recurso de cassação se busca o exame e a correção da interpretação e aplicação das normas jurídicas materiais realizadas pelas *Audiencias Provinciales*, assim como a observância da jurisprudência. Assim dispõe

---

[98] "Artículo 455. Resoluciones recurribles en apelación. Competencia y tramitación preferente. 1. Las sentencias dictadas en toda clase de juicio, los autos definitivos y aquéllos otros que la ley expresamente señale, serán apelables en el plazo de cinco días."

[99] "Artículo 207. Resoluciones definitivas. Resoluciones firmes. Cosa juzgada formal. 1. Son resoluciones definitivas las que ponen fin a la primera instancia y las que decidan los recursos interpuestos frente a ellas."

[100] AROCA, Juan Montero; MATÍES, José Flors. *Tratado de recursos en el proceso civil.* Valencia: Tirant lo Blanch, 2005, p. 267.

[101] MÉNDEZ, Francisco Ramos. *Derecho procesal civil.* 5.ed. Tomo II. Barcelona: Bosch, 1992, p. 722.

[102] GUASP, Jaime. *Derecho procesal civil.* Tomo 2. 4.ed. Madrid: Civitas, 1998, p. 596.

[103] "Artículo 462. Competencia del tribunal de la primera instancia durante la apelación. Durante la sustanciación del recurso de apelación, la jurisdicción del tribunal que hubiere dictado la resolución recurrida se limitará a las actuaciones relativas a la ejecución provisional de la resolución apelada".

[104] "Artículo 456. Ámbito y efectos del recurso de apelación. 2. La apelación contra sentencias desestimatorias de la demanda y contra autos que pongan fin al proceso carecerá de efectos suspensivos, sin que, en ningún caso, proceda actuar en sentido contrario a lo que se hubiese resuelto".

[105] PICÓ I JUNOY, Joan (Dir.) *Presente y futuro del proceso civil.* Barcelona: José Maria Bosch Editor, 1998, p. 298.

[106] As *Audiencias Provinciales* se equivalem ao Juiz de 1º grau do nosso sistema.

[107] AROCA, Juan Montero; MATÍES, José Flors. *Op. cit.,* p. 519.

o art. 477.1: "El recurso de casación habrá de fundarse, como motivo único, en la infracción de normas aplicables para resolver las cuestiones objeto del proceso".

Já com o recurso extraordinário por infração processual se busca o controle da regularidade e validade da atuação processual levada a cabo com a apelação, bem como o cumprimento das normas que regem os atos e garantias do processo.

Consoante as disposições do art. 469, o recurso extraordinário por infração processual só poderá fundar-se nos seguintes motivos: 1) infração das normas sobre jurisdição e competência objetiva ou funcional; 2) infração das normas processuais reguladoras da sentença; 3) infração das normas legais que regem os atos e garantia do proceso quando a infração determine a nulidade; 4) vulneração no processo dos direitos fundamentais reconhecidos pela Constituição da Espanha; caso contrário é inadmitido por carecer de fundamento.[108]

O recurso de queixa (art. 494)[109] se dá em face da decisão que denega a tramitação de um recurso de apelação, extraordinário por infração processual ou de cassação; e é interposto perante o órgão competente para julgar o recurso inadmitido, sendo que da decisão que julga o recurso de queixa não cabe recurso algum.[110]

1.2.3. Sistema alemão

O direito processual alemão distingue os meios de impugnação em recursos (*rechtsmittel*) e remédios (*rechtsbehelfe*), sendo que os primeiros se caracterizam pelos seu efeito suspensivo (*suspensiveffekt*) – impedindo a execução da sentença impugnada – e devolutivo (*devolutiveffekt*) – devendo ser a impugnação decidida por uma

---

[108] Neste sentido: "ROJ: ATS 4707/2009. Tipo Órgano: Tribunal Supremo. Sala de lo Civil. Municipio: Madrid, Sección: 1. Ponente: JESUS CORBAL FERNANDEZ. Nº Recurso: 1455/2006 - Fecha: 14/04/2009. Tipo Resolución: Auto. Resumen: DOS RECURSOS EXTRAORDINARIOS POR INFRACCIÓN PROCESAL al amparo del ordinal 2º del art. 477.2 de la LEC 2000 contra Sentencia recaída en juicio tramitado por razón de la cuantía que excede de la exigida para acceder al recurso de casación: Inadmisión de ambos recursos por no ser susceptible de recurso extraordinario por infracción procesal la vulneración de normas sobre costas procesales (art. 473.2 de la LEC 2000). UN RECURSO DE CASACIÓN contra la mencionada resolución: Inadmisión del recurso de casación por interposición defectuosa al no ajustarse a lo prevenido en el artículo 483.3 de la LEC por haber variado la base fáctica de la Sentencia recurrida. (art 483.2.2º de la LEC 2000, en relación con el art. 481.1 y 477.1 de la LEC 2000). UN RECURSO EXTRAORDINARIO POR INFRACCIÓN PROCESAL Y DE CASACIÓN contra la mencionada resolución: Inadmisión del recurso de casación por interposición defectuosa al no ajustarse a lo prevenido en elartículo 483.3 de la LEC por haber variado la base fáctica de la Sentencia recurrida. (art 483.2.2º de la LEC 2000, en relación con el art. 481.1 y 477.1 de la LEC 2000). Inadmisión del recurso extraordinario por infracción procesal por carencia manifiesta de fundamento (art 473.2.2º de la LEC 2000)." Grifou-se. Disponível em: <http://www.poderjudicial.es/search/index.jsp>. Acesso em: 05 jun. 2009.

[109] "Artículo 494. Resoluciones recurribles en queja. Contra los autos en que el tribunal que haya dictado la resolución denegare la tramitación de un recurso de apelación, extraordinario por infracción procesal o de casación, se podrá interponer recurso de queja ante el órgano al que corresponda resolver del recurso no tramitado. Los recursos de queja se tramitarán y resolverán con carácter preferente".

[110] "Artículo 495. 5. Contra el auto que resuelva el recurso de queja no se dará recurso alguno".

instância superior.[111] A interposição de um remédio não instaura a competência de um tribunal superior e, portanto, os remédios carecem de efeito devolutivo.[112]

O Código de Processo Civil alemão (*Zivilprozessordnung* – ZPO), aprovado pelo Reichstag em 1876, e cuja entrada em vigor se deu em 1º/10/1879,[113] sofreu uma série de reformas, sendo que a de 2002 teve como principal objeto o sistema recursal. No sistema anterior, a revisão das decisões era concebível a respeito dos fatos e do direito.[114] O controle e o reexame eram plenos (no caso da apelação), e somente se restringia ao exame de direito na revisão. No novo modelo, os tribunais de segunda instância se convertem em tribunais de controle de falhas ou defeitos em que hajam incorrido os tribunais inferiores, e de nenhuma forma em instâncias para novo controle dos fatos.[115]

Restaram previstos os recursos de apelação (*berufung*) – cabível contra as sentenças (*urteile*), queixa (*beschwerde*) – para se impugnar outras decisões, e revisão (*revision*) – para suscitar questões de direito.

A apelação é o recurso cabível contra as sentenças definitivas ditadas em primeira instância (§ 511).[116] A apelação em face de uma sentença de primeira instância é julgada pelo tribunal de primeira instância; e a apelação contra as sentenças de primeira instância proferidas por este tribunal é apreciada pelos tribunais superiores.[117] [118]

A revisão (§ 511 e ss.)[119] é cabível também contra as sentenças definitivas, entretanto proferidas pelos tribunais de alçada, e cujo julgamento se dará pelo Superior Tribunal de Justiça *(BGH)*, e tem por objeto, como já referido, suscitar questões de direito. O juízo de admissibilidade se dá, como na apelação, pelo julgador *a quo*; sendo que o mesmo não está sujeito à discricionariedade, devendo ser obrigatoriamente admitido o recurso quando a causa tenha um significado fundamental

---

[111] RAGONE, Álvaro J. Pérez; PRADILLO, Juan Carlos Ortiz. *Código procesal civil alemán (ZPO)*. Berlin: Konrad Adenauer Stiftung, 2006, p. 115.

[112] SCHÖNKE, Adolfo. *Derecho procesal civil*. Barcelona: Bosch, 1950, p. 299.

[113] MOREIRA, José Carlos Barbosa. *Breve notícia sobre a reforma do processo civil alemão*. Temas de direito processual: oitava série. São Paulo: Saraiva, 2004, p. 199.

[114] JAUERNIG, Othmar. *Direito processual civil*. 25.ed. Coimbra: Almedina, 2002, p. 361.

[115] RAGONE, Álvaro J. Pérez. El nuevo proceso civil alemán: princípios y modificaciones al sistema recursivo. *GENESIS – Revista de Direito Processual Civil*, Curitiba, n. 32, p. 357-384, abr./jun. 2004, p. 359.

[116] "§ 511 Statthaftigkeit der Berufung. (1) Die Berufung findet gegen die im ersten Rechtszug erlassenen Endurteile statt". ZPO. Disponível em: <http://www.gesetze-im-internet.de/zpo/index.html>. Acesso em: 01 jun. 2009.

[117] SCHÖNKE, Adolfo. *Derecho procesal civil*. Barcelona: Bosch, 1950, p. 305.

[118] A reforma não alterou as estruturas das instâncias recursais, que estão previstas na Lei Orgânica (*Gerichtsverfassungsgesetz*). Neste sentido RAGONE, Álvaro J. Pérez; PRADILLO, Juan Carlos Ortiz. *Código procesal civil alemán (ZPO)*. Berlin: Konrad Adenauer Stiftung, 2006, p. 114.

[119] "§ 542 Statthaftigkeit der Revision. (1) Die Revision findet gegen die in der Berufungsinstanz erlassenen Endurteile nach Maßgabe der folgenden Vorschriften statt." ZPO. Disponível em <http://www.gesetze-im-internet. de/zpo/index.html>. Acesso em: 01 jun. 2009.

ou colabore com o desenvolvimento, aperfeiçoamento ou unificação do direito e da jurisprudência.[120]

Já as demais resoluções, que não sentenças definitivas, podem ser impugnadas através do recurso de queixa.[121] Com a reforma, passaram a ser possíveis dois tipos de queixa, a *sofortige beschwerde* (§ 567),[122] e a *rechtsbeschwerde*,[123] esta para casos de questões de direito, de modo que não só as sentenças, mas também as demais decisões estão sujeitas ao reexame *in iure*.[124]

1.2.4. Sistema argentino

A Argentina é uma nação federal e, atualmente, está dividida en 24 jurisdições, sendo 23 províncias,[125] e a Cidade Autônoma de Buenos Aires, que é a sede do governo nacional. De acordo com a CF argentina, art. 75, inciso 12, o Governo Central (*Nación)* tem competência exclusiva para ditar os Códigos Civil, Comercial, Penal, de Mineração e do Trabalho e Seguridade Social,[126] sendo que as províncias ditam seus próprios Códigos de Processo Civil e Comercial. A grande maioria das províncias baseou seu código no *Código Procesal Civil y Comercial de la Nación*, motivo pelo qual este será o objeto de apreciação no presente estudo.

A doutrina elenca como sendo recursos ordinários: "aclaratoria, reposición, apelacion, nulidad e queja; e extraordinários, a apelación extraordinaria ante la Corte Suprema, também chamado de recurso extraordinario de apelación, ou recurso extraordinario federal, ou recurso de inconstitucionalidad en el ordem nacional, ou simplesmente, recurso extraordinário".

---

[120] RAGONE, Álvaro J. Pérez; PRADILLO, Juan Carlos Ortiz. *Op. cit.,* p. 128.

[121] SCHÖNKE, Adolfo. *Op. cit.,* p. 323.

[122] "§ 567 Sofortige Beschwerde; Anschlussbeschwerde. (1) Die sofortige Beschwerde findet statt gegen die im ersten Rechtszug ergangenen Entscheidungen der Amtsgerichte und Landgerichte, wenn. 1.dies im Gesetz ausdrücklich bestimmt ist oder. 2. es sich um solche eine mündliche Verhandlung nicht erfordernde Entscheidungen handelt, durch die ein das Verfahren betreffendes Gesuch zurückgewiesen worden ist." Disponível em <http://www.gesetze-im-internet.de/zpo/index.html>. Acesso em: 01/06/2009.

[123] "§ 574 Rechtsbeschwerde; Anschlussrechtsbeschwerde. (1) Gegen einen Beschluss ist die Rechtsbeschwerde statthaft, wenn. 1.dies im Gesetz ausdrücklich bestimmt ist oder. 2.das Beschwerdegericht, das Berufungsgericht oder das Oberlandesgericht im ersten Rechtszug sie in dem Beschluss zugelassen hat." Disponível em: <http://www.gesetze-im-internet.de/zpo/index.html>. Acesso em: 01 jun. 2009.

[124] MOREIRA, José Carlos Barbosa. *Breve notícia sobre a reforma do processo civil alemão.* Temas de direito processual: oitava série. São Paulo: Saraiva, 2004, p. 205.

[125] Jujuy; Salta; Formosa; Catamarca; Tucumán; Santiago del Estero; Chaco; Corrientes; Misiones; San Juan; La Rioja; Córdoba; Santa Fe; Entre Rios; Mendoza; San Luis; La Pampa; Buenos Aires; Neuquén; Río Negro; Chubut; Santa Cruz e Tierra del Fuego.

[126] Art. 75, 12. "Dictar los Códigos Civil, Comercial, Penal, de Minería, y del Trabajo y Seguridad Social, en cuerpos unificados o separados, sin que tales códigos alteren las jurisdicciones locales, correspondiendo su aplicación a los tribunales federales o provinciales, según que las cosas o las personas cayeren bajo sus respectivas jurisdicciones..." Disponível em: <http://www.argentina.gov.ar/argentina/portal/documentos/constitucion_nacional.pdf>. Acesso em: 25 maio 2009.

O *Código Procesal Civil y Comercial de la Nación*[127] não traz dentre o rol de recursos a previsão da *aclaratoria*, que é o meio através da qual o mesmo julgador que proferiu a decisão recorrida, de ofício ou a requerimento da parte, pode corrigir erros materiais, aclarar conceitos obscuros ou sanar omissões sobre temas propostos pelos litigantes, sem alterar a essência (sentido, alcance ou conteúdo) do pronunciamento original.[128]

Destarte, surge a discussão acerca da natureza jurídica de tal meio de impugnação. Unívoco é o entendimento de não se tratar de recurso quando se dá de ofício, entretanto convergem os doutrinadores no sentido de ser a aclaratória um recurso quando manejada pelas partes.[129]

O recurso de reposição, ou revocatória, de acordo com o art. 238 do referido diploma legal, cabe unicamente contra decisões/providências simples (aquelas decisões que resolvem questões de trâmite)[130] que causem ou não gravame irreparável, a fim de que o juiz ou tribunal que as tenha proferido as revogue,[131] nada mais sendo do que um pedido de reconsideração.

Face à sobrecarga dos Tribunais argentinos, e com base essencialmente na economia processual, doutrina[132] e jurisprudência[133] têm aceitado a interposição

---

[127] Código Procesal Civil y Comercial de la Nación. Disponível em: <http://www.infoleg.gov.ar/infolegInternet/anexos/15000-19999/16547/texact.htm>. Acesso em: 26 maio 2009.

[128] MIDÓN, Gladis E. de; MIDÓN, Marcelo Sebastián. *Manual de derecho procesal civil.* Buenos Aires: La Ley, 2008, p. 497.

[129] Compartilham desse entendimento: VESCOVI, Enrique. *Los recursos judiciales y demás médios impugnativos em Iberoamérica.* Buenos Aires: Depalma, 1988, p. 74, HITTERS, Juan Carlos. *Técnica de los recursos ordinarios.* 2.ed. La Plata: Librería Editora Platense, 2004, p. 71, FROCHAM, Manuel M. Ibanez. *Tratado de los recursos en el proceso civil, doctrina, jurisprudencia y legislacion comparada.* Buenos Aires: Omeba, 1963, p. 112. LINO, Enrique Palácio. *Manual de derecho procesal civil.* 17 ed. Buenos Aires: Abeledo Perrot, 2003, p. 581.

[130] SOLIMINE, Omar Luis Díaz (Director). *Manual de derecho procesal civil.* Buenos Aires: La Ley, 2008, p. 445.

[131] "Artículo 238: PROCEDENCIA. El recurso de reposición procederá únicamente contra las providencias simples, causen o no gravamen irreparable, a fin de que el juez o tribunal que las haya dictado las revoque por contrario imperio." Disponível em <http://www.legislaw.com.ar/legis/cpcc%20completo/cpcclibrosegundo.htm>. Acesso em: 10/06/2009.

[132] MIDÓN, Gladis E. de; MIDÓN, Marcelo Sebastián. *Manual de derecho procesal civil.* Buenos Aires: La Ley, 2008, p. 501.

[133] Nesse sentido, a jurisprudência: "... Ahora bien, más allá de lo expuesto, lo cierto es que la situación bajo examen encuadra en una de las hipótesis que este Tribunal considera pasibles para la aplicación de la doctrina de creación pretoriana dada en llamar 'revocatoria in extremis'. En los términos expresados por la Corte en la causa 'Malvicino' (A. y S. T. 140, pág. 416), ello significa que, 'sin perjuicio del principio de pérdida de la jurisdicción con posterioridad al dictado de la sentencia (exteriorizado, en nuestro sistema, en el art. 248 del C.P.C. y C.), se justifica la admisión de un planteo recursivo – de efecto no devolutivo – por ante el mismo Tribunal (cuya jurisdicción sobre el pleito, conforme lo expuesto, habría concluido) por cuanto, en tales situaciones, no cabe lugar a la más mínima duda que, de haber sido oportunamente advertida por el oficio la circunstancia que recién percibe con la interposición del recurso, habría resuelto en sentido contrario a aquél en que, efectivamente, lo hizo'". Disponível em: <http://www.colabogreconquista.org.ar/?p=121>. Acesso em: 12 jun. 2009.

E ainda: "El auge alcanzado por la reposición in extremis se fundamenta no sólo en su funcionalidad respecto de la economía procesal, sino también en que su ideario exalta la garantía de defensa en juicio y la primacía de la verdad jurídica objetiva, tantas veces sacrificadas para rendir homenaje a un formalismo huero. Se procura que su bienvenido uso – tan rendidor a la hora de privilegiar una economía procesal entendida adecuadamente – no se transforme en un desgastador abuso que erosione su imagen. En suma, la figura de la revocatoria in extremis es

do recurso de reposição/revocatória contra sentenças interlocutórias e definitivas, frente a erros materiais, grosseiros, evidentes e não sanáveis pela *aclaratoria*. É o recurso chamado de *revocatoria/reposición in extremis*.[134]

A apelação, mais importante e usual dos recursos ordinários, busca obter que um tribunal hierarquicamente superior, geralmente colegiado, revogue ou modifique uma decisão, que se estima ser errônea na interpretação ou aplicação do direito ou na apreciação dos fatos ou das provas.[135] O recurso de apelação, de acordo com o art. 242, cabe em face de sentenças definitivas, sentenças interlocutórias e de providências simples que causem prejuízo que não possa ser reparado pela sentença definitiva.[136]

No que tange aos efeitos, cujas disposições se encontram no art. 243,[137] a apelação é recebida no efeito suspensivo ou devolutivo, sendo que, em regra, a interposiçao da apelação provoca a suspensão da execução do pronunciamento recorrido. O que o código denomina de "devolutivo" quer dizer não suspensivo, ou seja, que recebido o recurso no efeito devolutivo a sentença surte seus efeitos, ainda que no trâmite do recurso e até que a mesma seja revogada.[138]

Muito embora o sistema recursal argentino esteja estruturado com base no princípio do duplo grau de jurisdição, o ordenamento processual nacional admite, em casos excepcionais, um terceiro grau de conhecimento nas hipóteses do recur-

---

un recurso cuya admisibilidad es restringida y se halla reservado como último remedio – característica descollante – para casos excepcionales o 'extremos' en que se advierte un error judicial grosero y evidente, además de la inexistencia o inoperancia de otras vías procesales para corregirlo. Su planteamiento debe respetar la concurrencia de agravio suficiente y fundamentación." St 23352 S. 12/06/2007. Juez: Juarez Carol (op).Caratula: Faisal Jorge Enrique C/O.S.P.I.A. y/o Responsable S/Sueldos Impagos, Etc S/Regulacion de Honorarios. Mag. Votantes: Rimini Olmedo-Suarez-Juarez Carol.St 23239 S. 10/07/2007. Juez: Juarez Carol (sd) Gimenez de Román Ermilia de Jesús C/E.C.O.S.A (Ute) y/u Otros S/ Accidente de Trabajo – Accidente Fatal – Casación Laboral. Mag. Votantes: Juarez Carol-Rimini Olmedo-Suarez". Disponível em <http://www.zapala.com/norpatagonia/09/abril/s1/extremis.html>. Acesso em: 12/06/2009.

[134] Sobre o assunto: PEYRANO, Jorge W. *Cuáles resoluciones son susceptibles de una reposición in extremis?* Disponível em Ateneo de Estudios del Proceso Civil de Rosario <http://www.elateneo.org/ReposicionInExtremis.php>. Acesso em: 12 jun. 2009.

[135] LINO, Enrique Palácio. *Manual de derecho procesal civil*. 17.ed. Buenos Aires: Abeledo Perrot, 2003, p. 585.

[136] "Artículo 242: PROCEDENCIA. El recurso de apelación, salvo disposición en contrario, procederá solamente respecto de: 1 Las sentencias definitivas. 2 Las sentencias interlocutorias. 3 Las providencias simples que causen gravamen que no pueda ser reparado por la sentencia definitiva. Serán inapelables las sentecias definitivas y las demás resoluciones cualquiera fuere su naturaleza, que se dicten en procesos en los que el valor cuestionado no exceda de la suma de (hoy $ 2.000). Dicho valor se determinará atendiendo exclusivamente al capital reclamado en la demanda, actualizado si correspondiere a la fecha de la resolución, de acuerdo con los índices oficiales de la variación de precios mayoristas no agropecuarios. También se actualizará aquella suma, utilizando como base los índices del mes de junio de 1990 y el último conocido al momento de la interposición del recurso. Esta disposición no será aplicable a los procesos de alimentos y en los que se pretenda el desalojo de inmuebles o en aquellos donde se discuta la aplicación de sanciones procesales".

[137] "Artículo 243: FORMAS Y EFECTOS. El recurso de apelación será concedido libremente o en relación; y en uno u otro caso, en efecto suspensivo o devolutivo. El recurso contra la sentencia definitiva en el juicio ordinario y en el sumario será concedido libremente. En los demás casos, sólo en relación. Procederá siempre en efecto suspensivo, a menos que la ley disponga que lo sea en el devolutivo. Los recursos concedidos en relación lo serán, asimismo, en efecto diferido, cuando la ley así lo disponga".

[138] SOLIMINE, Omar Luis Díaz (Director). *Manual de derecho procesal civil*. Buenos Aires: La Ley, 2008, p. 455.

so ordinário de apelação perante a Corte Suprema (art. 254),[139] que tem cabimento somente em face de sentenças definitivas exaradas pelas Câmaras Nacionais de Apelação.[140]

O recurso de nulidade carece de autonomia e é subordinado ao recurso de apelação.[141] Entretanto, seus objetivos e fundamentos são distintos. O recurso de nulidade não busca a revogação de um pronunciamento que se julga equivocado ou injusto (objeto da apelação), e sim busca invalidar um pronunciamento por defeito de forma.[142]

A queixa é cabível quando o juiz declara a apelação ou o recurso extraordinário inadmissíveis (art. 282),[143] sendo que a parte prejudicada pode recorrer diretamente ao órgão judicial competente para revisar o juízo de admissibilidade.[144]

É cabível queixa também para se rediscutir o efeito concedido na apelação.[145]

O recurso de inaplicabilidade da lei se constitui em um meio de impugnação cabível em face das sentenças definitivas das câmaras de apelacão e tribunais de instância única da provícia, quando se entender que se há aplicado erroneamente a lei ou a doutrina legal, a fim de que a Suprema Corte declare definitivamente qual é o direito aplicável ao caso. O objeto do recurso é, desta forma, manter a uniformidade de jurisprudência e assegurar a mais correta aplicacão da lei ao caso em concreto.[146]

1.2.5. Sistema uruguaio

No Uruguai, o *Código General del Proceso*[147] prevê, no art. 243, os recursos cabíveis, sendo o recurso de aclaração, de ampliação, de reposição, de apelação, queixa

---

[139] "Artículo 254: FORMA Y PLAZO. El recurso ordinario de apelación ante la Corte Suprema, en causa civil, se interpondrá ante la cámara de apelaciones respectiva dentro del plazo y en la forma dispuesta por los artículos 244 y 245".

[140] LINO, Enrique Palácio. *Manual de derecho procesal civil*. 17.ed. Buenos Aires: Abeledo Perrot, 2003, p. 594.

[141] "Artículo 253: NULIDAD. El recurso de apelación comprende el de nulidad por defectos de la sentencia. Si el procedimiento estuviere ajustado a derecho y el tribunal de alzada declarare la nulidad de la sentencia por cualquier otra causa, resolverá también sobre el fondo del litigio".

[142] SOLIMINE, Omar Luis Díaz (Director). *Manual de derecho procesal civil*. Buenos Aires: La Ley, 2008, p. 457.

[143] "Artículo 282: DENEGACION DE LA APELACION. Si el juez denegare la apelación, la parte que se considere agraviada podrá recurrir directamente en queja ante la cámara, pidiendo que se le otorgue el recurso denegado y se ordene la remisión del expediente. El plazo para interponer la queja será de CINCO (5) días, con la ampliación que corresponda por razón de la distancia, de acuerdo con lo dispuesto en el artículo 158".

[144] MIDÓN, Gladis E. de; MIDÓN, Marcelo Sebastián. *Manual de derecho procesal civil*. Buenos Aires: La Ley, 2008, p. 519.

[145] SOLIMINE, Omar Luis Díaz (Director). *Op. cit.,* p. 475.

[146] FROCHAM, Manuel M. Ibanez. *Tratado de los recursos en el proceso civil, doctrina, jurisprudencia y legislacion comparada.* Buenos Aires: Omeba, 1963, p. 488.

[147] Código General del Proceso. Disponível em: <http://www.galeon.com/ivanrosales/CODIGO.htm>. Acesso em: 26 maio 2009.

por denegação de apelação, por denegação de cassação ou por denegação da exceção ou da defesa de inconstitucionalidade; de cassação e de revisão.

Os recursos de aclaração e ampliação, regulados pelo art. 244 do CGP, têm por objeto alcançar a clareza e integridade de qualquer resolução judicial, que, no sistema uruguaio, se dividem em três: providências de trâmite (também denominadas de meramente interlocutórias ou decretos de sustação), sentenças definitivas e sentenças interlocutórias (art. 195 do CGP).[148] Considerado com fundamento o recurso, tanto no caso de aclaração ou de ampliação, a decisão do mesmo é reputada como parte da resolução original, formando um único ato processual.[149]

O recurso de reposição é cabível em face das providências de trâmite e das sentenças interlocutórias, em caso de erro ou defeito, a fim de que o próprio tribunal, advertido de seu erro, possa modificá-las (art. 245 do CGP). O art. 247 do CGP dispõe como efeitos do recurso de reposição, a faculdade de, em caso de decisão modificativa da anterior, interposição de um novo recurso de reposição e a apelação.

Já a apelação, de acordo com as disposições do art. 248 do CGP,[150] tem por objeto a revogação, a reforma ou a anulação das sentenças e podem se dar de três formas: apelação com efeito suspensivo, apelação sem efeito suspensivo e apelação com efeito diferido.[151] Os efeitos estão previstos nos arts. 251 e 252.[152]

A apelação com efeito suspensivo se dá quando interposta em face de sentenças definitivas e interlocutórias com força de definitivas (art. 251.1); em todos

---

[148] TARIGO, Enrique E. *Lecciones de derecho procesal civil según el nuevo Código.* v.2. 4.ed. Montevideo: Fundación de Cultura Universitária, 2007, p. 177.

[149] Idem, p. 232.

[150] O anterior CPC Uruguaio previa dois recursos distintos, o de apelação e o de nulidade, este último devendo ser interposto conjuntamente e no mesmo prazo da apelação. Já no CGP esses recursos foram fundidos em um só, o de apelação, agora com objeto ampliado.

[151] Aqui outra grande alteração introduzida pelo CGP: no regime anterior, salvo duas exceções (sentença de alimentos no regime do Código da Criança e sentença de medidas cautelares) as apelações possuíam sempre efeito suspensivo.

[152] "Articulo 251.1. 1) Con efecto suspensivo, en cuyo caso la competencia del tribunal se suspende desde que quede firma la providencia que concede el recurso hasta que le es devuelto el expediente para el cumplimiento de lo resuelto en la instancia superior. No obstante, el tribunal inferior podrá seguir conociendo de los incidentes que se sustancien en pieza separada y de todo lo que refiera a la administración, custodia y conservación de bienes embargados o intervenidos judicialmente, así como en lo relativo a la seguridad y depósito de personas, siempre que la apelación no verse sobre esos puntos. 2) Sin efecto suspensivo, en cuyo caso y en la misma providencia en que se conceda el recurso, se señalarán las actuaciones que deben integrar la pieza separada que habrá de remitirse al superior. El tribunal superior, una vez recibida la pieza, decidirá dentro de cuarenta y ocho horas y en forma preliminar, si debe procederse o no a la suspensión del procedimiento principal. Cuando resuelva la suspensión lo comunicará de inmediato al tribunal inferior. 3) Con efecto diferido, limitado a la simple interposición del recurso, en cuyo caso y sin perjuicio del cumplimiento de la resolución impugnada, se reservará fundamentarlo conjuntamente con el de la eventual apelación de la sentencia definitiva. En este caso, se conferirá traslado de ambos recursos a la contraparte y se resolverán los mismos conjuntamente. Artículo 252. Procedencia de la apelación suspensiva, no suspensiva y diferida. 252.1 La apelación tendrá efecto suspensivo cuando se trate de sentencias definitivas o interlocutorias que pongan fin al proceso y hagan imposible su continuación. 252.2 En todos los demás casos, la apelación no tendrá efecto suspensivo. 252.3 La apelación tendrá efecto diferido en los casos expresamente establecidos por la ley."

os demais casos (terminologia adotada pelo CGP), ou seja, nos casos de sentenças interlocutórias simples, a apelação não terá efeito suspensivo (art. 252.2). Nesta hipótese (apelação de sentença interlocutória simples), prevê ainda o art. 252.3, que, em situações expressamente estabelecidas pela lei, a apelação terá efeito diferido. Em se tratando de possibilidade de apelação com efeito diferido, limita-se o ato a simples interposição do recurso, sem prejuízo do cumprimento da resolução impugnada, sendo que a fundamentação do recurso se dará conjuntamente com o da apelação da sentença definitiva, que serão julgados conjuntamente.[153]

O recurso de queixa cabe contra as resoluções que deneguem um recurso de cassação, de apelação, ou a exceção de inconstitucionalidade, a fim de que o superior que corresponda confirme ou revogue a resolução denegatória (art. 262), e é interposto diretamente perante o tribunal que proferiu a resolução denegatória.

Recebido o recurso no Tribunal Superior, este decidirá previamente acerca da suspensão ou não do processo (art. 265).

Como meios extraordinários de impugnação, o CGP prevê o recurso de cassação e o recurso de revisão.

O recurso de cassação[154] tem por objeto o reexame das sentenças de segundo grau, definitivas ou interlocutórias com força definitiva, quanto a sua correção jurídica.[155]

Quanto aos efeitos do recurso de cassação, prevê o CGP, no art. 275.1, que, salvo se o processo versar sobre o estado civil das pessoas, a interposição do recurso não o impedirá o cumprimento da sentença, ou seja, carece de efeito suspensivo. Entretanto, pode a parte, ao interpor o recurso, requerer que se suspenda a execução da sentença, desde que preste caução (art. 275.2).

Já a revisão[156] se dá em face de sentenças definitivas ou interlocutórias firmes, que ponham fim ao proceso, proferidas por qualquer tribunal, e o seu conhecimento se dá pela Suprema Corte de Justiça, qualquer que seja o grau do tribunal em que se tenha transitado em julgado a decisão recorrida (art. 282).

A interposição do recurso de revisão não suspende a execução da decisão recorrida. Poder-se-á, entretanto, de acordo com a previsão do art. 289, quando da interposição do recurso, ou durante seu trâmite, requerer-se a aplicação do efeito suspensivo, podendo a Suprema Corte deferir o pedido, se entender que há aparente fundamento no recurso, assim como a possibilidade de que a demora possa

---

[153] TARIGO, Enrique E. *Lecciones de derecho procesal civil según el nuevo Código.* v.2. 4.ed. Montevideo: Fundación de Cultura Universitária, 2007, p. 251.

[154] "Artículo 268. Procedencia. El recurso de casación procede contra las sentencias dictadas en segunda instancia por los Tribunales de Apelaciones en lo Civil y del Trabajo así como por los Juzgados Letrados de Primera Instancia, sean definitivas o interlocutorias con fuerza de definitivas".

[155] TARIGO, Enrique E. *Lecciones de derecho procesal civil según el nuevo Código.* v.2. 4.ed. Montevideo: Fundación de Cultura Universitária, 2007, p. 269.

[156] "Artículo 281. Procedencia. El recurso de revisión procede contra las sentencias definitivas o interlocutorias firmes que ponen fin al proceso, dictadas por cualquier tribunal, salvo las excepciones que determine la ley".

causar prejuízos graves e irreparáveis ao recorrente, devendo o mesmo prestar para tal garantia suficiente.

1.3. BREVES NOTAS ACERCA DO SISTEMA RECURSAL BRASILEIRO

1.3.1. O duplo grau de jurisdição

No direito brasileiro atual, no âmbito do processo civil, distintamente do processo penal, não há um direito a recurso enquanto tal, e sim, o direito de interpor os recursos previstos em lei, podendo o legislador, desta forma, dispor sobre o sistema recursal tanto na forma, como nos casos cabíveis, estabelecendo limites e condições para tal.[157]

De forma bastante singela, podemos definir o duplo grau de jurisdição como um reexame de uma primeira decisão judicial.

E aqui desponta a questão principal, qual seja: a Constituição Federal de 1988 assegura o duplo grau de jurisdição enquanto garantia constitucional?

A doutrina posiciona-se de forma bastante contraditória ao considerar o duplo grau de jurisdição como uma garantia processual constitucional, já que não há sua previsão expressa em nossa Constituição Federal.

É de se mencionar que das Constituições brasileiras, a Carta de 1824 foi a única a erigir o duplo grau como a garantia constitucional através do artigo 158: "Para julgar as causas em segunda, e ultima instancia haverá nas Províncias do Império as Relações, que forem necessárias para comodidade dos povos". Os Tribunais das Relações mencionados na Constituição Imperial são os atuais Tribunais de Justiça, que também já foram denominados de Tribunais de Apelação.

Omissas as outras Constituições da República, aponta parte da doutrina que da análise do texto constitucional de 1988 depreende-se a previsão implícita do duplo grau de jurisdição. Para estes doutrinadores, o princípio constitucional do duplo grau de jurisdição decorre do devido processo legal (art. 5º, LIV),[158] bem como do contraditório e da ampla defesa (art. 5º, LV).[159]

Neste sentido, pondera Ingo Wolfgang Sarlet:

---

[157] MONTERO AROCA, Juan. *Tratado de recursos en el proceso civil,* p. 247, pondera: "En el âmbito procesal penal, el condenado tiene derecho a um posterior recurso, pero en lo que concierne al proceso civil no existe base normativa para afirmar la existência de un derecho a los recursos en general, ni de um derecho a la segunda instancia em particular".

[158] LIV – ninguém será privado da liberdade ou de seus bens sem o devido processo legal.

[159] LV – aos litigantes, em processo judicial ou administrativo, e aos acusados em geral são assegurados o contraditório e a ampla defesa, com os meios e recursos a ela inerentes.

No caso brasileiro, além da norma do art. 5º, inc. XXXV, da CF de 1988, poderíamos cogitar de uma interpretação sistemática em conjunto com outros dispositivos contidos no mesmo artigo, nomeadamente os incs. LIV (devido processo legal) e LV (ampla defesa). De modo especial, este último já poderia isoladamente, quanto mais em conjugação com o inc. XXXV, abarcar a garantia da possibilidade (ao menos como regra geral) de acesso a uma segunda instância e de recorrer das decisões judiciais. Sem dúvida, há como sustentar o entendimento de que a possibilidade de se ter reexaminada uma decisão parcial ou totalmente desfavorável harmoniza-se com as exigências do princípio da ampla defesa, bem como com a eficácia (no sentido de maior certeza, confiabilidade e segurança) dos julgamentos e também do acesso à Justiça. Neste contexto, cumpre fazer referência à experiência lusitana, eis que o Tribunal Constitucional de Portugal, através da autêntica construção jurisprudencial, reconheceu a existência de um direito de recurso ou de segundo grau de jurisdição. [160]

Para Duílio Landell de Moura Berni, tem-se como ponto de partida o artigo 5º, § 2º, da Constituição Federal, que assegura que os direitos e garantias expressos na Carta não excluem outros decorrentes do regime e dos princípios por ela adotados. Assevera:

> O princípio do duplo grau de jurisdição ingressaria, assim, no direito pátrio como garantia constitucional por meio do parágrafo retro-citado, decorrente do sistema adotado pela Constituição da República de 1988, conjugado, ademais, com outros princípios a seguir referenciados.[161]

Bastante acertada é a posição firmada por Flávio Cheim Jorge, que posiciona o duplo grau de jurisdição como uma diretriz a ser seguida, sustentando que a Constituição Federal assim aponta com a previsão dos tribunais estaduais e federais, bem como dos tribunais superiores,[162] eis que a própria Constituição atribui competência recursal a vários órgãos de jurisdição (art. 102, inc. II; art. 105, inc. II; art. 108, inc. II), prevendo expressamente, sob a denominação de *tribunais*, órgãos judiciários de segundo grau (art. 93, inc. III).

Neste mesmo diapasão, ressalta Nelson Nery Júnior:

> Segundo a Constituição Federal vigente, há previsão para o princípio do duplo grau de jurisdição, quando se estabelece que os tribunais do país terão competência para julgar causas originariamente e em grau de recurso. Na CF 102 II, dizendo que o STF conhecerá, em grau de recurso ordinário, outras determinadas e, também, pelo n. III do mesmo dispositivo constitucional, tomará conhecimento, mediante recurso extraordinário, das hipóteses que enumera, evidentemente criou o duplo grau de jurisdição.[163]

---

[160] SARLET, Ingo Wolfgang. Valor de alçada e limitação do acesso ao duplo grau de jurisdição: problematização em nível constitucional, à luz de um conceito material de direitos fundamentais. Revista Jurídica, Porto Alegre, n. 66, p. 85-129.

[161] BERNI, Duílio Landell de Moura...[et. al]. *As garantias do cidadão no processo civil:* relação entre constituição e processo. PORTO, Sérgio Gilberto (org.). Porto Alegre: Livraria do Advogado, 2003, p. 210.

[162] JORGE, Flávio Cheim. *Teoria geral dos recursos cíveis.* 3.ed. São Paulo: Revista dos Tribunais, 2007, p. 171.

[163] NERY JÚNIOR, Nelson. *Teoria geral dos recursos.* 6.ed. São Paulo: Revista dos Tribunais, 2004, p. 40-1.

Na defesa da boa justiça, muito embora sustentar não haver o que se falar no direito brasileiro em imposição de um duplo grau de jurisdição, aduz Araken de Assis que a generalizada aceitação do princípio indica sua pertinência. Para ele, o duplo grau é, muito embora não impositivo, como referido, objeto de previsão da Carta Política, por força do art. 102, II.[164] Reflete ainda:

> O duplo grau assegura dois exames. Nada mais, nem sequer dois exames no mesmo sentido – a chamada dupla conformidade... É o que basta. O acerto ou o desacerto das resoluções tomadas, no primeiro e no segundo momento, não podem ser levados em conta na concepção de uma estrutura judiciária garantística e equilibrada: o vencido nunca se conformará com o provimento desfavorável, de um lado, e se ele é justo ou injusto é questão insolúvel da qual se ocupam os filósofos sem muito sucesso.[165]

Sérgio Gilberto Porto e Daniel Ustarróz destacam que "em que pese o duplo grau ser limitado pela legislação infraconstitucional (desde que em prol da afirmação de outros direitos fundamentais e preservados seu núcleo essencial), encontra assento constitucional no sistema brasileiro".[166]

Já em sentido diametralmente oposto, parte da doutrina defende que o duplo grau de jurisdição não pode ser tido como uma garantia de índole constitucional. Luiz Guilherme Marinoni, Sérgio Cruz Arenhart[167] e Oreste Laspro sustentam este pensamento. Aponta Laspro

> [...] o duplo grau de jurisdição, além de não ter previsão constitucional, sua aplicação indiscriminada com base na legislação ordinária não somente viola regramentos constitucionais como também distancia o julgamento da efetiva aplicação da norma aos fatos que efetivamente ocorreram.[168]

Outros doutrinadores ainda elencam um rol significativo de desvantagens na adoção do princípio do duplo grau de jurisdição, entre eles, Laércio Becker, que suscita argumentos contrários à duplicidade de instâncias, citando dentre eles: 1. Se as partes pudessem escolher o juiz, não haveria necessidade de recurso; 2. A reforma de uma sentença indica mau funcionamento do sistema judiciário; 3. O recurso retarda e encarece a solução do conflito; 4. A existência de recurso apaga os benefícios decorrentes da oralidade, imediação e concentração dos atos processuais; 5. A confirmação de uma sentença justa constitui uma inutilidade; 6. O tribunal pode confirmar uma sentença injusta. Se justa, a própria interposição do recurso ofende o Direito; 7. O tribunal pode substituir uma sentença justa por um acórdão injusto;

---

[164] ASSIS, Araken de. *Manual dos recursos*. São Paulo: Revista dos Tribunais. 2007, p. 73.

[165] Idem, p. 69.

[166] PORTO, Sérgio Gilberto; USTÁRROZ, Daniel. *Lições de direitos fundamentais no processo civil. O conteúdo processual da Constituição Federal*. Porto Alegre: Livraria do Advogado, 2009, p. 99.

[167] Para Marinoni e Arenhart, "cultuando-se a idéia de 'duplo grau de jurisdição', afirma-se que a sentença do juiz de primeiro grau não é suficiente, devendo sempre ser revista" MARINONI, Luiz Guilherme e ARENHART, Sérgio Cruz. *Manual do processo de conhecimento*. 5. ed. São Paulo: Revista dos Tribunais, 2006, p. 505.

[168] LASPRO, Oreste Nestor de Souza. Garantia do duplo grau de jurisdição. In: TUCCI, José Rogério Cruz e. (coord.). *Garantias constitucionais do processo civil*: homenagem aos 10 anos da Constituição Federal de 1988. São Paulo: Revista dos Tribunais, 1999, p. 206.

8. Os recursos servem para a concentração de poder numa aristocracia judiciária; 9. Não há demonstração de que o segundo grau ofereça maior coeficiente de certeza e de justiça.[169]

Em seu estudo, Mauro Capelletti salienta que quase todos os ordenamentos jurídicos não preveem o duplo grau de jurisdição como garantia constitucional ou fundamental de justiça.

> Naturalmente existe todavía quien, de buena o de mala fé, piensa en la apelación y en el "doble grado de jurisdicción" como en una importante garantía procesal, tal vez una garantía de libertad, incluso algo absoluto e insuprimibile. Es indudable que esta concepción no resiste una crítica seria y desprejuiciada. Por un lado, la apelacíon como juicio de novo lleva a esa perniciosa desvalozación del juicio del primer grado ya mencionada. Por outro lado, ningún ordenamiento, ni en Italia ni en cualquier outro país – tanto menos en Francia, donde la idea del "doble degré de juridiction" parece sin embargo estar particularmente arraigada – considera el doble grado de jurisdicción como una garantía constitucional, o sea protegida como una garantía fundamental e inderogable. Al contrario, las revocaciones existen, son frecuentes y, ni siquera de hacerlo adrede, se refieren com bastante frecuencia a las causas de menor valor (...)[170]

O certo é, independente do *status* que lhe dê, que o duplo grau faz parte do Estado Democrático de Direito, que prevê formas de controle judiciais dos atos do Estado.

Também não há como se negar, ainda que se entenda o duplo grau com *status* de garantia constitucional, que o mesmo comporta limitações, como por exemplo, nas causas de competência originária do STF (art. 102, I, CF), o artigo 121, § 3º, da CF (irrecorríveis os pronunciamentos do TSE), o artigo 34 da Lei 6.830/80 (não cabe apelação nas execuções fiscais de valor igual ou inferior a 50 OTNs), nas causas, de qualquer natureza, nas mesmas condições, que forem julgadas pela Justiça Federal (art. 4º da Lei 6.825/80) ou, ainda a irrecorribilidade dos despachos (art. 504 do CPC).

Ainda que se imponham algumas limitações ao sistema recursal brasileiro (o que é deveras salutar, diga-se de passagem), inegável é a necessidade do reexame das decisões, sendo inconcebível se pregar a extinção total do duplo grau, sob a escusa de atender-se à efetividade e à celeridade processual, que neste caso iriam de encontro ao valor justiça!

Manuel Ibañez Frocham destaca que o duplo grau de jurisdição, muito embora seja uma garantia preciosa de segurança e controle das decisões, não é exigível

---

[169] BECKER, Laércio. Duplo grau – A retórica de um dogma. In: MARINONI, Luiz Guilherme. Estudos de direito processual civil – *homenagem ao Professor Egas Dirceu Moniz de Aragão*. São Paulo: Revista dos Tribunais, 2005, p. 142-51.

[170] CAPPELLETTI, Mauro. "Dictamen iconoclástico sobre la reforma del proceso civil italiano". In *Proceso, ideologías, sociedad*. Buenos Aires: Ejea, 1974, p. 273.

frente ao Estado, sendo que o legislador pode restringi-lo ou limitá-lo nos casos de interesse geral.[171]

A Convenção Americana sobre Direitos Humanos (também chamada de Pacto de São José da Costa Rica), ratificada pelo Congresso Nacional por meio do Decreto Legislativo 27, de 25/09/92, e que integrou nosso direito positivo interno a partir do Decreto Executivo 678, de 06/11/92, dispõe em seu art. 8° (que trata das garantias judiciais), alínea "h" que todo acusado de delito tem direito de recorrer da sentença para juiz ou tribunal superior.[172]

Por sua vez, o artigo 5°, § 2°, da Constituição Federal prevê o ingresso no ordenamento jurídico pátrio dos tratados internacionais: "Os direitos e garantias expressos nesta Constituição não excluem outros decorrentes do regime e dos princípios por ela adotados, ou dos tratados internacionais em que a República Federativa do Brasil seja parte". E com a Emenda Constitucional n° 45 de 2004, houve a inserção de um do § 3° no art. 5° da CF, dispondo acerca da forma de incorporação de tratados e convenções internacionais versando sobre direitos humanos no nosso sistema.

Este seria um outro argumento que se poderia utilizar para, por analogia, estender o duplo grau para o âmbito cível.

Entretanto, não há como ampliar de forma compulsória esta garantia, explícita para o sistema penal, para o direito processual como um todo.

Nelson Nery Júnior ressalta:

A leitura dessa norma do tratado internacional indica a adoção da garantia do duplo grau de jurisdição em matéria penal, isto é, o direito de o réu, no processo penal, interpor recurso de apelação. No entanto, a garantia expressa no tratado parece não alcançar o direito processual como um todo, donde é lícito concluir que o duplo grau de jurisdição, como garantia constitucional absoluta, existe no direito processual penal, mas não no direito processual civil ou do trabalho.[173]

Assevera Montero Aroca analisando a questão:

En el proceso penal, por efecto de lo dispuesto em el art. 14.5 del Pacto Internacional de Derechos Civiles e Políticos, el contenido del derecho a la tutela judicial efectiva y a um proceso com todas lãs garantias comprende el de que el fallo condenatório y la pena impuesta puedan ser sometidos a um tribunal superior. En el âmbito procesal penal, el condenado tiene derecho a um posterior recurso, pero em lo que concierne al proceso

---

[171] FROCHAM, Manuel M. Ibanez. *Tratado de los recursos en el proceso civil, doctrina, jurisprudencia y legislacion comparada.* Buenos Aires: Omeba, 1963, p. 144.

[172] Art. 8°. "Toda pessoa acusada de delito tem direito a que se presuma sua inocência enquanto não se comprove legalmente sua culpa. Durante o processo, toda pessoa tem direito, em plena igualdade, às seguintes garantias mínimas: h) direito de recorrer da sentença para juiz ou tribunal superior".

[173] NERY JÚNIOR, Nelson. *Princípios do processo civil na Constituição Federal.* 5.ed. São Paulo: Revista dos Tribunais, 1999, p. 171.

OS EFEITOS DOS RECURSOS

civil no existe base normativa para afirmar la existência de um derecho a los recursos em general, ni de um derecho a la segunda instancia em particular.[174]

É de se ponderar que há decisões do STF inclusive afastando a garantia do duplo grau para os processos penais,[175] sob a alegação da prevalência da Constituição Federal em relação aos tratados e convenções internacionais.[176]

As decisões mais recentes proferidas pelo Superior Tribunal de Justiça têm firmado posição no sentido de que o duplo grau de jurisdição não é garantia constitucional, afirmando categoricamente que não há em nosso ordenamento jurídico a garantia ao duplo grau de jurisdição.[177]

Muito embora sensível aos argumentos garantistas, coaduna-se com a posição do STJ, de que a Constituição Federal não prevê a garantia do duplo grau de jurisdição. Em uma Carta tão repleta de garantias, se o quisessem, teriam feito de forma explícita... É mais adequado e não menos salutar aos jurisdicionados sus-

---

[174] AROCA, Juan Montero; MATÍES, José Flors. *Tratado de recursos en el proceso civil*. Valencia: Tirant lo Blanch, 2005, p. 247.

[175] CONSTITUCIONAL. PROMOTOR DE JUSTIÇA. CRIMES DOLOSOS CONTRA A VIDA. COMPETÊNCIA DO TRIBUNAL DE JUSTIÇA. MATÉRIA FÁTICA. SÚMULA 279-STF. PREQUESTIONAMENTO. PRINCÍPIO DO DUPLO GRAU DE JURISDIÇÃO. I. – O exame da controvérsia, em recurso extraordinário, demandaria o reexame do conjunto fático-probatório trazido aos autos, o que esbarra no óbice da Súmula 279-STF. II. – Ausência de prequestionamento das questões constitucionais invocadas no recurso extraordinário. III. – A alegação de ofensa ao inciso LIV do art. 5º, CF, não é pertinente. O inciso LIV do art. 5º, CF, mencionado, diz respeito ao devido processo legal em termos substantivos e não processuais. Pelo exposto nas razões de recurso, quer a recorrente referir-se ao devido processo legal em termos processuais, CF, art. 5º, LV. Todavia, se ofensa tivesse havido, no caso, à Constituição, seria ela indireta, reflexa, dado que a ofensa direta seria a normas processuais. E, conforme é sabido, ofensa indireta à Constituição não autoriza a admissão do recurso extraordinário. *IV. – NÃO HÁ, NO ORDENAMENTO JURÍDICO-CONSTITUCIONAL BRASILEIRO, A GARANTIA CONSTITUCIONAL DO DUPLO GRAU DE JURISDIÇÃO. PREVALÊNCIA DA CONSTITUIÇÃO FEDERAL EM RELAÇÃO AOS TRATADOS E CONVENÇÕES INTERNACIONAIS.* V. – Compete ao Tribunal de Justiça, por força do disposto no art. 96, III, da CF/88, o julgamento de promotores de justiça, inclusive nos crimes dolosos contra a vida. VI. – Agravo não provido. (AI 513044 AgR, Relator(a): Min. CARLOS VELLOSO, Segunda Turma, julgado em 22/02/2005, DJ 08-04-2005 P. 31 EMENT VOL-02186-08 P. 1496) (grifou-se)

[176] A hierarquia dos tratados internacionais em face da Constituição Federal de 1988 é questão que está na pauta do STF e na doutrina, mas que, entretanto, deixamos de analisar eis que foge à análise no presente estudo.

[177] PROCESSUAL CIVIL. TRIBUTÁRIO. RECURSO ESPECIAL. EXCLUSÃO DO PROGRAMA. APLICAÇÃO DA LEGISLAÇÃO ESPECÍFICA DO REFIS. EXEGESE DO ARTIGO 69 DA LEI 9784/99. PRINCÍPIOS DA LEGALIDADE E DO CONTRADITÓRIO. GARANTIA DO DUPLO GRAU DE JURISDIÇÃO. COMPETÊNCIA CALCADA NO ART. 22, I DA CONSTITUIÇÃO FEDERAL. MATÉRIA CONSTITUCIONAL. COMPETÊNCIA DO SUPREMO TRIBUNAL FEDERAL. SÚMULA 126.... 5. *A CONSTITUIÇÃO NÃO DETERMINA, SEQUER NO ÂMBITO DO PODER JUDICIÁRIO, A OBRIGATORIEDADE DE APRECIAÇÃO DAS LIDES POR MAIS DE UM ÓRGÃO JULGADOR. NÃO HÁ EM NOSSO ORDENAMENTO JURÍDICO A GARANTIA AO DUPLO GRAU DE JURISDIÇÃO.* Se é assim no âmbito judicial, evidentemente é assim no âmbito administrativo. 5. *Ad argumentandum tantum,* a Lei 9.784/99, que regula o processo administrativo da Administração Pública Federal prevê, em seu art. 69, que suas normas somente se aplicam subsidiariamente, nos procedimentos regulados por normas específicas. 6. A opção pelo REFIS implica na aceitação de todas as condições previstas no programa, posto que o seu procedimento de exclusão não fere o princípio do contraditório, porquanto a ele não se aplicam as normas constantes da Lei 9.784/99, haja vista a existência de legislação própria, no caso, a Lei 9.964/00. Precedentes: REsp 791310/DF DJ 06.02.2006;REsp 790788/DF DJ 01.02.2006;REsp 790758, DJ 28.04.2006. 7. Não há, pois, previsão legal de recurso contra a decisão administrativa que mantém a exclusão do programa de parcelamento. 8. Agravo Regimental desprovido. (AgRg no REsp 953.602/RS, Rel. Ministro LUIZ FUX, PRIMEIRA TURMA, julgado em 05.06.2008, DJ 18.06.2008)

tentar-se o duplo grau como princípio processual com cunho constitucional, comportando assim delimitações visando a atender outras garantias constitucionais de igual magnitude!

1.3.2. Conceito de recurso

Para o direito brasileiro, dentre as formas de impugnação de pronunciamentos judiciais, há os recursos, as ações autônomas e os sucedâneos recursais. Assim, recurso é espécie do gênero impugnação/remédio.

Cabe referir que o critério distintivo entre os recursos e as ações autônomas não se dá pela presença ou não de coisa julgada material, eis que há ações que prescindem da existência de coisa julgada, como no caso do mandado de segurança e do *habeas corpus*. Os recursos não formam novos processos, enquanto as ações impugnativas sim. Este o diferencial.[178] Certo é que os recursos obstam a formação da coisa julgada.

Os recursos são mecanismos pelos quais decisões judiciais errôneas (*error in procedendo*), ou injustas (*error in iudicando*) podem ser revistas. Visam à reforma, à invalidação, ao esclarecimento e/ou à integração do ato decisório impugnado.

O Código de Processo Civil arrola no artigo 496[179] os recursos cabíveis, entretanto não apresenta um conceito de recurso. É de se referir ainda que o elenco dos recursos constantes no artigo 496 não é exaustivo, havendo recursos previstos em leis extravagantes, como, por exemplo, os Embargos Infringentes do art. 34 da Lei 6.830/80.[180]

A determinação do que se enquadre ou não no conceito de recurso depende do sistema legal, sendo competência exclusiva do Poder Legislativo Federal dispor sobre as formas impugnativas (CF, art. 22).[181]

Muito embora inexistente uma conceituação legal de recurso, um grande número de doutrinadores apresentou sua definição, ressaltando cada qual elementos de destaque do instituto e já apontando para qual corrente se filiam quanto à natureza jurídica dos mesmos.

Para Alcides de Mendonça Lima: "Recurso é o meio, dentro da mesma relação processual, de que se pode servir a parte vencida em sua pretensão ou quem

---

[178] ASSIS, Araken de. *Manual dos recursos*. São Paulo: Revista dos Tribunais, 2007, p. 37. MOREIRA, José Carlos Barbosa. *O juízo de admissibilidade no sistema dos recursos civis*. Rio de Janeiro: s.n., 1968, p. 15.

[179] "Art. 496 – São cabíveis os seguintes recursos: I – apelação; II – agravo; III – embargos infringentes; IV – embargos de declaração; V – recurso ordinário; VI – recurso especial; VII – recurso extraordinário; VIII – embargos de divergência em recurso especial e em recurso extraordinário."

[180] Pelo Projeto de Lei do Senado 166/2010 os recursos passam a ser, de acordo com o que dispõe art. 948: I – apelação; II – agravo de instrumento; III – agravo interno; IV – embargos de declaração; V – recurso ordinário; VI – recurso especial; VII – recurso extraordinário; VIII – agravo de admissão; IX – embargos de divergência.

[181] "Compete privativamente à União legislar sobre: I – direito civil, comercial, penal, processual, eleitoral, agrário, marítimo, aeronáutico, espacial e do trabalho".

se julgue prejudicado, para obter a anulação ou a reforma, parcial ou total, de uma decisão".[182]

Nery Júnior define recurso como sendo "o meio processual que a lei coloca à disposição das partes, do Ministério Público e de um terceiro, a viabilizar, dentro da mesma relação jurídica processual, a anulação, a reforma, a integração ou o aclaramento da decisão judicial impugnada.[183]

Barbosa Moreira conceitua recurso nos seguintes termos: "O remédio voluntário idôneo a ensejar, dentro do mesmo processo, a reforma, a invalidação, o esclarecimento ou a integração da decisão que se impugna".[184]

Desta definição, lembra Ovídio Baptista da Silva, ressaltam dois elementos que constituem o conceito de recurso: a) o seu caráter voluntário; e b) de se dar em uma mesma relação processual, prolongando a pendência da causa. Já na definição de Alcides de Mendonça Lima depreende-se a ideia de sucumbência, ao relacionar o recurso a um expediente de que se vale o vencido para provocar o reexame da decisão.[185]

Faz-se necessário ponderar que, em nosso sistema recursal, não há a obrigatoriedade de que a nova decisão seja proferida por juiz hierarquicamente superior, mas simplesmente por outro juiz, ainda que de mesmo grau.

Recorrer é um ônus. O que caracteriza o ônus é que a atividade a que corresponde o ônus é desempenhada por quem com isso se beneficia, e não o outro pólo como ocorre com a obrigação. A omissão no exercício do ônus acarreta o sacrifício dos interesses daquele que se omitiu.[186]

1.3.3. Natureza jurídica dos recursos: extensão do direito de ação em fase posterior de um procedimento, ou pretensão autônoma em *simultaneo processu*?

A natureza jurídica dos recursos é matéria no âmbito doutrinário distante de pacificação.

As correntes sustentam serem os recursos ou uma extensão do direito de ação em fase posterior de um procedimento, ou uma pretensão autônoma, ou ainda uma pretensão autônoma exercitada em *simultaneo processu;* chegando a ser de-

---

[182] LIMA, Alcides de Mendonça. *Sistema de normas gerais dos recursos cíveis.* Rio de Janeiro: Freitas Bastos, 1963, p. 122.

[183] NERY JÚNIOR, Nelson. *Teoria geral dos recursos.* 6. ed. São Paulo: Revista dos Tribunais, 2004, p. 212.

[184] MOREIRA, José Carlos Barbosa. *O juízo de admissibilidade no sistema dos recursos civis.* Rio de Janeiro: s.n., 1968, p. 25.

[185] SILVA, Ovídio A. Baptista da. *Curso de processo civil.* v.1. 5.ed. São Paulo: Revista dos Tribunais, 2000, p. 410.

[186] WAMBIER, Luiz Rodrigues (coord.); ALMEIDA, Flavio Renato Correia de; TALAMINI, Eduardo. *Curso avançado de processo civil:* teoria geral do processo e processo de conhecimento. 9.ed. São Paulo: Revista dos Tribunais, 2007. v.1, p. 533.

fendida a tese de uma ação autônoma face à ação que lhe deu origem, formando um novo processo.[187]

O entendimento dominante é no sentido de que o recurso é uma continuação da ação originária, um prolongamento do direito de ação.

As referências bibliográficas neste sentido são inúmeras, sendo que uma grande parte dos doutrinadores, inclusive, aceita a tese como verdade absoluta, sequer justificando o seu posicionamento.

No Direito italiano, da mesma forma predomina a noção de recurso como desdobramento da ação primitiva.

Calamandrei enfatiza que o objeto da nova decisão é a mesma relação jurídica controvertida que foi julgada pelo juiz *a quo,* sendo que o recurso é somente um meio de propor a um novo juiz a mesma ação que já havia sido proposta em primeiro grau.[188]

Ugo Rocco afirma se tratar de um direito de obter em uma fase posterior do processo uma nova decisão sobre uma relação jurídica controversa que já foi objeto de uma decisão emanada em uma fase anterior do mesmo processo:

La facultad de obtener, en mayor o menor medida, nuevos juicios sobre una cuestión que há constituído ya objeto de un juicio precedente, es una facultad comprendida en el derecho de acción y de contradicción, la cual no puede considerarse nunca *autónoma*, ya que presupone siempre el ejercicio de otras facultades que las normas procesales consideran cronológicamente anteriores a ella. (grifo do autor)[189]

Na Espanha, Victor Fairén Guillén abona o entendimento de Calamandrei, após cotejar seus argumentos com a posição firmada por Provinciali, no sentido de ser o recurso uma ação autônoma em relação a que lhe deu origem (e que será abordada no próximo item).[190]

Da mesma forma o espanhol Montero Aroca afirma "La pretensión del actor y la resistencia del demandado son las mismas; uno y otro continúan manteniéndolas en el recurso, tanto si ocupan la postura de recurrente como la de recurrido. Ni las partes, ni los hechos, ni la petición cambian por la interposición el recurso".[191]

Também sustenta esta tese, no Direito Argentino, Manuel Ibañez Frocham, em seu *Tratado de los Recursos en el Proceso Civil*:

Entre la "acción" y el "recurso" existe la relación de la parte al todo: concebida la acción como el derecho a la Jurisdicción, como una modalidad del derecho de peticionar – según lo hicimos en nuestra Introducción – que se manifiesta en la "demanda" (petición), con la

---

[187] GUASP, Jaime. *Derecho procesal civil*. 2.ed. Madrid: Instituto de Estúdios Políticos, 1961, p. 709 e ss.

[188] CALAMANDREI, Piero. *La casación civil*. Buenos Aires: Bibliog. Arg., 1945, p. 205.

[189] ROCCO, Ugo. *Tratado de derecho procesal civil*. Bogotá/Buenos Aires: Temis/DePalma, 1969. v. I, p. 395.

[190] FAIRÉN GUILLEN, Victor. *Estudios de derecho procesal*. Madrid: Revista de Derecho Privado, 1955, p. 352-3.

[191] AROCA, Juan Montero; MATÍES, José Flors. *Tratado de recursos en el proceso civil*. Valencia: Tirant lo Blanch, 2005, p. 247.

OS EFEITOS DOS RECURSOS

que se inicia el "processo", se advierte que el "recurso" es petición menor, en cuanto por él se pide la rectificación de algún error del Tribunal.[192]

No direito pátrio, da mesma forma, diversos são os que defendem ser o recurso prolongamento da ação originária.

Para Frederico Marques, o direito de recorrer se insere no desdobramento dos atos processuais cuja prática resulta do direito de ação ou do direito de defesa. Ainda afirma: "Interposto o recurso, prolonga-se a situação de pendência e o processo continua em seu movimento através de novos atos procedimentais. Não nasce, assim, uma nova relação processual, mas tão só o procedimento recursal".[193]

Alcides de Mendonça Lima já afirmava ser o direito de recorrer um derivado do direito de ação.[194]

Fredie Didier Júnior pontua: "O direito de recorrer é conteúdo do direito de ação (e também do direito de exceção), e o seu exercício revela-se como desenvolvimento do direito de acesso aos tribunais".[195]

Dentre os doutrinadores que justificam a posição ora defendida, e seguindo os fundamentos de José Frederico Marques, Sandro Kozikoski, em seu *Manual dos Recursos Cíveis*, sustenta a tese do poder de recorrer como simples extensão ou desdobramento do direito de ação, com base no caráter bilateral da ação – direito de ação x direito de defesa.[196]

Barbosa Moreira, em sua obra o *Juízo de Admissibilidade no Sistema dos Recursos Civis*, datada de 1968, justificou o posicionamento asseverando que, distintamente da ação proposta, no âmbito recursal, não há citação do recorrido, tampouco a necessidade de outorga de novo instrumento procuratório, bem como de que o pedido recursal não se reveste das mesmas características e exigências do pedido inicial. Desta forma, conclui não surgir com o recurso um processo distinto, mas simplesmente haver uma extensão do mesmo processo em que foi proferida da decisão recorrida.[197]

Estes argumentos podem ser repelidos, como sustenta Araken de Assis: a) do pedido: o CPC dispõe sobre a necessidade de o recorrente expor as razões recursais e formular pedido de nova decisão; b) quanto à citação, há processos incidentes em que a citação ocorre na pessoa do advogado (ex. Embargos à Execução), sendo que

---

[192] FROCHAM, Manuel M. Ibanez *Tratado de los recursos en el processo civil, doctrina, jurisprudencia y legislacion comparada*. Buenos Aires: Omeba, 1963, p. 89.

[193] MARQUES, José Frederico. *Instituições de direito processual civil*. 1. ed. atualizada. Campinas: Millennium, 2000, v. IV, p. 2-3.

[194] LIMA, Alcides de Mendonça. *Sistema de normas gerais dos recursos cíveis*. Rio de Janeiro: Freitas Bastos, 1963, p. 125. "Por conseguinte, não se pode deixar de admitir que existe grande correlação entre o direito de ação e o direito de recorrer, ainda que esse seja derivado daquele".

[195] DIDIER JÚNIOR, Fredie; CUNHA, Leonardo José Carneiro da. *Curso de direito processual civil*. v.3. 5.ed. Salvador: Podivm, 2008.p. 22.

[196] KOSIKOSKI, Sandro Marcelo. *Manual dos recursos cíveis*. 3.ed. Curitiba: Juruá, 2006, p. 45.

[197] MOREIRA, José Carlos Barbosa. *O juízo de admissibilidade no sistema dos recursos civis*. Rio de Janeiro: s.n., 1968, p. 12.

a designação do ato – citação ou intimação – é marginal; c) procuração: só não é necessária em mesmos autos, pois, em se formando novos autos, há a necessidade de se juntar a procuração, como no caso do agravo de instrumento.[198]

A tese de Barbosa Moreira faz a correlação entre ação e criação de novo processo autônomo, sendo que, como o recurso não cria novo processo, não seria nova ação, e sim, prolongamento da já existente. De fato, o recurso não gera novo processo, entretanto, a alegação não se sustenta, eis que, como adverte Araken de Assis, no caso da reconvenção, não há multiplicação de processos, tendo-se *simultaneo processu* com duas ações.[199]

Na mesma esteira de Barbosa Moreira, no sentido de que o processo não se duplica, nem se cria uma nova relação processual, assevera Dinamarco:

> A interposição de um recurso instaura no processo um novo procedimento, o procedimento recursal, destinado à produção de novo julgamento sobre a matéria impugnada. Novo curso se instaura, ou nova caminhada, em prolongamento à relação jurídica processual pendente, e daí falar-se em recurso.[200]

Com a mesma assertiva, ressalta Arruda Alvim:

> Provoca, portanto, a interposição de um recurso o alongamento da mesma relação jurídica processual, instaurando o chamado procedimento recursal, que se estende até a apreciação do recurso. Neste momento, diga-se ainda, é possível, conforme a hipótese do caso concreto, a interposição de outro recurso, abrindo-se novo procedimento recursal, com o alongamento ainda da mesma relação jurídica processual.[201]

Nelson Nery Júnior utiliza como argumento do prolongamento da relação processual, a possibilidade de renúncia ao direito e o reconhecimento jurídico do pedido, em grau recursal, sobre o mesmo objeto litigioso já apreciado em primeiro grau. A consequência disto é a inevitável colocação do recurso como *continuação* daquele procedimento.[202]

Ratificando a posição de Nelson Nery Júnior, Flávio Cheim Jorge argumenta que, quando o ato de disposição do direito é praticado pelo recorrente, faz com que o recurso não seja admitido pela desistência tácita (no caso da desistência da ação e a renúncia ao direito a qual se funda a pretensão do autor), ou pela aquiescência no reconhecimento jurídico do pedido. Quando o ato é do recorrido (vitorioso em 1º grau), a desistência da ação faz com que seja provido o recurso do réu, e da mesma forma com a renúncia ao direito. Assim sendo, restaria demonstrado o não surgi-

---

[198] ASSIS, Araken de. *Manual dos recursos*. São Paulo: Revista dos Tribunais, 2007, p. 36.

[199] Idem, p. 37.

[200] DINAMARCO, Cândido Rangel. Os efeitos dos recursos. In: NERY JÙNIOR., Nelson; WAMBIER, Teresa Arruda Alvim (coord.). *Aspectos polêmicos e atuais dos recursos cíveis de acordo com a Lei 10.532/2001 – 5ª série*. São Paulo: Revista dos Tribunais, 2002, p. 24.

[201] ALVIM, Teresa Arruda. *Direito processual civil*. Teoria geral do processo de conhecimento. v.1. São Paulo: Revista dos Tribunais, 1972, p. 363.

[202] NERY JÚNIOR, Nelson; Rosa Maria de Andrade Nery. *Teoria geral dos recursos*. 6.ed. São Paulo: Revista dos Tribunais, 2004, p. 225.

mento de uma nova ação com a interposição do recurso. Conclui desta maneira o autor, que a lide então não se altera![203]

Este argumento também é rebatido por Araken de Assis, eis que o sistema processual brasileiro permite que os litigantes realizem negócios jurídicos processuais ainda que incluam matéria não posta em juízo, citando como exemplo a transação (art. 475 – N, III).[204]

Alguns autores italianos, dentre eles Emilio Betti[205] e Renzo Provinciali,[206] debruçaram-se no estudo dos recursos, e, ao contrário do entendimento preponderante, sustentaram ser o recurso uma ação autônoma em relação a que lhe deu origem.

Para Betti, a impugnação é uma ação distinta da ação da qual o recurso se originou pela diferença em seus elementos constitutivos e pela natureza da razão que é coordenada. Para a ação, os elementos constitutivos são um interesse e um correspondente poder, requisitos para legitimação. No recurso, a legitimidade se dá com a sucumbência.[207]

Se a sentença é impugnada por injusta, a matéria do recurso, se sucumbente o autor, coincide com o tema do litígio principal. Mas se impugna a sentença porque a mesma contradisse dispositivo processual, ou porque o provimento é nulo ou inadmissível, as razões recursais não condizem com as do litígio precedente. Neste caso, o tema principal do litígio passa a ser processual.

No dizer de Provinciali, a impugnação não é uma renovação do procedimento, eis que a impugnação e o pronunciamento que esta provoca dizem respeito com a sentença, e não com o procedimento a que a sentença pôs fim.[208]

Por sua vez, no Direito Espanhol, Jaime Guasp[209] aduziu serem as impugnações processuais depurações do resultado de processos distintos. Em seu entendimento, todavia, além de distintas ações, tratar-se-iam de processos autônomos, cabendo aqui uma crítica e ressalva. Ressalta Guasp:

> La impugnación del proceso no es la continuación del proceso principal por otros médios, puesto que el proceso de impugnación tiene carácter autónomo; es un proceso independiente con su régimen jurídico peculiar, es decir, con sus requisitos, procedimientos y efectos distintos de las correspondientes categorias del proceso a que se refiere, lo cual no quiere decir que, aunque sea un proceso autónomo, no guarde conexión con el principal, antes al contrario.

---

[203] JORGE, Flávio Cheim. *Teoria geral dos recursos cíveis*. 3.ed. São Paulo: Revista dos Tribunais, 2007, p. 22-3.

[204] São títulos executivos judiciais: *III* – a sentença homologatória de conciliação ou de transação, ainda que inclua matéria não posta em juízo;

[205] BETTI, Emilio. *Diritto processuale civile italiano*. 2.ed. Roma: Foro Italiano, 1936, p. 637 e ss.

[206] PROVINCIALI, Renzo. *Delle impugnazioni in generale*. Napoli: Morano, 1962, p. 9 e ss.

[207] BETTI, Emilio. *Diritto processuale civile italiano*. 2. ed. Roma: Foro Italiano, 1936, p. 638.

[208] PROVINCIALI, Renzo. *Delle Impugnazioni in generale*. Napoli: Morano, 1962, p. 23.

[209] GUASP, Jaime. *Derecho procesal civil*. 2.ed. Madrid: Instituto de Estúdios Políticos, 1961, p.709.

No direito alemão, defende Peter Gilles no sentido de que o recurso possui a natureza de ação autônoma, inclusive conferindo-lhe natureza constitutiva, já que, normalmente, o recurso tem a finalidade de desconstituir a decisão impugnada.

Com referência à autonomia procedimental do recurso, aponta a existência aí de um objeto litigioso próprio, além do que este procedimento deve ser entendido como sendo não somente a ocorrência, no tempo, de atos processuais das partes junto ao tribunal, mas sim, o começo de um novo procedimento, início esse que se verifica com a interposição do recurso, dirigido à determinada finalidade. As partes, por assim dizer, litigam com relação à correção e à justiça de uma decisão *(Richtigkeit und Existenzberechtigung einer Entscheidunfi),* além de colocarem em questão a coisa julgada formal sobre o recurso. A reflexão da finalidade do procedimento do recurso segue, portanto, um passo adiante.[210]

No direito pátrio, Araken de Assis desponta na defesa de constituir o recurso pretensão autônoma, porque diferente da primitiva, exercitada em simultâneo processo.[211]

As pretensões distinguem-se pelos seus elementos objetivos, quais sejam: causa e pedido, possuindo assim a pretensão recursal identidade própria.

É sabido que o nosso estatuto processual adotou o critério da tríplice identidade (Teoria das Três Identidades – *tria eadem*) – partes, causa de pedir e pedido –, seguindo a clássica lição de Matteo Pescatore[212], determinada no art. 301 do CPC.

A alteração de qualquer elemento distingue uma ação de outra,[213] e duplicado um desses elementos, dentro de um mesmo processo há cúmulo de ações. Logo, há cumulação através das partes (cumulação subjetiva), causa de pedir e do pedido (cumulação objetiva).[214]

No que tange à natureza jurídica dos recursos, interessam os elementos objetivos (causa de pedir e pedido) na cumulação de ações *in simultaneo processu.*

E da análise dos supracitados elementos objetivos é que Araken de Assis justifica a tese do recurso como constituir pretensão autônoma exercida em *simultaneo processu.*[215]

Exemplifica no caso de *error in iudicando,* quando o fato constitutivo da pretensão recursal é distinto do fato constitutivo da pretensão inicial. No recurso, há um novo pedido imediato, que é a nova decisão ou reforma da sentença, com caráter

---

[210] GILLES, Peter. *Rechtsmittel im Zivilprozess,* Frankfurt: Athenäum, 1972, p. 49.

[211] ASSIS, Araken de. *Manual dos recursos.* São Paulo: Revista dos Tribunais, 2007, p. 43.

[212] PESCATORE, Matteo. *Sposizione compendiosa della procedura civile e criminale nelle somme sue ragioni e nel suo ordine naturale com appendici di complemento sui temi principali di tutto il diritto giuziario.* Torino: UTET, 1864, p. 169.

[213] Neste sentido já se pronunciou o STJ: "ainda que ocorra identidade de partes e de pedido, não havendo identidade de causa de pedir, inatendível a argüição de coisa julgada".

[214] ASSIS, Araken de. *Cumulação de ações.* 4.ed. São Paulo: Revista dos Tribunais, 2002, p. 124-5.

[215] ASSIS, Araken de. *Op.cit.,* p. 42.

OS EFEITOS DOS RECURSOS

constitutivo, distinto do pedido mediato (que pode ser constitutivo, condenatório, e assim por diante, de acordo com o objeto litigioso da pretensão primitiva).

Da mesma maneira no caso do agravo, cujo mérito do recurso não tem semelhança com o objeto litigioso. E também no recurso do terceiro prejudicado, onde há por certo nova ação, porque deduzida por pessoa diferente do autor.[216]

Do cotejo dos elementos da pretensão originária, e dos elementos da pretensão recursal, constata-se que ainda que o processo seja o mesmo, há o exercício, no recurso, de uma nova pretensão. Desta forma, pode-se concluir que os recursos possuem caráter constitutivo negativo, distinto do objeto litigioso da pretensão primitiva, haja vista a desconstituição da decisão que impugna, constituindo, assim, pretensão autônoma, exercida dentro de um mesmo processo.

---

[216] ASSIS, Araken de. *Manual dos recursos*. São Paulo: Revista dos Tribunais, 2007, p. 43.

2. Efeitos dos recursos

Entende-se por efeito recursal uma consequência que pode advir tanto da interposição, quanto no decorrer do julgamento de um recurso.[217]

Certo é que, no âmbito doutrinário, o tradicional é a classificação dual dos efeitos dos recursos – devolutivo e suspensivo – já que esses efeitos estão expressamente mencionados no CPC.

Ocorre que, além dos efeitos devolutivo e suspensivo, outras consequências são verificadas, quer na interposição, quer no julgamento dos recursos.

Daí surgirem vários escritos ampliando o panorama na temática dos efeitos recursais, com a menção aos efeitos translativo, obstativo, substitutivo, expansivo, regressivo e diferido.[218]

2.1. EFEITO OBSTATIVO

O efeito obstativo é imanente a todos os recursos – obsta a formação da coisa julgada, ou seja, com a interposição de um recurso – não obstante o resultado que daí advirá (juízo de admissibilidade pelo órgão inferior ou pelo superior; improvimento ou provimento do recurso, tanto na reforma ou na anulação da decisão recorrida), evita-se com o ato recursal que a decisão recorrida se torne firme de pronto.

No dizer de Francisco Ramos Mendez, a mera interposição do recurso interrompe a produção da coisa julgada, prorrogando-se os efeitos da litispendência durante a toda a tramitação do recurso, até seu julgamento.[219]

Barbosa Moreira assim anota a sua lição sobre o efeito recursal obstativo: "Todos os recursos admissíveis produzem um efeito constante e comum, que é o

---

[217] Efeito, de acordo com o dicionário Aurélio: "Produto, resultado de uma ação; conseqüência: não há efeito sem causa..." Disponível em: <http://www.dicionariodoaurelio.com/dicionario.php?P=Efeito>. Acesso em: 10 set. 2009.

[218] A ampliação do rol dos ditos efeitos recursais não é isenta de críticas. Assim Flávio Cheim Jorge enfatiza: "É comum intitular-se de 'efeitos', fenômenos que não possuem essa conceituação, ou mesmo arrolar vários 'efeitos' que, após rigorosa análise, evidenciam tratar-se, todos, de um tronco comum e perfeitamente redutíveis a apenas um deles". JORGE, Flávio Cheim. *Teoria geral dos recursos cíveis*. 3.ed. São Paulo: Revista dos Tribunais, 2007.p. 222.

[219] RAMOS MÉNDEZ, Francisco. *Derecho procesal civil*. 5.ed. Tomo II. Barcelona: Bosch, 1992, p.715.

de obstar, uma vez interpostos, ao trânsito em julgado da decisão impugnada (cf. o art. 467)".[220]

Perquire-se se a interposição do recurso impediria ou adiaria a preclusão. Cândido Rangel Dinamarco faz a distinção calcado no destino que o recurso terá. Se o recurso não supera o juízo de admissibilidade, ou é caso de desistência do mesmo, não se alcança assim o julgamento de seu mérito, entendendo, o autor, que nestes casos houve preclusão "retardada", adiada, posto que não houvesse nova decisão acerca do que já havia sido decidido na instância inferior. Já na hipótese de conhecimento do recurso, ainda que o tribunal negue provimento ao mesmo, haverá substituição da decisão recorrida, então, nesta situação, a preclusão não está meramente adiada, e sim, "definitivamente impedida".[221]

O efeito obstativo não se confunde com o efeito suspensivo, eis que este diz respeito à eficácia da decisão, enquanto o efeito obstativo com a formação da coisa julgada, tanto que, ainda em caso de recurso não dotado de efeito suspensivo, haverá efeito obstativo impedindo a formação da coisa julgada.

No direito alemão, estas ideias se imiscuem, entendendo-se que o efeito suspensivo impede a produção da coisa julgada.[222]

Quais as justificativas, então, para se retirar do âmbito dos efeitos suspensivo e devolutivo o adiamento da formação da *res iudicata,* alçando o efeito obstativo à categoria de efeito autônomo?

Reporta-se às alusões de Araken de Assis, no sentido de que o adiamento da coisa julgada não se prende à concessão de efeito suspensivo, não cabendo, na falta de outro sítio mais apropriado, transportá-lo aos domínios do efeito devolutivo. Exemplifica ainda o autor: no caso de o único recurso pendente versar sobre a admissibilidade de outro recurso, a única questão devolvida diz respeito à admissibilidade ou não do mesmo. Desta forma, não há relação entre a matéria devolvida e o adiamento à eficácia da coisa julgada.[223]

Assim, plenamente respaldado o entendimento de que o efeito obstativo deve ser alçado à categoria de efeito recursal autônomo, e não mero desdobramento do efeito devolutivo.

Os que sustentam ser o efeito obstativo mera decorrência do efeito devolutivo arguem que, em face da devolução da matéria impugnada ao Poder Judiciário,

---

[220] MOREIRA, José Carlos Barbosa. *Comentários ao código de processo civil: lei nº 5.869, de 11 de janeiro de 1973.* 12.ed. Rio de Janeiro: Forense, 2005, p. 257.

[221] DINAMARCO, Cândido Rangel. Os efeitos dos recursos. In: NERY JR., Nelson; WAMBIER, Teresa Arruda Alvim (coord.). *Aspectos polêmicos e atuais dos recursos cíveis de acordo com a Lei 10.532/2001 – 5ª série.* São Paulo: Revista dos Tribunais, 2002, p. 27.

[222] Assim: "el llamado efecto suspensivo; es decir, el recurso impide que se produzca la autoridad de cosa juzgada..." In: ROSEMBERG, Leo. *Tratado de derecho procesal civil.* Tomo II. Buenos Aires: Ediciones Juridicas Europa-América, 1955, p.349. E ainda: "efeito suspensivo, o diferimento do caso julgado formal". In: JAUERNIG, Othmar. *Direito processual civil.* 25.ed. Coimbra: Almedina, 2002, p. 361.

[223] ASSIS, Araken de. *Manual dos recursos.* São Paulo: Revista dos Tribunais, 2007, p. 218.

enquanto não houver julgamento do recurso, não haveria o que se falar em coisa julgada.[224]

A polêmica vai além, embora haja quem comungue da ideia de que o efeito obstativo não seria sequer fenômeno ligado ao sistema recursal, eis que a interposição de um recurso somente prolonga o estado de litispendência que já existia antes dele. Para quem partilha dessa ideia, o recurso não obstaria o trânsito, eis que apenas prolongaria um estado anterior a ele.[225]

Sérgio Gilberto Porto e Daniel Ustárroz trabalham com a ideia de retardamento da preclusão pela interposição do recurso, eis que "enquanto ele não for definitivamente apreciado, a matéria nele discutida seguirá viva no processo, pois embora já decidida na instância inferior, poderá ser reapreciada quando do julgamento da inconformidade". Em caso de não interposição de recurso, aí sim, haveria ocorrência de preclusão.[226]

Outro ponto que merece destaque é se o efeito obstativo se opera somente na interposição de recurso admissível.

Parte da doutrina defende que apenas os recursos admissíveis produziriam o efeito obstativo, posto que o juízo negativo de admissibilidade possui conteúdo declaratório, fazendo com que o trânsito em julgado se dê na data em que se verificou a causa da admissibilidade (*ex tunc*).[227]

Nesta esteira de pensamento,[228] delineia Barbosa Moreira, ao tratar sobre os efeitos do juízo negativo de admissibilidade no órgão julgador do recurso:

> Se, todavia, a inadmissibilidade estava configurada *ab initio,* parece-nos fora de dúvida que a interposição do recurso não obstou ao surgimento da coisa julgada, e que a decisão de não-conhecimento unicamente verifica e proclama a existência de uma situação anterior à sua prolação. É nisso, justamente, que se lhe revela a natureza declaratória. Qualquer decisão passa em julgado desde que não haja (ou já não haja) recurso admissível; logo, a interposição de recurso inadmissível não é empecilho à coisa julgada. Afirmar o contrário seria reconhecer ao recorrente a possibilidade de adiar sempre a formação desta, sujeitando ao poder dispositivo um instituto que a ele está imune.[229]

---

[224] Dessa forma sustentam: PINTO, Nelson Luiz. *Manual dos recursos cíveis*, p. 36; NERY JÚNIOR, Nelson. *Teoria geral dos recursos*, p. 432; WAMBIER, *Teresa Arruda Alvim*. Os agravos no CPC brasileiro, p. 330. Pela "independência": ASSIS, Araken de. *Manual dos recursos*, p. 218; BARBOSA MOREIRA, *Comentários ao código de processo civil*, p. 256.

[225] JORGE, Flávio Cheim. *Teoria geral dos recursos cíveis*. 3.ed. São Paulo: Revista dos Tribunais, 2007, p. 224.

[226] PORTO, Sérgio Gilberto; USTÁRROZ, Daniel. *Manual dos recursos cíveis*. Porto Alegre: Livraria do Advogado, 2007, p. 70-1.

[227] Sobre o tema: GIUDICEANDREA, Nicola. *Le impugnazioni civili*. Milão: Giuffrè, 1952, p. 142-5.

[228] Neste mesmo sentido: CÂMARA, Alexandre Freitas. *Lições de direito processual civil*. 12.ed. Rio de Janeiro: Lumen Juris, 2006. v. II, p. 76.

[229] MOREIRA, José Carlos Barbosa. *O juízo de admissibilidade no sistema dos recursos civis*. Rio de Janeiro: s.n., 1968, p. 147.

Entretanto, esta posição deve ser sopesada! Até porque a questão está intimamente ligada ao prazo inicial para propositura da ação rescisória e traz consequências diretas no âmbito da segurança jurídica.[230]

Em se tratando de recurso inadmissível, podem ser sugeridas as seguintes soluções: a) o trânsito em julgado se dá sempre da última decisão; b) o trânsito em julgado retroage à data da expiração do prazo do recurso (se caso de intempestividade); c) o trânsito em julgado retroage à data da interposição do recurso ou à data em que se verificou o fato que impediu o seu julgamento de mérito.[231]

Muito embora as lições de Barbosa Moreira sejam indeléveis, o STJ adotou a orientação de que o juízo de inadmissibilidade opera efeitos *ex nunc*.[232] Ressalte-se que, com fundamento nos princípios da economia processual e segurança jurídica, seguindo a mesma linha de raciocínio, afasta o STJ a possibilidade de trânsito em julgado por capítulos/cisão da coisa julgada.[233]

---

[230] Araken de Assis traz à baila o seguinte exemplo: "Figure-se a hipótese de o vencido interpor apelação fora do prazo e o órgão *a quo*, erroneamente, admitir o recurso, abstendo-se de reexaminar o ato, conforme autoriza o art. 518, § 2° Os autos subirão ao tribunal e caberá ao órgão *ad quem* declarar a inadmissibilidade do apelo. É evidente que algo ocorreu – na verdade, o prolongamento do processo pendente, ou situação similar – por força do recurso inadmissível. O fenômeno, insubjugável, brada por alguma explicação coerente e clara. A competência para apreciar o recurso, inadmissível passou de um grau para outro, e o processo subsistiu, nele realizando-se atos variados. A única conclusão razoável e, sobretudo, natural reconhecerá a manutenção da litispendência: o ajuizamento de uma segunda demanda idêntica à primeira esbarraria no óbice do art. 301, § 3°, primeira parte, ou seja, no veto à repetição de ação que 'está em curso'." In ASSIS, Araken de. *Manual dos recursos*. São Paulo: Revista dos Tribunais, 2007, p. 215.

[231] DIDIER JÚNIOR, Fredie; CUNHA, Leonardo José Carneiro da. *Curso de direito processual civil*. v.3. 5.ed. Salvador: Podivm, 2008, p. 78.

[232] ...TRÂNSITO EM JULGADO. PRETENSÃO EXECUTÓRIA. PRESCRIÇÃO. TERMO INICIAL. TRÂNSITO EM JULGADO DA DECISÃO PROFERIDA NO PROCESSO DE CONHECIMENTO. QUESTÃO DE MÉRITO. COISA JULGADA. REDISCUSSÃO EM SEDE DE EXECUÇÃO. IMPOSSIBILIDADE. RESTRIÇÃO DE MATÉRIAS. ART. 741 DO CPC. 1. O termo inicial da contagem do prazo prescricional da pretensão executória deve ser fixado no trânsito em julgado da ação de conhecimento. 2. *Na hipótese em que os recursos extraordinários lato sensu não tenham sido conhecidos em razão da intempestividade, ou da ausência de qualquer outro requisito legal, o trânsito em julgado do acórdão exequendo somente se operará no pronunciamento jurisdicional final no bojo desses derradeiros recursos.* Precedentes. ... (REsp 717.938/DF, Rel. Ministra LAURITA VAZ, QUINTA TURMA, julgado em 06.10.2005, DJ 14.11.2005 p. 395) (grifou-se)

[233] PROCESSUAL CIVIL. AGRAVO REGIMENTAL. AÇÃO RESCISÓRIA. TERMO INICIAL DO PRAZO DECADENCIAL. IMPOSSIBILIDADE DE CINDIR A COISA JULGADA MATERIAL. TRÂNSITO EM JULGADO QUE ACONTECE APENAS DEPOIS DA ÚLTIMA DECISÃO ACERCA DO ÚLTIMO RECURSO INTERPOSTO CONTRA O JULGADO RESCINDENDO. 1. As partes agravantes alegam que o capítulo da sentença referente à preliminar de litisconsórcio necessário transitou em julgado em 29.7.1996, uma vez que esta matéria não foi atacada pelos recursos cabíveis, e, por isso, consumou-se o prazo decadencial para a ação rescisória. 2. *É pacífico o entendimento desta Corte Superior no sentido de que o prazo decadencial da ação rescisória deve ter como termo inicial o dia seguinte da data em que transitou em julgado o último recurso interposto contra sentença ou acórdão, seja ela parcial ou integral – em razão da impossibilidade de cindir a coisa julgada.* Precedentes. 3. O acórdão combatido pelo especial adotou posicionamento diverso da jurisprudência do Superior Tribunal de Justiça, na medida em que entendeu que houve trânsito em julgado da sentença na parte em que tratou da preliminar alusiva ao litisconsórcio passivo necessário, conquanto a referida decisão tenha sido atacada em outros capítulos, por outros fundamentos. 4. Agravos regimentais não providos. (AgRg no REsp 886.575/RJ, Rel. Ministro MAURO CAMPBELL MARQUES, SEGUNDA TURMA, julgado em 06/08/2009, DJe 19/08/2009) (grifou-se)

Tanto que o STJ editou a súmula 401, dispondo que o prazo decadencial da ação rescisória só se inicia quando não for cabível qualquer recurso do último pronunciamento judicial.

A construção pretoriana se firmou basicamente em três julgados, EREsp 404777, REsp 765823 e EResp 441252, onde o debate dizia respeito à fixação do início da fluência do prazo decadencial para a propositura de ação rescisória, quando o último recurso interposto era intempestivo: se do eventual e derradeiro recurso interposto no feito – ainda que discutisse tão somente a questão da tempestividade, ou se do trânsito em julgado da decisão contra a qual foi interposto o apelo fora do tempo.

De acordo com o entendimento firmado, a sentença é una, indivisível e só transita em julgado como um todo após decorrido *in albis* o prazo para a interposição do último recurso cabível, sendo vedada a propositura de ação rescisória de capítulo da decisão que não foi objeto do recurso.

Impossível, portanto, uma única ação ainda tramitando, com várias ações rescisórias dela advindas.

Até porque o art. 467 do CPC,[234] em momento algum, suscita a admissibilidade ou inadmissibilidade do recurso, ressaltando apenas que a coisa julgada material se dá da sentença, "não mais sujeita a recurso ordinário ou extraordinário".[235]

Assim sendo, a conclusão é de que há efeito obstativo na simples interposição do recurso, como bem define Montero Aroca-Flors Matíes: "El mero hecho de la apresentación del escrito por el que la parte anuncia, prepara o interpone el recurso significa que la resolución recurrida no se convierte en firme, esto es, que no se producen los efectos propios de la cosa juzgada".[236]

2.2. EFEITO DEVOLUTIVO

A origem histórica do termo *devolutivo* provém da época em que a jurisdição pertencia ao imperador que, por sua vez, delegava a faculdade de julgar a juízes de primeira instância.

Desta forma, ao se recorrer, dava-se efetivamente uma devolução deste poder de julgar.[237]

---

[234] Art. 467: "Denomina-se coisa julgada material a eficácia, que torna imutável e indiscutível a sentença, não mais sujeita a recurso ordinário ou extraordinário."

[235] De acordo com esta posição: ASSIS, Araken. *Manual dos recursos*, São Paulo: Revista dos Tribunais, 2007, p. 215.

[236] AROCA, Juan Montero; MATÍES, José Flors. *Tratado de recursos en el proceso civil*. Valencia: Tirant lo Blanch, 2005, p. 84.

[237] VESCOVI, Enrique. *Los recursos judiciales y demás médios impugnativos em Iberoamérica*. Buenos Aires: Depalma, 1988, p. 55.

Bruno de Mendonça Lima discorre sobre este sentido histórico ressaltando que: "Quando se interpunha recurso, o juiz devolvia ao rei a jurisdição que lhe fora delegada. E por isto se dizia então, com propriedade, que o recurso devolvia o conhecimento da causa ao rei".[238]

Considerando a raiz histórica do efeito devolutivo, e que, no presente, a expresão já não mais seria adequada, Alcides de Mendonça Lima apregoou a susbstituição da nomenclatura por "efeito de transferência", justificando que "Pelo sentido ambíguo, porém, que o termo 'devolução' acarreta, melhor fora substituí-lo por outro, que atendesse à realidade hodierna, sem liame algum com uma situação superada e obsoleta, com nenhum sentido racional e, até, gramatical".

Sob esse diapasão, o termo *devolutivo* não encontraria albergue na atualidade, eis que não há o que se falar em "devolução" da jurisdição. Até porque o Poder Judiciário forma um todo, e não há, portanto, devolutividade. O que se busca pela via recursal é uma nova manifestação do Poder Judicário acerca de uma matéria já apreciada pelo órgão. Mantém-se, por óbvio, com base na tradição!

Em conformidade, assinala Couture não haver propriamente devolução, e sim, envio para revisão.[239]

O efeito devolutivo pode ser observado sob tríplice aspecto: pelo conteúdo do recurso; pelo conteúdo da decisão impugnada; e pelo órgão destinatário do recurso.[240]

No que tange ao órgão destinatário do recurso, emerge uma questão que envolve certa controvérsia: para que se verifique a devolução, o exame deve ser procedido por um órgão superior; ou também ela é verificada no caso de o controle da decisão se dar pelo mesmo órgão jurisdicional que proferiu a decisão recorrida?

Assim, quanto ao critério hierárquico, parte da doutrina entende que há devolução ainda que não haja remessa da matéria para órgão diverso do prolator da decisão recorrida ou hierarquicamente superior. É o caso dos embargos de declaração, embargos infringentes e do recurso inominado dos Juizados Especiais Cíveis. Diversamente entende uma outra corrente, fazendo menção expressa da necessidade de transferência da cognição para uma instância superior para que se caracterize o efeito.

Da averiguação da definição dada ao efeito, já se pode depreender o posicionamento de cada doutrinador.

Tereza Arruda Alvim Wambier assevera que: "A devolução deve ser entendida como sendo o submeter novamente a decisão impugnada à apreciação do

---

[238] LIMA, Bruno de Mendonça. Recursos no processo civil brasileiro – generalidades. *Revista da Faculdade de Direito de Pelotas,* ano VI, v. VII, Pelotas: Faculdade de Direito, 1961, p. 101.

[239] COUTURE, Eduardo Juan. *Fundamentos del derecho procesal civil.* 3.ed. Buenos Aires: Depalma, 1977, p. 366.

[240] BARIONI, Rodrigo. *Efeito devolutivo da apelação civil.* São Paulo: Revista dos Tribunais, 2008, p. 35.

Poder Judiciário, devolvendo-lhe a matéria".[241] Para a autora o que interessa é que a decisão judicial seja reexaminada, podendo ser tanto por um outro órgão (regra), quanto se dar pelo mesmo órgão julgador (exceção).

Albergando essa tese, reforça Nelson Nery Júnior no sentido de que basta para que haja devolutividade a aptidão do recurso para provocar o reexame da decisão impugnada, não havendo "necessidade de que o órgão destinatário seja diverso daquele que proferiu o ato impugnado".[242]

Sob a mesma ótica, Flávio Cheim Jorge observa que o efeito devolutivo deve ser entendido como a obtenção de um outro pronunciamento do Poder Judiciário, podendo ser o órgão competente o mesmo prolator da decisão recorrida, ou não.[243]

Nas palavras de Alcides de Mendonça Lima, "não se pode ser rigoroso e considerar devolução, apenas quando o julgamento se desloca para outro órgão, que não aquele que proferiu a decisão impugnada". A devolutividade, em seu entendimento, se dá em face do Poder Judiciário, considerando-o como uma unidade, conclusão esta que afastaria a celeuma doutrinária e técnica sobre quais os recursos que têm ou não efeito devolutivo: "Todos, por este raciocínio devolvem o conhecimento nos limites estabelecidos em lei para cada espécie".[244]

Para os que partilham desse entendimento, a consequência é que todos os recursos possuem como efeito natural o devolutivo. É o que destaca José Frederico Marques: "Todo recurso tem efeito devolutivo, porquanto entrega e leva à instância de grau superior (ou ao mesmo Juízo *a quo* quando para ele próprio se recorre) o conhecimento da questão decidida, que é o objeto do pedido de reexame".[245]

Parece ser esta a posição mais acertada!

Contrariando esse enfoque, sustentam outros autores só haver efeito devolutivo quando o julgamento do recurso se dá por órgão hierarquicamente superior ao prolator da decisão recorrida.

Na visão de Barbosa Moreira inexiste efeito devolutivo quando a lei atribui competência ao próprio órgão *a quo* para reexaminar a matéria impugnada, como no caso dos embargos declaratórios.[246]

---

[241] WAMBIER, Teresa Arruda Alvim. *Os agravos no CPC brasileiro*. 4.ed. São Paulo: Revista dos Tribunais, 2005, p. 333.

[242] NERY JUNIOR, Nelson. *Teoria geral dos recursos*. 6.ed. São Paulo: Revista dos Tribunais, 2004, p. 431.

[243] JORGE, Flávio Cheim. *Teoria geral dos recursos cíveis*. 3.ed. São Paulo: Revista dos Tribunais, 2007, p. 233-4.

[244] LIMA, Alcides de Mendonça. *Introdução aos recursos cíveis*. 2.ed. São Paulo: Revista dos Tribunais. 1976, p. 286.

[245] MARQUES, José Frederico. *Instituições de direito processual civil*. v. IV. Campinas: Millennium, 2000, p. 74.

[246] MOREIRA, José Carlos Barbosa. *O novo processo civil brasileiro*: exposição sistemática do procedimento. 18.ed. Rio de Janeiro: Forense, 1996, p. 143.

Com essa linha de raciocínio, afirma Cândido Rangel Dinamarco só haver efeito devolutivo quando a devolução se dá para um "órgão judiciário de estatura maior que a do prolator do ato recorrido".[247]

Partilham também dessa ideia Gilson Delgado Miranda e Patricia Miranda Pizzol, que consideram não se mostrar "adequado falar em efeito devolutivo nos embargos de declaração, porque quem tem competência para julgar o recurso é o próprio órgão *a quo*".[248]

Também mencionando a hierarquia como fator para haver devolutividade, Enrique Vescovi, referindo que "se considera necesario el juzgamiento por el órgano superior y se entiende que el inferior agotó la posibilidad de juzgar".[249]

Comungando este pensamento, Couture define o efeito devolutivo como "la remisión del fallo apelado al superior que está llamado, en el orden de la ley, a conocer de él".[250]

É nesse sentido que a legislação alemã trabalha o conceito de devolutividade.

Othmar Jauernig expõe esse pensamento ao aduzir ser característica do efeito devolutivo a "transição do processo à instância superior".[251] Em conformidade, salienta Leo Rosemberg, no sentido de que os recursos se resolvem sempre na instância superior.[252]

Com esta idêntica visão o ordenamento espanhol, ao classificar os meios de impugnação em não devolutivos (remédios) e devolutivos, esses sim recursos, por serem conhecidos por um tribunal distinto e superior ao que proferiu a decisão recorrida.[253]

Com relação ao conteúdo do recurso, divide-se a doutrina em partidários de o efeito devolutivo ocorrer somente quanto à matéria suscitada pela parte, ou também nas matérias cognocíveis *ex officio*.

De um lado os que catalogam a transferência das matérias de ordem pública como efeito autônomo – efeito translativo –,[254] e outra parte que sustenta que o

---

[247] DINAMARCO, Cândido Rangel. Os efeitos dos recursos. In: NERY JR., Nelson; WAMBIER, Teresa Arruda Alvim (coord.). *Aspectos polêmicos e atuais dos recursos cíveis de acordo com a Lei 10.532/2001* – 5ª série. São Paulo: Revista dos Tribunais, 2002, p. 31.

[248] MIRANDA, Gilson Delgado; PIZZOL, Patricia Miranda. *Recursos no processo civil*. 6.ed. São Paulo: Atlas, 2009, p. 37.

[249] VESCOVI, Enrique. *Los recursos judiciales y demás médios impugnativos em Iberoamérica*. Buenos Aires: Depalma, 1988, p. 56.

[250] COUTURE, Eduardo Juan. *Fundamentos del derecho procesal civil*. 3.ed. Buenos Aires: Depalma, 1977, p. 366.

[251] JAUERNIG, Othmar. *Direito processual civil*. 25.ed. Coimbra: Almedina, 2002, p. 361

[252] ROSEMBERG, Leo. *Tratado de derecho procesal civil*. Tomo II. Buenos Aires: Ediciones Juridicas Europa-América, 1955, p. 350.

[253] Nesse sentido: MÉNDEZ, Francisco Ramos. *Derecho procesal civil*. 5.ed. Tomo II. Barcelona: Bosch, 1992, p. 715 e AROCA, Juan Montero; MATÍES, José Flors. *Tratado de recursos en el proceso civil*. Valencia: Tirant lo Blanch, 2005, p. 85.

[254] Assim: WAMBIER, Teresa Arruda Alvim. *Os agravos no CPC brasileiro*. 4.ed. São Paulo: Revista dos Tribunais, 2005, p. 336, bem como NERY JUNIOR, Nelson. *Teoria geral dos recursos*. 6.ed. São Paulo: Revista dos Tribunais, 2004, p. 430 e APRIGLIANO, Ricardo de Carvalho. *A apelação e seus efeitos*. São Paulo: Atlas, 2003, p. 225.

efeito translativo nada mais seria que mera consequência do efeito devolutivo no que tange a sua profundidade.[255] O tema será tratado em item próprio.

Por último, a distinção feita quanto ao conteúdo da decisão recorrida, dividindo-se no reconhecimento da ocorrência do efeito devolutivo apenas nas decisões de mérito, e, o entendimento atual, de que há devolução, independente da decisão, seja de mérito ou não.[256]

Ada Pellegrini Grinover enfatiza: "Nosso sistema não adota o conceito restrito de efeito devolutivo, pelo qual este compreenderia apenas a matéria cognoscível de ofício, ou então a matéria atinente ao *meritum causae*".[257]

Assim sendo, temos devolução quando do reexame das decisões em geral (embargos de declaração), de decisões interlocutórias (agravo), de sentenças (apelação) e de acórdãos (embargos infringentes, embargos de divergência, recurso especial, recurso extraordinário e recurso ordinário).[258]

Cândido Rangel Dinamarco apresenta ainda uma classificação quanto ao tipo de devolução: imediata, gradual ou diferida. A devolução imediata e automática só se dá no caso de agravo de instrumento contra ato de juiz de primeiro grau, eis que o recurso é interposto diretamente ao tribunal; ou nos embargos de declaração, que vão diretamente ao juiz prolator do ato embargado para julgamento. A devolução é gradual, quando depende de outros atos. No dizer do autor, "... tem-se presente, portanto, que a devolução consumada é o efeito de uma série de atos somados, que vão desde a interposição até a emissão do juízo positivo de admissibilidade e determinação da remessa dos autos ao tribunal que o julgará". Já a devolução diferida ocorre quando a subida do recurso depende de um outro, como no caso do agravo retido e recursos especial e extraordinário.[259] Araken de Assis critica a classificação por entender que "nada de muito útil" à matéria se acresce com a mesma.[260]

Inegável é que o efeito devolutivo se encontra atrelado ao princípio dispositivo, que, por sua vez, está ligado à atividade de provocação da parte, que está demonstrada nos arts. 2º, 128, 262 e 460 do CPC; configurando assim um sistema[261]

---

[255] Nesse sentido: ASSIS, Araken de. *Manual dos recursos*. São Paulo: Revista dos Tribunais, 2007, p. 225; e ainda JORGE, Flávio Cheim. *Teoria geral dos recursos cíveis*. 3. ed. São Paulo: Revista dos Tribunais, 2007, p. 225.

[256] BARIONI, Rodrigo. *Efeito devolutivo da apelação civil*. São Paulo: Revista dos Tribunais, 2008, p. 41.

[257] GRINOVER, Ada Pellegrini. Um enfoque constitucional da teoria geral dos recursos. *O processo em evolução*. Rio de Janeiro: Forense Universitária, 1996, p. 77.

[258] NERY JUNIOR, Nelson. *Teoria geral dos recursos*. 6.ed. São Paulo: Revista dos Tribunais, 2004, p. 432.

[259] DINAMARCO, Cândido Rangel. Os efeitos dos recursos. In: NERY JR., Nelson; WAMBIER, Teresa Arruda Alvim (coord.). *Aspectos polêmicos e atuais dos recursos cíveis de acordo com a Lei 10.532/2001 – 5ª série*. São Paulo: Revista dos Tribunais, 2002, p. 22.

[260] ASSIS, Araken de. *Manual dos recursos*. São Paulo: Revista dos Tribunais, 2007, p. 222.

[261] José Maria Rosa Tesheiner lembra a existência de distintos sistemas recursais, de acordo com a relação estabelecida com o princípio dispositivo: "Pode-se imaginar um sistema em que o tribunal somente possa examinar as matérias e questões apontadas pelo apelante; outro, em que ao tribunal seja dado examinar tudo quanto diga respeito à ação, inclusive em prejuízo do apelante (reformatio in pejus), além de sistemas intermediários". In: TESHEINER, José Maria Rosa. *Efeito devolutivo da apelação*. Disponível em: <http://www.tex.pro.br/wwwroot/01de2006/ efeitodevolutivodaapelacao.htm>. Acesso em: 10 set. 2009.

onde o julgador se encontra limitado em examinar as matérias e questões apontadas pelo recorrente.[262]

João de Castro Mendes define o princípio dispositivo como " aquele segundo o qual a vontade relevante e decisiva no processo é a das partes – cabe a estas o *dominium litis*".[263]

Pela regência do princípio dispositivo, pode a parte livremente deliberar se quer, por exemplo, acatar a decisão e não recorrer; ou recorrer de toda a decisão; ou ainda, pode optar por recorrer de parte dessa, como no caso de apelar de uma sentença apenas no capítulo referente aos honorários de sucumbência.

O Código de Processo Civil, ao tratar dos recursos, explicita a adoção desse sistema no *caput* do art. 515: "A apelação devolverá ao tribunal o conhecimento da matéria impugnada", limitando a atuação oficiosa do tribunal.[264]

O âmbito da devolução, portanto, fica restrito à matéria efetivamente impugnada, delimitada através da máxima *tantum devolutum quantum appellatum*.[265]

Trata-se, dessa maneira, da extensão da transferência, que pode ser total, ou parcial, conforme o objeto da impugnação, de acordo com as disposições do art. 505 do CPC.[266] Desta forma, a extensão da devolução limita-se pelo que é efetivamente impugnado no recurso.[267]

Havendo, por exemplo, dois pedidos na inicial (*cumulação simples*), ambos rejeitados na sentença, e o recurso cingindo-se a apenas um deles, não está autoriza-

---

[262] "Tal como o processo, que inicia por provocação da parte, mas se desenvolve por iniciativa oficial, o procedimento recursal somente é iniciado mediante a manifestação formal de vontade do interessado, o que se dá pelo próprio ato de interpor, forma escrita ou oral, o recurso". (PORTO, Sérgio Gilberto; USTÁRROZ, Daniel. *Manual dos recursos cíveis*. 2. ed. Porto Alegre: Livraria do Advogado, 2008, p. 71).

[263] MENDES, João de Castro. *Direito processual civil*. Lisboa: LAEL, 1973-1974, p. 136.

[264] Texto repetido no Projeto do Novo CPC: "Art. 965. A apelação devolverá ao tribunal o conhecimento da matéria impugnada".

[265] Nesse sentido: "PROCESSUAL CIVIL. EMBARGOS DE DECLARAÇÃO. OMISSÃO. EXISTÊNCIA. APELAÇÃO. EFEITO DEVOLUTIVO. JULGAMENTO EXTRA-PETITA. *REFORMATIO IN PEJUS*. INOCORRÊNCIA.... 3. *A título de argumentação obiter dictum, o efeito devolutivo coloca o Tribunal nas mesmas condições em que se encontrava o juiz no momento de decidir, adstrindo-se, todavia, sua atuação aos limites da impugnação, em atenção ao princípio tantum devolutum quantum appellatum. Inteligência do art. 515, § 1º, do CPC, verbis:* Art. 515. A apelação devolverá ao tribunal o conhecimento da matéria impugnada. § 1o Serão, porém, objeto de apreciação e julgamento pelo tribunal todas as questões suscitadas e discutidas no processo, ainda que a sentença não as tenha julgado por inteiro... 5. Inocorre julgamento *extra petita* quando o acórdão o resolve questão não decidida em primeira instância, mas que foi objeto de impugnação pela recorrente." (REsp 1088037/SP, Rel. Ministro LUIZ FUX, PRIMEIRA TURMA, julgado em 07/05/2009, DJe 27/05/2009)

[266] Art. 505: "A sentença pode ser impugnada no todo ou em parte".

[267] "Excepciona o princípio de que o apelo não exibirá extensão maior do que a atividade cognitiva do primeiro grau a suscitação de questões novas, alegando e provando o recorrente que deixou de fazê-lo, anteriormente, 'por motivo de força maior' (art. 517). A rigor, o assunto é estranho ao efeito devolutivo, que cuida da transferência do material de cognição do órgão *a quo* para o *ad quem*. Mas, a título comparativo, a menção se afigura obrigatória, deixando claro que a inovação respeitará às questões de fato insuscetíveis de exame *ex officio*. Por exemplo, o réu não poderá inovar os termos da apelação, alegando que seu encontro clandestino não representou adultério, mas visou a realizar negócio mercantil cercado de sigilo". In: ASSIS, Araken de. Efeito devolutivo da apelação. *Revista Síntese de Direito Civil e Processual Civil*. 13.ed. Porto Alegre: Síntese, 2001, p. 150.

do o tribunal a se pronunciar sobre o outro pedido. Da mesma forma no caso de cumulação sucessiva. Em caso de reintegração de posse julgada procedente, e pedido de reparação por perdas e danos improcedente, em havendo apelação apenas quanto às perdas e danos, não pode o tribunal reformar a sentença que reintegrou o autor na posse.[268]

Destaca José Maria Rosa Tesheiner, ao tratar sobre a extensão do efeito devolutivo: "encontra-se, aí, notável limitação ao exercício do poder hierárquico. Assim como o juiz não pode agir de ofício, assim não pode o tribunal, ausente recurso de apelação, cassar ou reformar sentença".[269]

O efeito devolutivo também deve ser analisado de acordo com a sua profundidade.[270]

Quanto à profundidade, não mais se perquire acerca dos pedidos formulados, e sim, quanto aos fundamentos. É o que está disposto no art. 515, §§ 1º e 2º, do CPC.[271]

Menciona Barbosa Moreira ao tratar sobre essas duas facetas do efeito devolutivo: "delimitar a extensão do efeito devolutivo é precisar o que se submete, por força do recurso, ao julgamento do órgão *ad quem*; medir-lhe a profundidade é determinar com que material há de trabalhar o órgão *ad quem* para julgar".[272]

Assim sendo, após estabelecida a extensão da devolutividade, determinada através do pedido recursal, no que diz respeito à profundidade do efeito devolutivo, está o tribunal livre para apreciar a fundamentação do referido pedido. Neste caso não se configurará julgamento *extra petita*, desde que o tribunal se limite ao pedido recursal, imergindo apenas em profundidade.[273]

---

[268] ASSIS, Araken de. Efeito devolutivo da apelação. *Revista Síntese de Direito Civil e Processual Civil.* 13.ed. Porto Alegre: Síntese, 2001, p. 150.

[269] TESHEINER, José Maria Rosa. *Efeito devolutivo da apelação.* Disponível em: <http://www.tex.pro.br/wwwroot/01de2006/efeitodevolutivodaapelacao.htm>. Acesso em: 12 set. 2009.

[270] Cândido Rangel Dinamarco trabalha com os termos "dimensão horizontal" e "dimensão vertical" ao invés de extensão e profundidade. In DINAMARCO, Cândido Rangel. Os efeitos dos recursos. In: NERY JR., Nelson; WAMBIER, Teresa Arruda Alvim (coord.). *Aspectos polêmicos e atuais dos recursos cíveis de acordo com a Lei 10.532/2001* – 5ª série. São Paulo: Revista dos Tribunais, 2002, p. 34.

[271] "§ 1º – Serão, porém, objeto de apreciação e julgamento pelo tribunal todas as questões suscitadas e discutidas no processo, ainda que a sentença não as tenha julgado por inteiro. § 2º – Quando o pedido ou a defesa tiver mais de um fundamento e o juiz acolher apenas um deles, a apelação devolverá ao tribunal o conhecimento dos demais".

[272] MOREIRA, José Carlos Barbosa. *Comentários ao código de processo civil.* 12.ed. Rio de Janeiro: Forense, 2005, p. 431.

[273] Neste sentido o STJ: PROCESSUAL CIVIL. AGRAVO REGIMENTAL. TRIBUTÁRIO. SEGURO DE ACIDENTE DE TRABALHO (SAT). ALÍQUOTA. GRAU DE RISCO. ENUNCIADO SUMULAR N. 351/STJ. RECURSO ESPECIAL QUE IMPUGNA MATÉRIA CONHECIDA E DECIDIDA NO TRIBUNAL A QUO POR FORÇA DO EFEITO DEVOLUTIVO EM PROFUNDIDADE NA APELAÇÃO. POSSIBILIDADE. CONHECIMENTO DO RECURSO E APLICAÇÃO DO DIREITO À ESPÉCIE. APLICAÇÃO DO ENUNCIADO SUMULAR N. 452/STF POR ANALOGIA. DECISÃO MONOCRÁTICA FUNDAMENTADA EM SÚMULA DO STJ. AGRAVO REGIMENTAL NÃO-PROVIDO. (omissis) *2. A apelação devolve em profundidade o conhecimento da matéria impugnada, nos termos dos §§ 1º e 2º do art. 515 do CPC. Em outras palavras, estabelecida a extensão do pedido recursal, dentro dela está o tribunal livre para apreciar, na profundidade do efeito devolutivo, a fundamentação*

Enfatiza Flávio Cheim Jorge: "Enquanto a extensão do efeito devolutivo pode ser total ou parcial, a profundidade é sempre plena e integral."[274]

Araken de Assis ainda ressalta: "A verticalidade não se relaciona à possibilidade de o Tribunal mirar para trás, mas, diante da mesma classe de questões, perscrutar-lhe as inexploradas profundezas, por assim dizer olhando para baixo".[275]

2.3. EFEITO EXPANSIVO

O efeito expansivo (ou extensivo) se dá quando do julgamento do recurso ensejar decisão mais abrangente do que o reexame da matéria impugnada, que é o mérito do recurso.[276]

Este efeito tem sido amplamente estudado pela doutrina italiana[277] e está, inclusive, previsto no *Codice di Procedura Civile*, no art. 336, que trata do *Effetti della riforma o della cassazione*.[278]

Na doutrina nacional, os autores tendem a negar o efeito expansivo como real efeito recursal, aduzindo se tratar o mesmo de mera consequência normal do julgamento.[279]

---

do referido pedido. Não se trata, portanto, de julgamento extra petita, pois a análise feita pelo tribunal a quo adstringiu-se ao pedido recursal, embora tenha imergido em sua profundidade. 3. Superado o juízo de admissibilidade, o recurso especial comporta efeito devolutivo amplo, o que implica o julgamento da causa e a aplicação do direito à espécie, de acordo com o art. 257 do RISTJ e com a Súmula n. 456/STF. 4. Agravo regimental não-provido. (AgRg no REsp n. 1.065.763/SP, Rel. Ministro MAURO CAMPBELL MARQUES, DJe de 14/04/2009).

RECURSO ESPECIAL. DIREITO PROCESSUAL CIVIL. RECURSO DE APELAÇÃO. EFEITO DEVOLUTIVO AMPLO. AUSÊNCIA DE OFENSA AOS ARTS. 515 E 535 DO CPC. ALEGAÇÃO DE OFENSA A DISPOSITIVOS CONSTITUCIONAIS. INADEQUAÇÃO DA VIA ELEITA. VIOLAÇÃO AO ART. 159 DO CC DE 1916. MERA INDICAÇÃO. SÚMULA 284/STF. VEDADA A REAPRECIAÇÃO DE PROVAS NESSA INSTÂNCIA. SÚMULA 07/STJ. DIVERGÊNCIA NÃO COMPROVADA. RECURSO ESPECIAL NÃO CONHECIDO. (omissis) *5. A apelação – como é notório – possui efeito devolutivo amplo, e a limitação quanto à "matéria impugnada" a que alude o art. 515, caput, do CPC, não implica, por óbvio, limitação quanto aos fundamentos jurídicos de que pode lançar mão o órgão ad quem depois de ultrapassado o juízo de admissibilidade. "Interposta contra sentença definitiva devolve ao conhecimento do órgão ad quem o mérito da causa, em todos os seus aspectos".* (omissis) 8. Recurso especial não conhecido. (REsp n. 794.537/MT, Rel. Ministro LUIS FELIPE SALOMÃO, DJe de 06/04/2009). (grifou-se)

[274] JORGE, Flávio Cheim. *Teoria geral dos recursos cíveis*. 3.ed. São Paulo: Revista dos Tribunais, 2007, p. 241.

[275] ASSIS, Araken de. Efeito devolutivo da apelação. *Revista Síntese de Direito Civil e Processual Civil*. 13.ed. Porto Alegre: Síntese, 2001, p. 149.

[276] NERY JÚNIOR, Nelson. *Teoria geral dos recursos*. 6.ed. São Paulo: Revista dos Tribunais, 2004, p. 477.

[277] LUISO, Francesco Paolo. *Diritto processuale civile*. 3. ed. Milão: Giuffrè, 2000. v. II, p. 345-55; MONTESANO, Luigi; ARIETA, Giovanni. *Diritto processuale civile*. v. II. Torino: G. Giappichelli, 1999, p. 378-81; COMOGLIO, Luigi Paolo; FERRI, Corrado; TARUFFO, Michele. *Lezioni sul processo civile*. Bolonha: Il Mulino, 1995, p. 795-6.

[278] "La riforma o la cassazione parziale ha effetto anche sulle parti della sentenza dipendenti dalla parte riformata o cassata". *La riforma o la cassazione estende i suoi effetti ai provvedimenti e agli atti dipendenti dalla sentenza riformata o cassata.* Codice di Procedura Civile. Disponível em: <http://www.altalex.com/index.php?idnot=33738>. Acesso em: 10 out. 2009.

[279] JORGE, Flávio Cheim. *Teoria geral dos recursos cíveis*. 3.ed. São Paulo: Revista dos Tribunais, 2007, p. 245

Como sustenta Araken de Assis, "embora efeitos no sentido próprio do termo, e discerníveis nos trâmites recursais, mostram-se inidôneos à configuração de tronco independente".[280]

Já Nelson Nery Júnior[281] rotula a expansão como efeito recursal autônomo.[282]

Não obstante a celeuma doutrinária, sobre ser o efeito expansivo um efeito independente, ou mera extensão do efeito devolutivo, os tribunais há longa data trabalham com a nomenclatura "efeito expansivo".[283]

Cássio Scarpinella Bueno assim conceitua o efeito expansivo:

Consequências que o julgamento do recurso tem aptidão de acarretar na decisão recorrida e seus efeitos para o próprio processo, para outro processo (assim entendido o eventual "desdobramento", em sede recursal, de um mesmo processo) e, até mesmo, para eventuais outros sujeitos, que não os recorrentes.[284]

Entende-se que o efeito expansivo é uma extensão do efeito devolutivo, entretanto sem menor relevância de estudo, inclusive por sua vasta aplicação prática, eis que o mesmo encontra-se ligado à ideia de economia processual e relaciona-se com vários institutos processuais, como o litisconsórcio, a litispendência, cumulação de ações, coisa julgada...

O efeito expansivo advém do princípio da causalidade, da concatenação ou da interdependência dos atos processuais, que significa que os atos processuais existem uns em função dos outros, dependem uns dos outros, a reforma ou cassação de uma decisão afeta todo o segmento processual posterior, naquilo que dependerem da decisão reformada ou anulada.[285]

---

[280] ASSIS, Araken de. *Manual dos recursos*. São Paulo: Revista dos Tribunais, 2007, p. 211.

[281] NERY JÚNIOR, Nelson. *Op. cit.,* p. 428.

[282] No mesmo sentido: WAMBIER, Teresa Arruda Alvim. *Os agravos no CPC brasileiro*. 4.ed. São Paulo: Revista dos Tribunais, 2005, p. 401; BUENO, Cássio Scarpinella. Efeitos dos Recursos. In: NERY JÚNIOR., Nelson; WAMBIER, Teresa Arruda Alvim. *Aspectos polêmicos e atuais dos recursos cíveis e assuntos afins*. 10ª série. São Paulo: Revista dos Tribunais, 2006, p. 86; APRIGLIANO, Ricardo de Carvalho. *A apelação e seus efeitos*. São Paulo: Atlas, 2003, p. 272.

[283] AGRAVO DE INSTRUMENTO – PROCESSUAL CIVIL – AÇÃO POSSESSÓRIA E AÇÃO REIVINDICATÓRIA – DECLINAÇÃO DE COMPETÊNCIA – OCORRÊNCIA – CONTINÊNCIA – EXISTÊNCIA – *CONCESSÃO DE EFEITO EXPANSIVO OBJETIVO EXTERNO* – IMPOSSIBILIDADE. Relator(a): ASDRUBAL NASCIMENTO LIMA, Julgamento: 17/12/2001, Órgão Julgador: 5ª Turma Cível, Publicação: DJU 06/03/2002 Pág. 109

EMBARGOS DECLARATÓRIOS. DESCONSIDERAÇÃO DA PERSONALIDADE JURÍDICA. PEDIDO DE PRODUÇÃO DE PROVA TESTEMUNHAL. OMISSÃO. OCORRÊNCIA. Ocorrente a omissão, é examinado o pleito relativo à aplicabilidade do art. 509 do Código de Processo Civil. Razão não assiste à parte, no caso concreto, pois *o efeito expansivo subjetivo do recurso ocorre quando apenas um dos litisconsortes recorre*, o que não é o caso dos autos, haja vista que ambas as executadas interpuseram recurso. Embargos de declaração parcialmente providos. (Embargos de Declaração nº 70029524170, Décima Segunda Câmara Cível, Tribunal de Justiça do RS, Relator: Umberto Guaspari Sudbrack, Julgado em 30/04/2009) (grifou-se)

[284] BUENO, Cássio Scarpinella. Efeitos dos recursos. In: NERY JÚNIOR., Nelson; WAMBIER, Teresa Arruda Alvim. *Aspectos polêmicos e atuais dos recursos cíveis e assuntos afins*. 10ª série. São Paulo: Revista dos Tribunais, 2006, p. 86.

[285] MEDINA, José Miguel Garcia. *Recursos e ações autônomas de impugnação*. São Paulo: Revista dos Tribunais, 2008, p. 113.

Pode ser o efeito expansivo: a) objetivo, fazendo-se sentir no plano processual, e b) subjetivo, quando as consequências do provimento do recurso dizem respeito aos sujeitos, e não aos atos processuais.

2.3.1. Efeito expansivo objetivo – interno e externo

O efeito expansivo objetivo é assim denominado porque os efeitos acarretados pelo julgamento do recurso apresentam-se no plano processual, daí objetivo.[286]

Quando o julgamento do recurso afeta outras decisões distintas da decisão recorrida, configura-se de efeito expansivo externo; se, no entanto, recorre-se apenas contra um dos capítulos da decisão, que aborda questão prévia (preliminar ou prejudicial), e o acolhimento do recurso repercute no capítulo dedicado ao exame de questão subordinada, diz-se que se está diante de efeito expansivo interno.[287]

O pressuposto do efeito expansivo externo é similar ao do efeito expansivo interno: a diferença é que, no primeiro, se trata de dois provimentos distintos, e não, como no segundo caso, dois capítulos de um mesmo provimento.[288]

Para Araken de Assis, ocorre efeito expansivo objetivo interno quando o provimento do apelo, especialmente a apelação, atinge matéria que não fora impugnada, mas dependente da parte reformada ou anulada. Exemplifica: em uma condenação a título de danos emergentes e lucros cessantes, a apelação cinge-se a discutir a existência ou não do ilícito. O tribunal não pode rever os valores dos danos e lucros cessantes, entretanto, provido o apelo, configurada a inexistência do ilícito, desaparece a condenação a esse título, bem como a relativa aos ônus da sucumbência.[289]

No dizer de Nelson Nery Júnior, o efeito expansivo objetivo interno se dá quando, no julgamento do recurso, se reconhece a litispendência. Nesse caso, o reconhecimento da litispendência gera a extinção do processo sem julgamento do mérito e consequentemente reforma eventual condenação, extinguindo-a.[290]

Resumindo: sempre que a expansão se der na mesma decisão impugnada/recorrida, será ela interna.

---

[286] BUENO, Cássio Scarpinella. Efeitos dos recursos. In: NERY JÚNIOR., Nelson; WAMBIER, Teresa Arruda Alvim. *Aspectos polêmicos e atuais dos recursos cíveis e assuntos afins.* 10ª série. São Paulo: Revista dos Tribunais, 2006, p. 87.

[287] WAMBIER, Teresa Arruda Alvim. *Os agravos no CPC brasileiro.* 4.ed. São Paulo: Revista dos Tribunais, 2005, p. 404.

[288] Neste sentido, a doutrina italiana: "Mentre l'effetto espansivo interno opera in relazione ad un único provvedimento con più parti (l'una dipendente dall'altra), l'effetto espansivo esterno opera in relazione a più provvedimenti, uno dei quali dipendente dall'altro." In: LUISO, Francesco Paolo. *Diritto processuale civile.* 3.ed. Milão: Giuffrè, 2000. v. II, p. 348.

[289] ASSIS, Araken de. *Manual dos recursos.* São Paulo: Revista dos Tribunais, 2007, p. 211.

[290] NERY JÚNIOR, Nelson. *Teoria geral dos recursos.* 6.ed. São Paulo: Revista dos Tribunais, 2004, p. 477.

Na doutrina italiana, Francesco Luiso observa que o efeito expansivo interno pode-se dar no caso de reforma parcial em apelo em processo cumulado, quando a sentença é apelada apenas quanto ao objeto prejudicial, e não relativamente ao objeto dependente. Neste caso, a reforma da parte prejudicial produz efeito expansivo interno na parte dependente.[291]

Já o efeito expansivo externo se verifica quando o julgamento de um recurso traz consequências para outro provimento, que não o recorrido, mas que deste depende.

Exemplo clássico de efeito expansivo objetivo externo é no caso de o Tribunal dar provimento a um agravo de instrumento, e essa decisão acarretar a anulação de todos os atos processuais posteriores à sua interposição, inclusive eventual sentença que tenha sido prolatada neste período.[292]

É o exato caso trazido à baila por Comoglio, Ferri e Taruffo, entretanto, salientando a extensão dos efeitos advindos do julgamento do agravo, ainda que a sentença não tenha sido recorrida.[293]

---

[291] "Ia sentenza di primo grado dichiara inefficace il licenziamento, e condanna il datore di lavoro al risarcimento dei danni. Viene appellato solo il capo relativo al licenziamento. Il giudice di appello dichiara efficace il licenziamento: Ia sentenza produce effetto espansivo interno sul capo risarcitorio dipendente, che è caducato senza che su di esso il giudice di appello possa pronunciare (perché non è stato impugnato)". In LUISO, Francesco Paolo. *Diritto processuale civile*. 3.ed. Milão: Giuffrè, 2000. v. II, p. 347.

[292] APELAÇÃO – AGRAVO DE DECISÃO ANTERIOR – *EFEITO EXPANSIVO OBJETIVO EXTERNO* – PREJUDICIALIDADE DA SENTENÇA – CONHECIMENTO DE OFÍCIO. *Tendo sido julgado o agravo pendente após proferida a sentença, e sendo o julgamento daquele incompatível com o conteúdo desta, dá-se o efeito expansivo objetivo externo, que implica a nulidade da sentença.* Não há possibilidade de aproveitamento do processo, quando não encerrado o prazo de defesa dos réus que ainda não contestaram o pedido, inexistindo contraditório ou lide a ser solucionada. TJMG. Processo nº 2.0000.00.408883-9/000(1). Relator Edilson Fernandes. Data do julgamento 04/02/2004. Data da publicação 14/02/2004.
PREVIDENCIÁRIO. PROCESSO CIVIL. AGRAVO DE INSTRUMENTO. EFEITO EXPANSIVO. – A prolação da sentença não fez perder objeto o agravo de instrumento em que se alega cerceamento de defesa. *Em vista do efeito expansivo que lhe é inerente, o agravo de instrumento poderá, se for o caso, invalidar o "decisum" de mérito.* – Se a prova postulada é indispensável ao julgamento da lide, é descabido o seu indeferimento. (TRF4, AG 2001.04.01.060049-1, Quinta Turma, Relator p/ Acórdão Paulo Afonso Brum Vaz, DJ 26/03/2003)
RECURSO. APELAÇÃO. INDEFERIMENTO LIMINAR DA PETIÇÃO INICIAL. *SUBSEQUENTE PROVIMENTO A RECURSO DE AGRAVO DE INSTRUMENTO, QUE IMPORTOU NA SUPRESSÃO DA EFICÁCIA DA SENTENÇA. OPERATIVIDADE DO EFEITO EXPANSIVO DO JULGAMENTO DO RECURSO. SUPERVENIENTE PERDA DO INTERESSE RECURSAL. RECURSO PREJUDICADO. Ao ser provido o recurso de agravo de instrumento, julgamento que determinou o processamento regular da causa sem a providência da emenda determinada pelo Juízo de primeiro grau, gerou, como resultado da operatividade do efeito expansivo desse pronunciamento, a supressão da eficácia da sentença proferida,* que indeferira a petição inicial por inobservância da determinação. Assim, porque já excluída a extinção do processo e positivada a determinação de processamento regular, inegável é a superveniente falta de interesse recursal, a tornar prejudicado o exame do apelo. Apelação Sem Revisão 1172096004. Relator(a): Antonio Rigolin. Comarca: Jundiaí. Órgão julgador: 31ª Câmara de Direito Privado. Data do julgamento: 05/08/2008. Data de registro: 07/08/2008. (grifou-se)

[293] "E Ia norma si applica in ogni caso alla riforma e alla cassazione di sentenze non definitive, derivandone Ia c.d. caducazione delle sentenze successive che ne dipendono: *se è riformata o cassata Ia sentenza non definitiva sulla questione pregiudiziale (ad es. sulla prescrizione) alia quale ha fatto seguito una sentenza definitiva non impugnata, gli effetti delia riforma travolgono anche Ia sentenza definitiva per Ia sua dipendenza da quella non definitiva.*" (grifou-se). In: COMOGLIO, Luigi Paolo; FERRI, Corrado; TARUFFO, Michele. *Lezioni sul processo civile*. Bolonha: Il Mulino, 1995, p. 795-6.

Teresa Arruda Alvim Wambier contrapõe a questão, referindo que a existência de agravo de instrumento pendente de julgamento não é obstáculo ao trânsito em julgado da sentença não recorrida. O efeito expansivo do agravo, assim, encontra limite no trânsito em julgado da sentença de mérito contra a qual não se apelou.[294]

Outro exemplo aludido por Cássio Scarpinella Bueno é o da execução provisória. O provimento do recurso que, não obstante interposto, não tinha ou não teve condições de impedir o início da eficácia da decisão recorrida (sem efeito suspensivo) significa o desfazimento dos atos praticados pelo exequente-recorrido e sua responsabilização (objetiva) pela reparação dos eventuais danos sofridos pelo executado-recorrente.[295]

2.3.2. Efeito expansivo subjetivo: extensão subjetiva do efeito devolutivo

A extensão dos efeitos do julgamento do recurso pode-se dar em relação não só à matéria, mas também com relação aos sujeitos alcançados pelo recurso interposto, e daí a denominação de efeito expansivo subjetivo.

Ricardo de Carvalho Aprigliano conceitua:

> A possibilidade de uma parte aproveitar o recurso da outra, que não tenha, por seu turno, recorrido, é definida pela própria doutrina como o efeito expansivo da apelação. Diz-se que a decisão do recurso é mais abrangente do que ele próprio, uma vez que o julgamento do apelo projeta seus efeitos também para quem, tendo sido parte no primeiro grau, não recorrer da decisão desfavorável.[296]

Em matéria de recurso, a regra geral é que este só aproveita àquele que o interpõe.[297] É o princípio da personalidade do recurso.[298]

Ocorre que há situações jurídicas submetidas à apreciação judicial em que é inviável que se tenha uma decisão em um sentido para um litigante, e em sentido contrário para um colitigante. Daí a necessidade da extensão dos efeitos do julgamento dos recursos aos colitigantes, com a prestação da tutela jurisdicional de forma equânime.

---

[294] WAMBIER, Teresa Arruda Alvim. *Os agravos no CPC brasileiro*. 4.ed. São Paulo: Revista dos Tribunais, 2005, p. 403.

[295] BUENO, Cássio Scarpinella. Efeitos dos recursos. In: NERY JR., Nelson; WAMBIER, Teresa Arruda Alvim. *Aspectos polêmicos e atuais dos recursos cíveis e assuntos afins*. 10ª série. São Paulo: Revista dos Tribunais, 2006, p. 87.

[296] APRIGLIANO, Ricardo de Carvalho. *A apelação e seus efeitos*. São Paulo: Atlas, 2003, p. 272.

[297] FAGUNDES, M. Seabra. *Dos recursos ordinários em matéria civil*. Rio de Janeiro: Revista Forense, 1946, p. 175.

[298] MOREIRA, José Carlos Barbosa. *O novo processo civil brasileiro*: exposição sistemática do procedimento. 18. ed. Rio de Janeiro: Forense, 1996, p. 143.

Neste sentido, há disposição expressa no Código de Processo Civil acerca do tratamento a ser dado aos litisconsortes. É o art. 509:[299]

> O recurso interposto por um dos litisconsortes a todos aproveita, salvo se distintos ou opostos os seus interesses. Parágrafo único – Havendo solidariedade passiva, o recurso interposto por um devedor aproveitará aos outros, quando as defesas opostas ao credor lhes forem comuns.

Conforme lição clássica de Barbosa Moreira, a extensão subjetiva dos efeitos do recurso diz respeito com o litisconsórcio unitário (509, *caput*).[300] O STJ, inclusive, já se manifestou sobre esta questão.[301]

Os exemplos são diversos: ação movida por um sócio pretendendo a anulação de uma assembleia realizada na empresa, onde deve obrigatoriamente figurar como partes a sociedade e os demais sócios. O resultado da demanda será sempre o mesmo para todos os sócios. Se a sentença é de procedência, e apenas um interpõe recurso de apelação, os demais, mesmo não recorrendo, serão diretamente beneficiados com o provimento deste recurso.[302]

---

[299] O Projeto prevê a questão do aproveitamento do recurso no art. 959: "O recurso interposto por um dos litisconsortes a todos aproveita, desde que comuns as questões de fato e de direito. Parágrafo único. Havendo solidariedade passiva, o recurso interposto por um devedor aproveitará aos outros, quando as defesas opostas ao credor lhes forem comuns."

[300] E explica: "O critério decisivo que deve orientar assim o legislador como o intérprete é o teleológico. Parta-se desta indagação: a que fim se visa, na verdade, quando se estendem aos litisconsortes B e C os efeitos do recurso interposto por A? Evidentemente, visa-se a submeter B e C ao mesmo desfecho que vai se vai configurar com o julgamento do recurso de A. Ora, que explicação pode achar esse propósito? É claro: a necessidade, que se sente, de evitar a dualidade de regulamentações acerca da matéria versada no recurso. Realmente: se apenas o recorrente A se sujeitasse à decisão de grau superior, poderia acontecer que a solução do litígio, em relação a ele, viesse a diferir afinal daquela que se consagra no pronunciamento do órgão a quo, e que prevaleceria quanto a B e a C, caso a interposição não lhes estendesse os seus efeitos. Tal quebra de homogeneidade nada tem de absurda no litisconsórcio comum. Só precisa ser preexcluída quando não se conceba senão como uniforme a disciplina da situação litigiosa em face de A, de B e de C. Ou – o que é o mesmo – quando unitário o litisconsórcio entre A, B e C. O objetivo da lei não pode ser pura e simplesmente assegurar a presença, no procedimento recursal, de todas as pessoas que obrigatoriamente demandam ou são demandadas em conjunto. Se assim fosse, a extensão dos efeitos do recurso seria peculiar ao litisconsórcio necessário. Mas bem se compreende que o recurso interposto por um dos co-litigantes, mesmo necessário, pode agitar questões que nada tenham que ver com a situação jurídica dos outros." In: MOREIRA, José Carlos Barbosa. *Comentários ao código de processo civil*: lei nº 5.869, de 11 de janeiro de 1973. 12.ed. Rio de Janeiro: Forense, 2005, p. 381.

[301] PROCESSUAL CIVIL. RECURSO ESPECIAL. DISSÍDIO JURISPRUDENCIAL NÃO DEMONSTRADO. REEXAME DO CONJUNTO PROBATÓRIO. SÚMULA 7/STJ. AGRAVOS DE INSTRUMENTO. RECURSOS DOS LITISCONSORTES QUE NÃO APROVEITAM À RECORRENTE. NÃO CARACTERIZAÇÃO DE LITISCONSÓRCIO UNITÁRIO. ... 3. "O recurso, em regra, produz efeitos tão-somente para o litisconsorte que recorre. Apenas na hipótese de litisconsórcio unitário, ou seja, nas palavras de José Carlos Barbosa Moreira, quando o julgamento haja de ter, forçosamente, igual teor para todos os litisconsortes, mostra-se aplicável a norma de extensão da decisão, prevista no art. 509, caput, do Código de Processo Civil." (RMS 15.354/SC, 5ª T., Min. Arnaldo Esteves Lima, DJ de 01.07.2005). Precedentes: EDcl no REsp 453.860/SP, 4ª T., Min. Hélio Quaglia Barbosa, DJ de 25.09.2006; REsp 203.042/SC, 2ª T., Min. Francisco Peçanha Martins, DJ de 05.05.2003. 4. *No caso concreto, por não ser hipótese de litisconsórcio unitário, o recurso interposto por um dos litigantes não aproveita aos demais, o que retira da recorrente qualquer possibilidade de extensão, em seu favor, dos efeitos do provimento dos agravos de instrumento interpostos pelos litisconsortes.* 5. Recurso especial parcialmente conhecido e, nessa parte, não-provido. (REsp 827.935/DF, Rel. Ministro TEORI ALBINO ZAVASCKI, PRIMEIRA TURMA, julgado em 15/05/2008, DJe 27/08/2008) (grifou-se)

[302] JORGE, Flávio Cheim. *Teoria geral dos recursos cíveis*. 3.ed. São Paulo: Revista dos Tribunais, 2007, p. 246.

José Nery Júnior menciona o caso de recurso interposto contra sentença condenatória apenas pela seguradora litisdenunciada, restando silente a ré condenada. Sustenta o autor que, como o denunciado tem interesse em que o denunciante vença a demanda, para que não seja obrigado a ressarci-lo em regresso, se o denunciado for condenado na ação principal, é ele na verdade assistente simples do litisdenunciante. Não havendo recurso do litisdenunciante (assistido), é lícito ao litisdenunciado (assistente simples) recorrer, auxiliando o assistido litisdenunciante na ação principal. Assim, não pode o autor, vencedor da demanda, ajuizar execução provisória em face da ré-litisdenunciante, condenada, que não recorreu, enquanto houver recurso pendente da seguradora litisdenunciada. Conclui: "Para a ré-denunciante ocorreu preclusão temporal (não pode mais interpor recurso), mas não se formou, ainda, a autoridade da coisa julgada sobre a sentença, obstada pela interposição da apelação da seguradora-denunciada".[303] [304]

Refira-se ainda que o recurso interposto por quaisquer dos litisconsortes unitários é eficaz para todos os outros, inclusive para os que tenham desistido do recurso acaso interposto, ou para aqueles cujas impugnações se tornaram inadmissíveis (escoamento inaproveitado do prazo recursal, renúncia ao direito de recorrer, aquiescência da decisão).[305]

O STJ aplica este entendimento, inclusive, ampliando a interpretação do artigo 509 do CPC, para autorizar litisconsortes a serem alcançados pelos efeitos do recurso de um deles, mesmo quando se tratar de litisconsórcio facultativo.[306]

---

[303] NERY JÚNIOR, Nelson. *Teoria geral dos recursos*. 6.ed. São Paulo: Revista dos Tribunais, 2004, p. 481.

[304] Neste sentido o STJ: Denunciação da lide. Litisconsórcio unitário entre denunciante e denunciado, na medida em que se opõem ao pedido do autor. *Incidência do disposto no artigo 509 do Código de Processo Civil. Provido o recurso do denunciado, para reconhecer que a condenação extrapolara do pedido, a decisão aproveita também ao réu denunciante.* (EDcl no REsp 226.326/SP, Rel. Ministro EDUARDO RIBEIRO, TERCEIRA TURMA, julgado em 17/02/2000, DJ 12/06/2000 p. 108) (grifou-se)

[305] MOREIRA, José Carlos Barbosa. *Comentários ao código de processo civil: lei nº 5.869, de 11 de janeiro de 1973*. 12. ed. Rio de Janeiro: Forense, 2005, p. 386.

[306] PRIMEIRO E SEGUNDO RECURSOS ESPECIAIS DO MUNICÍPIO DO RIO DE JANEIRO – ALÍNEAS "A" E "C" – IMPUGNAÇÃO A DOIS ACÓRDÃOS DE IDÊNTICO TEOR QUE JULGARAM DOIS EMBARGOS DE DECLARAÇÃO DOS LITISCONSORTES – ISS – SOCIEDADE DE ADVOGADOS – MANDADO DE SEGURANÇA – *LITISCONSÓRCIO FACULTATIVO SIMPLES – INTERESSE COMUM – INCIDÊNCIA DA REGRA DO ART. 509 DO CPC* – AUSÊNCIA DE EIVA NO JULGADO E DE PREQUESTIONAMENTO DOS ARTS. 46 E 48 DO CPC – DIVERGÊNCIA JURISPRUDENCIAL NÃO CONFIGURADA – IMPOSSIBILIDADE DO EXAME DE ALEGADA OFENSA A PRINCÍPIOS CONSTITUCIONAIS. *É evidente que, no caso em exame, tem aplicação a regra do artigo 509 do estatuto processual civil. Embora a hipótese dos autos trate de litisconsórcio facultativo, a demanda não comporta solução desigual para os integrantes do pólo ativo do writ. Todos os litisconsortes são sociedades de advogados com sede no Município do Rio de Janeiro razão por que, necessariamente, lhes deve ser conferido o mesmo tratamento tributário, sob pena de perpetrar injustiças. Se o v. acórdão do Tribunal de origem decidiu pela deserção do recurso de dois dos litisconsortes e julgou a apelação dos demais, concluindo pela inexigibilidade do ISS na forma da Lei Municipal n. 2.080/93 para que prevalecesse a forma de recolhimento do imposto preconizada pelo artigo 9º, § 3º, do DL n. 406/68, tal entendimento, logicamente, deve ser estendido aos demais litisconsortes. Consoante mencionado no r. voto condutor do acórdão recorrido, deve-se dar ao artigo 509 do CPC uma interpretação menos restritiva, a autorizar sejam os demais litisconsortes alcançados pelos efeitos do recurso de um deles mesmo quando se tratar de litisconsórcio facultativo. Assim, embora não se olvide a prevalência do entendimento de que a regra do artigo 509 aplica-se tão-somente ao litisconsórcio unitário, no particular, diversa é a solução que se impõe, a impedir o conhecimento do recurso especial pela letra "c".* Recursos especiais conhecidos em parte e, na parte conhecida, não providos... Terceiro recurso especial conhecido em parte e, na parte conhecida, não pro-

Já o parágrafo único do art. 509 também trata do efeito expansivo subjetivo, entretanto não se refere ao litisconsórcio unitário, e sim, da solidariedade passiva quando as defesas opostas face ao credor (como por exemplo, pagamento ou falta de origem da obrigação, etc.), sejam comuns.

A expansão subjetiva dos recursos possui tratamento semelhante ao sistema brasileiro nos ordenamentos estrangeiros.

No direito espanhol, Francisco Ramos Mendez refere o efeito extensivo:

> Existiendo en el proceso vários litisconsortes, la actividad procesal de uno es independiente de la de los demás. Sin embargo, en matéria de recursos, si el objeto de la impugnación es común a vários litisconsortes, aunque solo recurra uno de ellos, el êxito del recurso alcanza también a los otros litisconsortes. Se habla en este caso de un efecto extensivo de la resolución dei recurso, por versar sobre puntos comunes al interés de las partes.[307]

Enrique Vescovi discorre sobre o tema no direito uruguaio, assim delineando: "El efecto extensivo (o comunicante) de Ia impugnación consiste en que se extiende a Ia parte que no realizó el acto impugnativo, pero que se halla en situación idéntica (mejor inescindible) de aquel que presenta Ia impugnación".[308]

Igual é a posição adotada no direito português. Fernando Amâncio Ferreira refere que, na extensão subjetiva, dois princípios estão em jogo, sendo eles: o princípio da realidade e o princípio da personalidade. De acordo com o primeiro, a eficácia do recurso aproveita a todos os colitigantes; pelo segundo, os efeitos da decisão do recurso não se estendem às partes não recorrentes.[309]

No sistema português, a lei acatou o princípio da realidade, sem restrições, nos casos de litisconsórcio necessário, e o princípio da personalidade, com limitações, no caso de litisconsórcio voluntário.[310]

Cumpre referir que, no ordenamento brasileiro, o legislador também optou por ora privilegiar o princípio da realidade, ora o princípio da personalidade, com

---

vido. (REsp 292.596/RJ, Rel. Ministro FRANCIULLI NETTO, SEGUNDA TURMA, julgado em 25/11/2003, DJ 10/05/2007 p. 362) (grifou-se)

[307] MÉNDEZ, Francisco Ramos. *Derecho procesal civil*. 5.ed. Tomo II. Barcelona: Bosch, 1992, p.716.

[308] VESCOVI, Enrique. *Los recursos judiciales y demás médios impugnativos em Iberoamérica*. Buenos Aires: Depalma, 1988, p. 58.

[309] FERREIRA, Fernando Amâncio. *Manual dos recursos em processo civil*. 7.ed. Coimbra: Almedina, 2006, p. 148.

[310] "Compreende-se que assim seja, por no caso de litisconsórcio necessário nos encontrarmos perante uma causa única, com pluralidade de sujeitos (art. 29º, 1ª parte). Ora uma causa única só pode comportar uma decisão singular nos diversos graus de jurisdição. Recorram todos os vencidos ou só um deles, a decisão a proferir no recurso estende-se a todos os litisconsortes. Daí mesmo os não recorrentes poderem intervir no recurso para fazer triunfar a impugnação apresentada pelo seu comparte.

Diversamente se passam as coisas no caso de litisconsórcio voluntário ou de coligação, onde se verifica uma simples acumulação de acções, mantendo cada litigante uma posição de independência em relação aos seus compartes (art. 29º, 2ª parte, e 30º, nº 1). Do que só conclui nada impedir que as acções cumuladas tenham resultados diferentes e que as decisões proferidas quanto a algumas transitem em julgado, *enquanto as outras prosseguem nas instâncias de recurso, onde podem receber julgamentos distintos*." In FERREIRA, Fernando Amâncio. *Manual dos recursos em processo civil*. 7.ed. Coimbra: Almedina, 2006, p. 148-9.

a extensão ou restrição do aproveitamento dos recursos aos litisconsortes que optaram por não recorrer.[311]

2.4. EFEITO TRANSLATIVO

Pela regra decorrente do princípio dispositivo, delimita-se a matéria sobre a qual pode o órgão julgador decidir, ou seja, aquela devolvida pelo recurso da parte (efeito devolutivo), fixados os limites da apreciação recursal na matéria impugnada (*tantum devolutum quantum appellatum*), aplicando-se na esfera recursal os artigos 128 e 460 do CPC. Conforme dispõe o art. 515, *caput*, do CPC: "A apelação devolverá ao tribunal o conhecimento da matéria impugnada". Ou seja, pelo princípio dispositivo, o órgão competente para apreciar o recurso interposto só poderá fazê-lo dentro do âmbito delimitado pelo recorrente, em suas razões de recurso.

Já no efeito translativo há a possibilidade de ser levada ao conhecimento do órgão julgador, matéria estranha à impugnação, por incidência do princípio inquisitório; ou seja, pode o órgão judicial pronunciar-se de ofício, independentemente de pedido ou requerimento da parte ou interessado. Assim sendo, o efeito translativo se processa na apreciação das questões não suscitadas pelo recorrente, *ex officio,* quando o âmbito cognitivo do juízo *ad quem* é excepcionalmente ampliado.

A dicotomia princípio inquisitivo-princípio dispositivo está intimamente relacionada à atribuição de poderes ao juiz: sempre que o legislador atribuir um poder ao magistrado, independentemente da vontade das partes, vê-se manifestação de "inquisitoriedade"; sempre que se deixe ao alvedrio dos litigantes a opção, aparece a "dispositividade".[312]

Assim sendo, o efeito devolutivo está vinculado à iniciativa da parte, eis que a devolução se dá por atividade do recorrente, e nos limites por este fixado. Já a transladação de questões nenhuma relação possui com a iniciativa da parte, o que é incompatível com a ideia de devolução.

Esta assertiva serve como justificativa para ser o efeito translativo catalogado de forma distinta em relação ao efeito devolutivo, e não, ser tratado como mera consequência do efeito devolutivo no que tange a sua profundidade.

De acordo com a conceituação de Nelson Luiz Pinto, ocorre "efeito translativo quando o órgão *ad quem* julgar fora do que foi pedido, sendo normalmente questões de ordem pública, que devem ser conhecidas de ofício pelo juiz".[313]

Barbosa Moreira, por sua vez, identifica o efeito translativo como profundidade do efeito devolutivo e acrescenta: sempre que o tribunal puder apreciar uma questão fora dos limites impostos pelo recurso, estar-se-á diante de uma manifesta-

---

[311] BARIONI, Rodrigo. *Efeito devolutivo da apelação civil.* São Paulo: Revista dos Tribunais, 2008, p. 69.

[312] DIDIER JÚNIOR, Fredie. *Curso de direito processual civil.* v. 1. Salvador: Podivm. 2007, p. 52.

[313] PINTO, Nelson Luiz. *Manual dos recursos cíveis.* 2. ed. São Paulo: Malheiros. 2000, p. 37.

ção deste efeito (razão pela qual ele inclui a remessa das questões de ordem pública à apreciação do *ad quem,* manifestando-se ou não o recorrente sobre elas, como exemplo do efeito translativo).[314]

O STJ, no RESP 655.479, bem definiu o efeito em apreço:

A devolutividade, na teoria dos recursos, importa em dizer que a matéria impugnada, e somente ela, será levada à nova apreciação pelo tribunal *ad quem,* ou seja, pode a corte revisora julgar apenas o que estiver contido nas razões da apelação interposta, obedecendo aos limites impostos no pedido de nova decisão (*tantum devolutum quantum appellatum*), vez que tal efeito deriva do princípio dispositivo consubstanciado no art. 128 do CPC. Entrementes, embora não identificados de forma expressa no texto legal, a moderna teoria processual identifica, ainda, outros efeitos decorrentes da atividade recursal. São eles os efeitos expansivo, translativo e substitutivo dos recursos. *Interessa-nos, apenas, tecer considerações acerca do efeito translativo na causa ora em apreço.*

Cediço que, conforme expressa o brocardo *tantum devolutum quantum appellatum,* é permitido ao tribunal recursal apreciar somente as questões que forem ventiladas nas razões recursais ou nas contra-razões ao apelo, sendo-lhe defeso apreciar matérias não impugnadas. Entretanto, devido ao caráter excepcional de determinadas matérias, como por exemplo, as constantes do art. 267, §3º, e 301, § 4º, do CPC, pode o tribunal transcender à matéria constante nas razões recursais e nas contra-razões, não se falando em julgamento infra, ultra ou extra petita.

Sendo as matérias de ordem pública isentas de preclusão e podendo, inclusive, serem conhecidas de ofício pelo magistrado, admite-se que o tribunal possa sobre elas emitir juízo de valor, ainda que não tenham sido trazidas nas razões de apelação.

Ora, no caso em apreço, a sentença apelada extinguiu o processo, sem julgamento do mérito, por entender não estar presente uma das condições da ação: a possibilidade jurídica do pedido. Por ser matéria de ordem pública, ainda que não ventilada nas razões recursais, cumpria ao Tribunal de origem manifestar-se sobre o tema, e assim o fez, uma vez que, apesar de não trazida nas razões recursais, a questão foi discutida nos autos. (grifou-se)

Partindo-se da premissa que o conhecimento de matérias de ordem pública não se submete à preclusão,[315] questão que se lança é acerca da operatividade do efeito translativo nos tribunais superiores.

A transladação de questões não suscitadas pelas partes se opera tanto nos recursos ordinários quanto nos recursos excepcionais?

Pacífico é o entendimento de que, nos recursos ordinários (artigo 496, incisos I a V, do CPC), o efeito translativo opera sem restrições.

No que tange aos recursos extraordinários, os que defendem a não transladação das questões de ordem pública justificam seu posicionamento, nos recursos

---

[314] MOREIRA, José Carlos Barbosa. *Comentários ao código de processo civil.* 12 ed. Rio de Janeiro: Forense, 2005, p. 447-448.

[315] NERY JUNIOR, Nelson. *Teoria geral dos recursos.* 6.ed. São Paulo: Revista dos Tribunais, 2004, p. 482.

OS EFEITOS DOS RECURSOS

extraordinários, em ser a cognição parcial, limitada às questões que constam expressamente no acórdão e na petição de interposição do recurso.[316]

Eduardo Arruda Alvim sustenta que o efeito translativo somente se opera nos recursos ordinários, jamais nos extraordinários, pela imprescindibilidade do prequestionamento. Para o autor, "se as questões federais (constitucional, no recurso extraordinário, e direito federal infraconstitucional, no recurso especial) devem constar do acórdão, o que deste não constar não pode ser objeto de conhecimento".[317]

Com esse fundamento, não haveria o que se falar em efeito translativo nos recursos especial, extraordinário e embargos de divergência, posto que, com competência determinada na Constituição Federal (artigos 102, III e 105, III), são cabíveis das causas decididas pelos tribunais inferiores.[318]

A Súmula 282 do STF dispõe neste mesmo sentido: "É inadmissível o recurso extraordinário, quando não ventilada, na decisão recorrida, a questão federal suscitada", não se aplicando neste caso as disposições do artigo 267, § 3°, do CPC, que se restringiria às instâncias ordinárias.[319]

Flávio Cheim Jorge corrobora o posicionamento asseverando que, nos recursos extraordinários, o exame fica limitado ao que consta expressamente do acórdão, e também da própria minuta do recurso, vedada a possibilidade de exame de qualquer outra questão de fundo. Delineia ainda: "A cognição do julgador, quanto à profundidade, justamente em razão de sua limitação, deve ser realizada unicamente em relação àquilo que foi apontado no recurso excepcional e que por sua vez consta do acórdão impugnado".[320]

Cumpre salientar, entretanto, que este entendimento tem sido relativizado no STJ, que tem flexibilizado a exigência do prequestionamento em questões de ordem pública, desde que conhecido o recurso. É o que se depreende das decisões abaixo transcritas:

---

[316] Com este entendimento: NERY JUNIOR, Nelson. *Teoria geral dos recursos*. 6.ed. São Paulo: Revista dos Tribunais, 2004, p. 487; em sentido contrário, defendendo a possibilidade da apreciação de questões de ordem pública nos recursos extraordinários, dispensando-se o prequestionamento: KOSIKOSKI, Sandro Marcelo. *Manual dos recursos cíveis*. 3.ed. Curitiba: Juruá, 2006, p. 123.

[317] ALVIM, Eduardo Arruda. *Direito processual civil*. 2.ed. São Paulo: Revista dos Tribunais, 2008, p. 794.

[318] Pelo não conhecimento das matérias de ordem pública pelos Tribunais Superiores, sem que haja impugnação da parte, manifestou-se o STJ: PROCESSUAL CIVIL – EMBARGOS DE DIVERGÊNCIA – ADMISSIBILIDADE – PRESCRIÇÃO – QUESTÕES DE ORDEM PÚBLICA. 1. Inexiste tese jurídica divergente quanto à prescrição, quando o acórdão embargado não enfrenta o tema, por falta de prequestionamento, e o paradigma aprecia o mérito. 2. *A premissa de que as questões de ordem pública podem ser alegadas em qualquer tempo e juízo não se aplica às instâncias especial e extraordinária, que delas apreciam se conhecidos os recursos derradeiros, mas somente às instâncias ordinárias.* 3. Agravo regimental improvido. (AgRg nos EREsp 85558/SP, Rel. Ministra ELIANA CALMON, PRIMEIRA SEÇÃO, julgado em 07.04.2000, DJ 12.06.2000 p. 65)

[319] Nesse sentido: MEDINA, José Miguel Garcia. *O pré-questionamento nos recursos extraordinário e especial*. São Paulo: Revista dos Tribunais. 1998, p. 61-2.

[320] JORGE, Flávio Cheim. *Teoria geral dos recursos cíveis*. 3.ed. São Paulo: Revista dos Tribunais, 2007, p. 229.

PROCESSO CIVIL E TRIBUTÁRIO. RECURSO ESPECIAL. EFEITO TRANSLATIVO. POSSIBILIDADE EXCEPCIONAL. MATÉRIA DE ORDEM PÚBLICA. FALHA DO PODER JUDICIÁRIO. OCORRÊNCIA DE PREJUÍZO À UNIÃO FEDERAL. NULIDADE PROCESSUAL. 1. *"O Recurso Especial é apelo extremo, cuja fundamentação é vinculada, sendo defeso o exame de qualquer matéria, inclusive de ordem pública, caso a mesma não tenha sido objeto de discussão na origem"* (EDcl no AgRg no REsp 510930/SP, Relator Ministro Gilson Dipp, Quinta Turma, DJ de 07.11.2005). *2. Entrementes, a jurisprudência majoritária desta Corte Superior tem admitido, em caráter excepcional, a mitigação desta regra na instância extraordinária, se o recurso especial ensejar conhecimento por outros fundamentos, ante o efeito translativo dos recursos.* (Precedentes: REsp 801.154/TO, DJ 21.05.2008; REsp 911.520/SP, DJ 30.04.2008; REsp 869.534/SP, DJ 10.12.2007; REsp 660519/CE, DJ 07.11.2005) 3. *In casu*, evidencia-se a necessidade de decretação da nulidade processual, advinda de falha do Poder Judiciário, consubstanciado no retardamento da juntada aos autos de petição em que a Fazenda Nacional informa a condição da empresa recorrida de devedora do sistema da seguridade social, o que impede a fruição de qualquer incentivo fiscal, nos termos do art. 195, § 3º, da CF/88, *in verbis*: "§ 3º A pessoa jurídica em débito com o sistema da seguridade social, como estabelecido em lei, não poderá contratar com o Poder Público nem dele receber benefícios ou incentivos fiscais ou creditícios." 4. É que dessume-se dos autos que a referida petição restou protocolada em 29/01/01 (fl. 800), tendo sido anexada aos autos somente em 05/08/02 (fl. 799-v), após o julgamento da apelação (em 21/06/01) e da oposição dos embargos declaratórios, impingindo à União Federal notório prejuízo. *5. O sistema processual é informado pelo princípio da instrumentalidade das formas, de sorte que a nulidade que sacrifica os fins de justiça do processo deve ser declarada de ofício pelo Juiz.* 6. Recurso Especial da Fazenda Nacional provido para reformar o acórdão recorrido e determinar o mero retorno dos autos à instância ordinária, para que proceda ao exame do mérito da apelação, considerando a petição protocolada pela Fazenda Nacional, prejudicadas as demais questões suscitadas. Recurso especial da empresa prejudicado. (REsp 656.399/PE, Rel. Ministro LUIZ FUX, PRIMEIRA TURMA, julgado em 18/08/2009, DJe 16/09/2009). (grifou-se)[321]

---

[321] Com o mesmo posicionamento: PROCESSO CIVIL – AÇÃO CIVIL PÚBLICA: LEGITIMIDADE DO MINISTÉRIO PÚBLICO – NULIDADE ABSOLUTA NÃO ARGÜIDA – LIMITES DO RECURSO ESPECIAL. *1. O prequestionamento é exigência indispensável ao conhecimento do recurso especial, fora do qual não se pode reconhecer sequer as nulidades absolutas.* 2. A mais recente posição doutrinária admite sejam reconhecidas nulidades absolutas ex officio, por ser matéria de ordem pública. Assim, se ultrapassado o juízo de conhecimento, por outros fundamentos, abre-se a via do especial *(Súmula 456/STF)*. 3. Hipótese em que se conhece do especial por violação do art. 535, II, do CPC e por negativa de vigência ao art. 87 da Lei 9.393/96, ensejando o reconhecimento ex officio da ilegitimidade do Ministério Público para, via ação civil pública, defender interesse individual de menor. 4. Na ação civil pública atua o parquet como substituto processual da sociedade e, como tal, pode defender o interesse de todas as crianças do Município para terem assistência educacional. 5. Ilegitimidade que se configura a partir da escolha de um único menor para proteger, assumindo o Ministério Público papel de representante e não substituto processual. 6. Recurso especial provido. (REsp 485.969/SP, Rel. Ministra ELIANA CALMON, SEGUNDA TURMA, julgado em 11/11/2003, DJ 04/04/2005 p. 251)

PROCESSUAL CIVIL. RECURSO ESPECIAL. EFEITO TRANSLATIVO. CONHECIMENTO DE OFÍCIO DE QUESTÕES DE ORDEM PÚBLICA (CPC, ARTS. 267, § 3º, E 301, § 4º). POSSIBILIDADE, NOS CASOS EM QUE O ACÓRDÃO RECORRIDO EMITE JULGAMENTO SEM NENHUMA RELAÇÃO DE PERTINÊNCIA COM A DEMANDA PROPOSTA. 1. *Em virtude da sua natureza excepcional, decorrente das limitadas hipóteses de cabimento (Constituição, art. 105, III), o recurso especial tem efeito devolutivo restrito, subordinado à matéria efetivamente prequestionada, explícita ou implicitamente, no tribunal de origem. 2. Todavia, embora com devolutividade limitada, já que destinado, fundamentalmente, a assegurar a inteireza e a uniformidade do direito federal infraconstitucional, o recurso especial não é uma viameramente consultiva, nem um palco de desfile de teses meramente acadêmicas. Também na instância extraordinária o Tri-*

Este posicionamento, muito embora ainda controverso, em se tratanto de matéria de ordem pública, que não preclui e é suscitável em qualquer tempo e grau de jurisdição, mostra-se mais adequado. Na defesa desta corrente, Rodolfo de Camargo Mancuso ressalta que é que melhor conforta o binômio "instrumentalidade do processo – efetividade da prestação jurisidicional".[322]

2.4.1. O Art. 515, § 3°, do CPC[323]

Questão bastante polêmica é a disposição do § 3° do artigo 515 do CPC.[324] Trata-se de efeito devolutivo do recurso, ou manifestação do efeito translativo, da possibilidade/dever da atuação oficiosa da jurisdição?

Primeiramente, cabe referir que, muito embora a previsão do julgamento do mérito pelo tribunal tenha causado diversas indagações quando da publicação da Lei 10.352/01, inclusive com relação à sua constitucionalidade, sob a alegação de haver violação do princípio do duplo grau de jurisdição,[325] [326] essa possibilidade já era prevista nas Ordenações Filipinas:

---

bunal está vinculado a uma causa e, portanto, a uma situação em espécie (Súmula 456 do STF; Art. 257 do RISTJ). 3. Assim, quando eventual nulidade processual ou falta de condição da ação ou de pressuposto processual impede, a toda evidência, o regular processamento da causa, cabe ao tribunal, mesmo de ofício, conhecer da matéria, nos termos previstos no art. 267, § 3° e no art. 301, § 4° do CPC. Nesses limites é de ser reconhecido o efeito translativo como inerente também ao recurso especial. 4. No caso dos autos, o acórdão recorrido não tem relação de pertinência com a controvérsia originalmente posta. Trata da incidência de imposto de renda sobre parcela paga pela Petrobrás S/A a título de indenização de horas trabalhadas, enquanto a demanda diz respeito ao pagamento de indenização por supressão de diversas vantagens de trabalhadores do Banco do Estado do Ceará. 5. Recurso especial conhecido para, de ofício, declarar a nulidade do acórdão que julgou a apelação." (REsp 660519/CE, Rel. Ministro TEORI ALBINO ZAVASCKI, PRIMEIRA TURMA, julgado em 20.10.2005, DJ 07.11.2005 p. 97) (grifou-se)

[322] MANCUSO, Rodolfo de Camargo. *Recurso extraordinário e recurso especial*. 9.ed. São Paulo: Revista dos Tribunais, 2006, p. 291.

[323] No Projeto do Novo CPC, PLS 166/2010, art. 965, § 3°: "Se a causa versar sobre questão exclusivamente de direito ou estiver em condições de imediato julgamento, o tribunal deve decidir desde logo a lide quando: I – reformar sentença fundada no art. 472; II – declarar a nulidade de sentença por não observância dos limites do pedido; III – declarar a nulidade de sentença por falta de fundamentação; IV – reformar sentença que reconhecer a decadência os prescrição.

[324] Art. 515, § 3°, do CPC (acrescido pela Lei 10.352, de 26/12/2001): "Nos casos de extinção do processo sem julgamento do mérito (267), o tribunal pode julgar desde logo a lide, se a causa versar questão exclusivamente de direito e estiver em condições de imediato julgamento"

[325] Como já dito no item que abordou o duplo grau de jurisdição, as decisões mais recentes proferidas pelo Supremo Tribunal Federal têm firmado posição no sentido de que o duplo grau de jurisdição não é garantia constitucional, afirmando categoricamente que não há em nosso ordenamento jurídico a garantia ao duplo grau de jurisdição, pelo que argumentos contrários ao § 3° do artigo 515 do CPC carecem de fundamentação. Neste sentido: AgRg no REsp 953.602/RS, Rel. Ministro LUIZ FUX, PRIMEIRA TURMA, julgado em 05.06.2008, DJ 18.06.2008.

[326] O STJ assim se pronunciou acerca do tema: Processual civil e tributário. Agravo regimental. Aplicação do direito à espécie. Art. 515, § 3°, do CPC. Inexistência de supressão de Instância. Efetividade. Execução fiscal. Decretação da prescrição intercorrente. Requerimento do executado, mesmo que nas contra-razões. Interpretação dos arts. 8°, iv, 219, § 4°, do CPC, e 174, parágrafo único, do ctn. Lei N°. 11.051/04. Inaplicabilidade ao caso. Precedentes. 1- Agravo regimental contra decisão que negou seguimento a recurso especial por reconhecer caracterizada a prescrição intercorrente. 2- *A necessidade de dar rápido deslinde à demanda justifica perfeitamente o julgamento da ação pelo mérito. O art. 515, § 3°, do CPC permite, desde já, que se examine a matéria de fundo, visto que a questão debatida é exclusivamente de direito, não havendo nenhum óbice formal ou pendência instrumental para que se proceda à análise do*

Livro III, Título LXVIII: "Quando alguma das partes appelar da sentença, que contra elle for dada (...) e depois que o feito fôr concluso, vejam-no os julgadores, a que o conhecimento de tal appellação pertencer; e se fôr appellado da sentença interlocutória, e acharem que foi bem appellado, e que o appellante foi aggravado pelo juiz, assi o determinam, e não mandem tornar o feito ao juiz, de que foi appellado, mas vão por elle em diante, e o determinem finalmente, como acharem por Direito, salvo, se o apellante e o appellado ambos requererem, que se torne o feito á terra perante o juiz, de que foi apellado, porque então se tornará, e será assinado termo, a que o vão lá seguir.[327]

Da mesma forma havia a possibilidade de o tribunal decidir o mérito quando da vigência do Código de Processo Civil da Bahia, no seu art. 1.290: "Tendo o juiz de primeira instância deixado, por qualquer motivo, de julgar a causa de meritis, a turma ou o juiz da appellação, si entender que isto não obsta que se conheça do pedido, julgará a causa definitivamente".[328]

Com a reforma processual operada pela Lei 10.352/01, o legislador voltou a contemplar em nosso sistema a possibilidade de julgamento do mérito pela primeira vez pelo tribunal, instituindo aquilo que os alemães chamam de "Zweite Erstinstanz" ("Segunda Primeira Segunda").[329]

Cabe mencionar que, no direito processual português, também há a previsão do conhecimento do mérito da causa em substituição do tribunal de 1ª instância no art. 753:

1. Sendo o agravo interposto de decisão final e tendo o juiz de 1ª instância deixado, por qualquer motivo, de conhecer do pedido, o tribunal, se julgar que o motivo não procede e que nenhum outro obsta a que se conheça do mérito da causa, conhecerá deste no mesmo acórdão em que revogar a decisão de 1ª instância. 2. No caso previsto no n.1, o relator, antes de ser proferida decisão, convida as partes a produzir alegações sobre a questão de mérito.[330]

---

pedido merital. Não há razão lógica ou jurídica para negar ao Tribunal a faculdade prevista pelo aludido dispositivo legal. Impõe-se, para tanto, sua aplicação. Inexistência de supressão de instância. (STJ. AgRg nos EDcl no REsp 842054 / RR; AGRAVO REGIMENTAL NOS EMBARGOS DE DECLARAÇÃO NO RECURSO ESPECIAL, 2006/0075117-7. Rel. Ministro JOSÉ DELGADO). (grifou-se)

Defendendo a constitucionalidade do dispositivo José Miguel Garcia Medina: "Segundo pensamos, o § 3º do art. 515 não viola a Constituição Federal. Como se viu, o princípio do duplo grau de jurisdição não é garantia constitucional. Essa concepção, no entanto, como se mencionou, não é pacífica, havendo defensores de orientação contrária. Para estes, muito provavelmente o § 3º do art. 515 do CPC deverá ser considerado inconstitucional. O fato de não estar diante de inconstitucionalidade, contudo, não torna, só por isso, menos criticável o preceito, porquanto nos casos em que, em atenção ao § 3º do art. 515 do CPC, o tribunal – ou o relator sozinho (cf. art. 557 do CPC) – julga questão de mérito que não havia sido sequer examinada pelo juízo a quo, estará realizando julgamento que só excepcionalmente poderá vir a ser reapreciado." In: MEDINA, José Miguel Garcia. A recentíssima reforma do sistema recursal brasileiro – análise das principais modificações introduzida pela lei 10,352/2001, e outras questões. NERY JUNIOR, Nelson; WAMBIER, Teresa Arruda Alvim (coords.). Aspectos polêmicos e atuais dos recursos e outros meios de impugnação às decisões judiciais. São Paulo: Revista dos Tribunais, 2002, p. 333-84.

[327] CERNE, João Baptista Guimarães. Ordenações em vigor. Estudos sobre o código philippino na nossa actualidade. Bahia: Empreza Editora, 1897, p. 225-6.

[328] Código do processo do estado da Bahia. Bahia : Typ. Bahiana, 1916, p. 441.

[329] NOTARIANO JÚNIOR, Antônio de Pádua. O duplo grau e o § 3º do art. 515 do CPC, introduzido pela Lei 10. 352/2001. Revista de Processo, v. 29, n. 114, mar/abr 2004. São Paulo: RT, 2004, p. 187 – 207.

[330] Código de Processo Civil. Disponível em <http://www.portolegal.com/CPCivil.htm>. Acesso em: 05 out. 2009.

OS EFEITOS DOS RECURSOS

Entende-se que o § 3º do art. 515 demonstra a imensa amplitude da extensão do efeito translativo da apelação,[331] que não se cinge nas matérias de ordem pública, coadunando-se com os princípios da efetividade do processo e da economia processual.[332]

Entretanto, esse entendimento encontra-se longe de pacificação, eis que a doutrina se divide em justificar o julgamento *per saltum* como sendo decorrência do efeito devolutivo, ou do efeito translativo; dividindo-se também a respeito da necessidade ou não de requerimento expresso para a aplicação do art. 515, § 3º, do CPC.

Sustenta Teresa Arruda Alvim Wambier não ser necessário o requerimento da parte para que incidam as disposições do artigo em comento. Para a autora,

(...) a agilidade e a celeridade dos processos é, sobretudo, de interesse público, e as partes devem, ao interpor a apelação, contar com essa possibilidade, que, de qualquer modo lhes traria benefícios, já que não há interesse legítimo em que os processos sejam morosos![333]

Bedaque, no mesmo diapasão, aduz que o exame do mérito, após a cassação da sentença terminativa, é atividade a ser desenvolvida *ex officio*, ou seja, independentemente da vontade do apelante. Ainda que não versada na apelação a matéria de mérito, porque não tratada na sentença, deverá o Tribunal examiná-la, se presentes os requisitos legais.[334]

Em conformidade refere Gleydson Kleber Lopes de Oliveira que o tribunal não está vinculado aos limites do pedido recursal, podendo aplicar de ofício a pre-

---

[331] Entendendo ser o § 3º do art. 515, efeito translativo, e não reflexo do efeito devolutivo: WAMBIER, Teresa Arruda Alvim. *Os agravos no CPC brasileiro*. 4.ed. São Paulo: Revista dos Tribunais, 2005, p. 346.

[332] Neste sentido, já se manifestou o STJ: 2. O art. 515 e seus §§, do CPC, estatuem que, além de a apelação devolver ao tribunal o conhecimento da matéria impugnada, também serão objeto de apreciação e julgamento pelo tribunal todas as questões suscitadas e discutidas no decorrer processual, mesmo que a sentença não as tenha examinado ou julgado na íntegra. Se o processo for extinto, sem julgamento do mérito, poderá o Tribunal julgar, desde logo, a lide, conquanto que a causa trate de questões exclusivamente de direito e estiver em plenas condições de julgamento imediato. 3. *In casu*, apesar de o feito ter sido extinto com julgamento do mérito (acolhimento da prescrição), aplica-se o entendimento supra, visto que nada foi decidido com relação ao mérito da demanda e o mesmo envolve, unicamente, questão de direito (repetição de indébito – contribuição previdenciária – em face de legislação declarada inconstitucional), por demais pacífica nesta Corte de Justiça, encontrando-se, ademais, nos autos todos os requisitos necessários ao seu julgamento imediato. 4. *O retorno dos autos ao Juízo de origem causaria danos irreparáveis à parte autora, tendo em vista que perderia um tempo enorme na solução da lide, ainda mais em contenda que já foi por deveras examinada pelo Poder Judiciário. Tal atitude iria de encontro aos princípios da economia e celeridade processuais, fazendo com que a tal decantada entrega da prestação jurisdicional se perpetuasse ao longo dos anos, desnecessariamente.* ... 6. Inexistência de supressão de instância, em face da permissibilidade outorgada pelos arts. 515 e §§, e 516, do CPC. 7. Precedentes das 1ª, 2ª e 3ª Turmas deste Tribunal Superior. 8. Embargos rejeitados. (EDcl nos EDcl no REsp 461643/RS, Rel. Ministro JOSÉ DELGADO, PRIMEIRA TURMA, julgado em 06.03.2003, DJ 31.03.2003 p. 160) (grifou-se)

[333] WAMBIER, Teresa Arruda Alvim. *Os agravos no CPC brasileiro*. 4.ed. São Paulo: Revista dos Tribunais, 2005, p. 347 – 348. No mesmo sentido: WAMBIER, Luiz Rodrigues. *Breves comentários à nova sistemática processual civil*: emenda constitucional n. 45/2004 (reforma do judiciário), leis 10.444/2002; 10.358/2001 e 10.352/2001. 3.ed. São Paulo: Revista dos Tribunais, 2005, p. 271.

[334] BEDAQUE, José Roberto dos Santos. Apelação: Questões sobre a admissibilidade e efeitos. In: NERY JÚNIOR., Nelson; WAMBIER, Teresa Arruda Alvim [Coord.]. *Aspectos polêmicos e atuais dos recursos cíveis*. São Paulo: Revista dos Tribunais, 2003. v. 7, p. 454.

visão do § 3º do art. 515 do CPC, ainda que a impugnação diga respeito unicamente à materia processual.[335]

Converge a posição de Cândido Rangel Dinamarco, que aduz:

O novo § 3º rege somente os limites da devolução máxima *possível em abstrato,* sem nada dispor sobre a influência da vontade do recorrente sobre a dimensão da devolução a ser *concretamente* produzida. Há razões para entender que o *caput* do art. 515 se imponha também aqui, de modo que, não pedindo o apelante o duplo julgamento, o tribunal ficaria invariavelmente adstrito a julgar sobre o tema da extinção do processo sem julgamento do mérito – confirmando ou reformando a sentença terminativa... Não há quebra do *due process of law* nem exclusão do contraditório.[336]

Rodrigo Barioni segue a mesma linha: "não parece correto afirmar que a possibilidade de o órgão ad quem julgar o mérito, prevista no § 3.º do art. 515 do CPC, esteja condicionada a pedido expresso do apelante, pois tal requerimento não constitui a 'matéria impugnada' mencionada no *caput* da norma". Segundo o autor, a norma atribuiu competência funcional ao tribunal para julgar o feito. Desta forma, como a competência funcional é pressuposto processual de validade do processo, absoluta, não há o que se falar em vontade do recorrente para que a lide seja ou não apreciada pelo tribunal.[337]

Nelson Nery Júnior utiliza este mesmo argumento da competência original do tribunal para analisar, pela primeira vez, matéria não apreciada pelo juízo *a quo.*[338]

Muito embora sustentando a não necessidade de requerimento expresso da parte, mas salientando para a observância do contraditório, assevera Cássio Scarpinela Bueno: "é de fundamental importância que se o observe o contraditório amplo mesmo no caso de o tribunal entender de oficio (isto é, sem provocação da parte), que a hipótese concreta sob julgamento comporta a aplicação do dispositivo da lei".[339]

No mesmo sentido, Sergio Gilberto Porto e Daniel Ustárroz:

Todavia, em sua realização, é fundamental a observância da garantia constitucional do contraditório, através da concessão de vista (e sustentação oral, se viável) acerca da questão suscitada oficiosamente. Do contrário, inexistindo debate prévio sobre

---

[335] OLIVEIRA, Gleydson Kleber Lopes de. In: Novos contornos do efeito devolutivo do recurso de apelação. *Processo e constituição: estudos em homenagem ao professor José Carlos Barbosa Moreira.* São Paulo: Revista dos Tribunais, 2006, p. 1008.

[336] DINAMARCO, Cândido Rangel. A Reforma da Reforma. In: NERY JÚNIOR, Nelson; WAMBIER, Teresa Arruda Alvim [Coord.]. *Aspectos polêmicos e atuais dos recursos cíveis.* São Paulo: Revista dos Tribunais, 2003. v. 7.

[337] BARIONI, Rodrigo. A proibição da *reformatio in peius* e o § 3º do art. 515 do CPC. In: NERY JÚNIOR, Nelson; WAMBIER, Teresa Arruda Alvim (coord.). *Aspectos polêmicos e atuais dos recursos cíveis e de outros meios de impugnação às decisões judiciais.* São Paulo: Revista dos Tribunais, 2005, p. 714-6.

[338] NERY JÚNIOR, Nelson. *Teoria geral dos recursos.* 6.ed. São Paulo: Revista dos Tribunais, 2004, p. 434.

[339] BUENO, Cássio Scarpinella. Efeitos dos recursos. In: NERY JÙNIOR., Nelson; WAMBIER, Teresa Arruda Alvim. *Aspectos polêmicos e atuais dos recursos cíveis e assuntos afins.* 10ª série. São Paulo: Revista dos Tribunais, 2006, p. 83.

OS EFEITOS DOS RECURSOS

a matéria, a tomada de decisão surpreenderia o recorrente e violaria a dimensão metodológica do contraditório, que preza a colaboração dos interessados na formação do provimento jurisdicional.[340]

Já em sentido diametralmente oposto, Ricardo Aprigliano sustenta que o tribunal poderá julgar diretamente o mérito da ação apenas e tão somente se houver expresso requerimento do apelante nesse sentido, eis que, em seu entendimento, a inclusão do § 3º não modificou nem diminuiu a aplicação do brocardo *tantum devolutum quantum appellatum*, de forma que a continuidade do julgamento só poderá ocorrer se estiver dentro da "matéria impugnada" a que faz referência o *caput* do artigo alterado. Para Aprigliano, "Independentemente da inclusão do § 3º ao art. 515, será sempre o apelante a determinar os limites da cognição do tribunal, pois a ele cabe delimitar o âmbito de devolutividade de seu recurso".

Para o autor, se o tribunal passar ao exame do mérito sem pedido expresso, poderá ocorrer, inclusive, *reformatio in peius,* o que, em seu entendimento, é vedado no ordenamento brasileiro.[341]

Flávio Cheim Jorge posiciona-se no mesmo diapasão, aduzindo que, ao se permitir a apreciação do mérito pelo tribunal, sem requerimento da parte, se estaria negando vigência ao art. 515, caput, onde consta claramente que só a matéria impugnada é devolvida ao tribunal. Neste sentido manifesta:

> É que o recém-introduzido § 3º deve ser visto sempre em consonância com o disposto no *caput* desse mesmo artigo, onde é fixada a máxima *tantum devolutum appellatum*. O pedido do apelante para que o tribunal julgue o mérito da causa é requisito instransponível para que seja aplicado o novo § 3º do art. 515, sob pena de violação do art. 2º do Código de Processo Civil, aplicado analogicamente aos recursos. A incidência do princípio dispositivo, e conseqüentemente do efetivo devolutivo, neste caso é plena e obrigatória.[342]

Para Humberto Theodoro Júnior, o § 3º, acrescentado pela Lei nº 10.352/01 ao art. 515, autorizou o tribunal a apreciar o recurso de apelação interposto contra a sentença de extinção do processo sem julgamento do mérito, porém isso não significa que questão de mérito não suscitada na apelação possa ser inserida de ofício pelo tribunal no julgamento do recurso. Para o autor em comento, o objeto de recurso quem define é o recorrente, sendo que sua extensão mede-se pelo pedido nele formulado. Assevera:

> O tema pertence à extensão da devolução e não à sua profundidade. Se a parte vencida recorre pedindo apenas a anulação da sentença que extinguiu o processo sem apreciação do mérito, não é lícito ao tribunal enfrentar a questão de mérito que não integrou o pedido do recorrente e, por isso, não passou pelo contraditório da apelação.[343]

---

[340] PORTO, Sérgio Gilberto; USTÁRROZ, Daniel. *Manual dos recursos cíveis.* Porto Alegre: Livraria do Advogado, 2007, p. 81.

[341] APRIGLIANO, Ricardo de Carvalho. *A apelação e seus efeitos.* São Paulo: Atlas, 2003, p. 158-9.

[342] JORGE, Flávio Cheim. JORGE, Flávio Cheim. *Teoria geral dos recursos cíveis.* 3.ed. São Paulo: Revista dos Tribunais, 2007, p. 239.

[343] THEODORO JÚNIOR, Humberto. *Curso de direito processual civil.* 47.ed. Rio de Janeiro: Forense, 2007, v. I, p. 663 – 664.

José Rogério Cruz e Tucci critica de forma contumaz a alteração:

> Grave (...) é a crise imposta pela novel reforma à garantia do contraditório (...) Tudo leva a crer que o legislador desprezou a moderna concepção ditada pela literatura contemporânea acerca da participação conjunta e recíproca, durante as sucessivas fases do procedimento, de todos os protagonistas do processo.
>
> Habilitando o tribunal a proferir decisão de mérito sobre tema que não foi objeto de debate no procedimento recursal, o novo 3º, do art. 515, afronta direitos de partes, sobretudo do litigante que vier a experimentar derrota... Diante dessa nova realidade, não será exagero sustentar que o apelado, para precaver-se deverá ter presente, ao elaborar as contra-razões, os mesmos dogmas que norteiam o princípio da eventualidade.[344]

Sandro Marcelo Kozikoski, sustentando a necessidade de pedido expresso do apelante, para que se evite que o apelado seja surpreendido com o julgamento do mérito da causa, e em observância ao princípio do contraditório, aduz: "A ausência de pedido expresso do apelante obstaria o debate da matéria em sede de contra-razões a serem apresentadas pelo apelado (afastando-se, assim, o contraditório necessário)".[345]

Também para Araken de Assis, para que reste aplicada a regra do § 3º do art. 515 do CPC, é preciso que o apelante, em suas razões recursais, requeira expressamente que o tribunal dê provimento ao seu apelo e, desde logo, aprecie o mérito da demanda:

> Em primeiro lugar, a extensão do efeito devolutivo se subordina, genericamente, ao princípio dispositivo. É preciso o apelante requerer o julgamento do mérito, nos termos do art. 514, III. E acrescenta: "Por outro lado, o apelante tem direito ao duplo exame e ampla disposição sobre regra que lhe aproveita. Talvez não queira, de olhar fito no entendimento conhecido do relator ou do órgão fracionário do tribunal, desde logo arriscar o julgamento do mérito. A sentença terminativa não impede a renovação da causa (...)".[346]

Muito embora toda a discussão doutrinária, a respeito da necessidade ou não de haver requerimento expresso para o julgamento do mérito pelos tribunais, o STJ já se manifestou no sentido de que a ausência de pedido é mera deficiência técnica, que não tem força bastante para se opor à *mens legis*, fundada na celeridade, economia e efetividade.[347]

---

[344] CRUZ E TUCCI, José Rogério. *Lineamentos da nova reforma do CPC.* 2.ed. São Paulo: Revista dos Tribunais, 2002, p. 99.

[345] KOSIKOSKI, Sandro Marcelo. *Manual dos recursos cíveis.* 3.ed. Curitiba: Juruá, 2006, p. 210.

[346] ASSIS, Araken de. *Manual dos recursos.* São Paulo: Revista dos Tribunais, 2007, p. 396.

[347] PROCESSUAL CIVIL. PROCESSO. EXTINÇÃO. SENTENÇA TERMINATIVA. ILEGITIMIDADE PASSIVA *AD CAUSAM.* APELAÇÃO. TRIBUNAL. MÉRITO. JULGAMENTO. POSSIBILIDADE. PEDIDO EXPRESSO. DESNECESSIDADE. MATÉRIA DE FATO. CAUSA MADURA. 1 – Extinto o processo, sem julgamento de mérito, por ilegitimidade passiva *ad causam,* pode o tribunal, na apelação, afastada a causa de extinção, julgar o mérito da contenda, *ainda que não haja pedido expresso nesse sentido, máxime se, como no caso concreto, as razões de apelação estão pautadas na procedência do pedido inicial, porque demonstrado o fato constitutivo do direito e não contraposta causa extintiva desse mesmo direito. Deficiência técnica que não tem força bastante para se opor à mens legis, fundada na celeridade, economia e efetividade.* 2 – Por outro lado, a sistemática dos julgamentos desse jaez não pode ficar adstrita à literalidade do dispositivo de regência, notadamente na expressão "exclusivamente de direito", devendo haver espaço para

Teresa Arruda Alvim Wambier entende que o art. 515, § 3º, se aplica não só para a apelação, como também ao agravo de instrumento, desde que presentes os requisitos legais respectivos. Exemplifica o cabimento: no caso de decadência do direito do autor, ou prescrição, se sobre o assunto já se tiver dado oportunidade de se manifestar.[348]

No mesmo diapasão, Gleydson Kleber Lopes de Oliveira sustenta que, com base em uma interpretação teleológica, pode ser analisado o mérito pelo órgão *ad quem*, na hipótese em que se interpõe agravo de instrumento em face de decisão que indefere pedido para que o julgamento se proceda de forma antecipada, desde que o tribunal constate a desnecessidade de dilação probatória.[349]

Perfilhando o mesmo entendimento Araken de Assis, para quem "aplica-se ao agravo de instrumento, ainda, o art. 515, § 3º, observados os respectivos pressupostos". E exemplifica: o autor agrava da decisão que indeferiu a liminar e o órgão *ad quem,* aplicando o art. 219, § 5º, pronuncia a prescrição, julgando extinta a demanda (art. 269, IV).[350]

Rodrigo Barioni contraria este entendimento aduzindo que § 3º do art. 515 do CPC é uma exceção do sistema recursal, devendo, portanto, ser interpretado de forma restrita, sendo que a norma estabelece expressamente sua aplicabilidade apenas "nos casos de extinção do processo sem julgamento do mérito (art. 267)". Aponta ainda que a aplicação do § 3º do art. 515 ao agravo de instrumento "implicaria retirar do órgão de primeiro grau de jurisdição sua finalidade precípua de julgar a causa, quando se tratasse de matéria exclusivamente de direito. Em última ratio, seria admitir que cabe ao tribunal e não ao juiz de primeiro grau o julgamento dessas causas".[351]

O delicado na questão é que, com o julgamento do *meritum causae* pelo tribunal, haverá casos em que se verificará uma situação para pior ao recorrente, como, por exemplo, na hipótese de o tribunal afastar a sentença de carência de ação, e apreciar o mérito, julgar improcedente a ação.

Houve neste caso *reformatio in peius*?

---

sua incidência toda vez que estiver o processo em "condições de imediato julgamento", o que significa versar a demanda não somente matéria de direito, mas versando também matéria de fato, já tiverem sido produzidas (em audiência) todas as provas necessárias ao deslinde da controvérsia, estando a demanda, a juízo do tribunal, madura para julgamento. RECURSO ESPECIAL Nº 836.932 – RO (2006/0076239-8). Relator MINISTRO FERNANDO GONÇALVES. Acórdão disponibilizado no DJE EM 21/11/2008. (grifou-se)

[348] WAMBIER, Teresa Arruda Alvim. *Os agravos no CPC brasileiro.* 4.ed. São Paulo: Revista dos Tribunais, 2005, p. 350-1.

[349] OLIVEIRA, Gleydson Kleber Lopes de. In: *Novos contornos do efeito devolutivo do recurso de apelação. Processo e constituição: estudos em homenagem ao professor José Carlos Barbosa Moreira.* São Paulo: Revista dos Tribunais, 2006, p. 1008.

[350] ASSIS, Araken de. *Manual dos recursos.* São Paulo: Revista dos Tribunais, 2007, p. 535.

[351] BARIONI, Rodrigo. A proibição da *reformatio in peius* e o § 3º do art. 515 do CPC. In: NERY JÚNIOR, Nelson; WAMBIER, Teresa Arruda Alvim (coord.). *Aspectos polêmicos e atuais dos recursos cíveis e de outros meios de impugnação às decisões judiciais.* São Paulo: Revista dos Tribunais, 2005, p. 710-1.

Para Bedaque, com a previsão do § 3º do art. 515, o sistema processual brasileiro passou a admitir, ainda que de forma excepcional, a *reformatio in peius*. O recorrente pretendia simplesmente a cassação da sentença terminativa e acabou recebendo pronunciamento de mérito contrário a seus interesses. E justifica:

> A solução é previsível e justificável, pois representa simplesmente a antecipação de um resultado que, mais cedo ou mais tarde, viria a ocorrer. Aceita-se a limitação ao duplo grau, princípio inerente ao sistema, mas não dogma intangível, em nome da celeridade processual, especialmente porque não se vislumbra prejuízo a qualquer das partes.[352]

Já Rodrigo Barioni assevera que não há *reformatio in peius* quando o tribunal aplica o § 3º do art. 515 do CPC e julga diretamente a lide, mesmo que a decisão acarrete uma situação mais desvantajosa ao recorrente, pois é lícito ao órgão *ad quem* julgar a lide.

Enfatiza o autor que "a reforma para pior pressupõe que a decisão do recurso seja proferida em contrariedade aos fundamentos sistemáticos que vedam a reforma para pior no ordenamento pátrio, especialmente ao princípio dispositivo". Como se trata de competência funcional atribuída ao órgão *ad quem*, e, portanto, matéria de ordem pública, não caracteriza o julgamento de mérito pelo tribunal reforma para pior, ainda que contrária ao recorrente.[353]

Ainda que polêmica e passível de questionamentos (como ocorre sempre que há uma nova reforma processual), a inclusão do § 3º ao art. 515 do CPC, acrescentado pela Lei n. 10.352/01, veio ao encontro dos princípios da instrumentalidade, da efetividade e da celeridade do processo, possibilitando ao tribunal o julgamento, desde logo, do mérito da apelação.

E é neste ponto que toda a tônica deve se centrar, razão pela qual se entende ser o requerimento desnecessário para a apreciação do mérito pelo tribunal, bem como se entende plenamente cabível a extensão do efeito translativo aos recursos extraordinário e especial.

É certo que sempre deverá haver uma ponderação entre a segurança jurídica e a efetividade processual. Entretanto as reformas em apreço coadunam-se aos postulados constitucionais, como o acesso à justiça, o duplo grau, o contraditório e a ampla defesa.

Galeno de Lacerda em seu Despacho Saneador já tecia críticas acerca do apego excessivo ao princípio dispositivo:

> O juiz transformou-se, na prática, em mero espectador da luta judiciária, a intervir só quando solicitado pelo réu para o julgamento da exceção, ou, na sentença final, em que

---

[352] BEDAQUE, José Roberto dos Santos. Apelação: Questões sobre a admissibilidade e efeitos. In: NERY JÚNIOR, Nelson; WAMBIER, Teresa Arruda Alvim [Coord.]. *Aspectos polêmicos e atuais dos recursos cíveis*. São Paulo: Revista dos Tribunais, 2003. v. 7, p. 454.

[353] BARIONI, Rodrigo. A proibição da *reformatio in peius* e o § 3º do art. 515 do CPC. In: NERY JÚNIOR, Nelson; WAMBIER, Teresa Arruda Alvim (coord.). *Aspectos polêmicos e atuais dos recursos cíveis e de outros meios de impugnação às decisões judiciais*. São Paulo: Revista dos Tribunais, 2005, p. 719.

as declarações de nulidade podiam surpreender os litigantes. Levou-se o princípio dispositivo ao extremo, com inteiro olvido da economia processual.[354]

2.5. EFEITO SUSPENSIVO

Dentre os efeitos recursais, o efeito suspensivo é, sem dúvida, o que maiores reflexos traz para a dinâmica processual.

Remonta há séculos a ideia natural de suspensão da eficácia das decisões recorridas, sendo que, no Direito Romano, toda apelação suspendia a execução da sentença apelada. Somente no Direito Canônico é que surge a distinção entre o efeito devolutivo e o efeito suspensivo.[355]

A *ratio essendi* do efeito suspensivo se situa na possibilidade de erro da decisão recorrida.[356] Couture suscita, na defesa do efeito suspensivo, que, em sendo a segunda instância, uma instância revisora, "Io natural es que tal procedimiento sea prévio a Ia ejecución y no posterior, cuando Ia sentencia se ha cumplido y sus efectos sean, acaso, irreparables".[357]

Entretanto é tendência das legislações mais modernas restringir cada vez mais as hipóteses de incidência de recursos com efeito suspensivo.

Já em 1963 Alcides de Mendonça Lima trabalhava com a hipótese de dilatação dos casos de não suspensividade:

> Do ponto de vista estritamente teórico, não há dúvida de que a execução de sentença na pendência de qualquer recurso choca e é um absurdo ou um contra-senso. Mas o direito não se pode encastelar nas concepções abstratas, devendo romper ou abrandar certos princípios, para atender à realidade social, que impõe soluções de acordo com a generalidade dos casos, ainda que, em outros, em menor numero, haja o sacrifício particular. As

---

[354] LACERDA, Galeno. *Despacho Saneador*. Porto Alegre: Fabris, 1985, p. 33.

[355] "Antiguamente en Roma, toda apelacion suspendia la ejecucion de la sentencia apelada, lo que se fundaba en que teniendo por objeto este recurso reparar los perjuicios que aquella causaba al apelante, convenia suspender la jurisdiccion del juez que la dictó, para que no pudiera irrogar-le nuevos gravámnes, ó para evitar los gastos y dilaciones necesarios á la reparacion de los que se hubiesen causado, en el caso de que se revocase ó reformara la sentencia. El derecho canónico fue el que verificó entre los efectos de Ia apelacion Ia preciosa distincion desconocida al derecho romano del efecto devolutivo y suspensivo, disponiendo que solo tuviera Ia apelacion el efecto devolutivo ó que solo se admitiera en dicho efecto en muchos casos determinados en que podian causarse perjuicios acaso irreparables, el suspender Ia ejecion de Ia sentencia, por la urgencia del negocio ó por otra causa atendible. (Post appellat. 31, c. 2, q. 6.) Desde entonces la apelacion fue devolutiva por esencia y suspensiva por naturaleza. La combinacion de esta disposicon sobre el efecto suspensivo y devolutivo con Ia regla de cancelaria que prohibió Ias apelaciones de las sentencias interlocutorias reparables en definitiva, dió orígen á Ia teoría de la ejecucion provisional de Ia sentencia, no obstante haberse interpuesto apelacion de ella. Esta teoría despues de haberse aplicado en los tribunales eclesiásticos, respecto de ciertas causas sumarias y en especial Ias de alimentos, se introdujo en el derecho civil de Ias naciones". In: CARAVANTES, Jose de Vicente y. *Tratado histórico, crítico filosófico de los procedimientos judiciales en materia civil, según la nueva Ley de Enjuiciamento*. Madri: Imprenta de Gaspar y Roiz, 1856. Tomo IV, p. 24.

[356] BERMURDES, Sérgio. *Comentários ao código de processo civil*. 2.ed. São Paulo: Revista dos Tribunais, 1977. v. 7, p. 151.

[357] COUTURE, Eduardo Juan. *Fundamentos del derecho procesal civil*. 3.ed. Buenos Aires: Depalma, 1977, p. 370.

regras de direito, portanto, por seu moderno alcance eminentemente social, devem visar, antes de tudo, aos fatos gerais, em benefício da coletividade.[358]

Barbosa Moreira defende alterações para "ampliar o elenco das hipóteses de apelação sem efeito suspensivo, ou até – com certas cautelas – inverter a regra, tornando excepcional a suspensividade". Sustenta que as modificações poderiam contribuir para desestimular a interposição de recurso pelo réu vencido, com intuito protelatório, além de ser mais coerente com a "propensão moderna à valorização do julgamento de primeiro grau".[359]

O nosso Código de Processo ainda trabalha com o efeito suspensivo como regra, ainda que paulatinamente tenha ampliado o rol de exceções.[360]

Pela atual redação do art. 520 do CPC, a regra é que o recurso de apelação seja recebido nos efeitos devolutivo e suspensivo, tendo sido relacionadas hipóteses nas quais o recurso deve ser recebido apenas no efeito devolutivo.[361]

De acordo com a regra geral vigente, opera o regime *ope legis* do efeito suspensivo, ou seja, a lei determina quais recursos têm ou não têm efeito suspensivo; que, por sua vez, se opõe ao critério *ope judicis*, onde o deferimento ou não do efeito suspensivo se dá por intermédio do convencimento do magistrado.[362]

É de se salientar que o recurso inominado previsto na Lei dos Juizados Especiais Cíveis (Lei 9.099/95), já apresenta o critério *ope judicis*, não possuindo o recurso das sentenças proferidas naquele Juizado efeito suspensivo, salvo concessão pelo magistrado, caso demonstrado dano irreparável para a parte.[363]

Pelo efeito suspensivo, a eficácia da decisão recorrida resta suspensa, ou seja, não produz efeitos, até o julgamento final do recurso interposto. Para Araken de Assis o efeito suspensivo é a "qualidade atribuída ao recurso que, a partir de certo momento, inibe a eficácia do provimento impugnado".[364]

---

[358] LIMA, Alcides de Mendonça. *Sistema de normas gerais dos recursos cíveis*. Rio de Janeiro: Freitas Bastos, 1963, p. 257.

[359] MOREIRA, José Carlos Barbosa. *Comentários ao código de processo civil:* lei nº 5.869, de 11 de janeiro de 1973. 12.ed. Rio de Janeiro: Forense, 2005, p. 469.

[360] Criticando essa posição, Manuel Caetano Ferreira Filho propõe mudanças: "dotar a apelação somente do efeito devolutivo, concedendo-se ao juiz o poder de suspender a eficácia da sentença, ou a sua execução, seja tiver sido iniciada, "para evitar dano irreparável à parte". *Se o próprio direito italiano conseguiu desvencilhar-se de suas origens romanas, quem sabe não esteja tão distante a nossa vez?*" (grifou-se). In: FERREIRA FILHO, Manoel Caetano. *Comentários ao código de processo civil*. São Paulo: Revista dos Tribunais, 2001. v. 7, p. 174.

[361] Art. 520 – A apelação será recebida em seu efeito devolutivo e suspensivo. Será, no entanto, recebida só no efeito devolutivo, quando interposta de sentença que: I – homologar a divisão ou a demarcação; II – condenar à prestação de alimentos; III – (Revogado pela Lei nº 11.232, de 2005); IV – decidir o processo cautelar; V – rejeitar liminarmente embargos à execução ou julgá-los improcedentes; VI – julgar procedente o pedido de instituição de arbitragem; VII – confirmar a antecipação dos efeitos da tutela.

[362] JORGE, Flávio Cheim. *Teoria geral dos recursos cíveis*. 3.ed. São Paulo: Revista dos Tribunais, 2007, p. 255.

[363] Art. 43. O recurso terá somente efeito devolutivo, podendo o Juiz dar-lhe efeito suspensivo, para evitar dano irreparável para a parte.

[364] ASSIS, Araken de. *Manual dos recursos*. São Paulo: Revista dos Tribunais, 2007, p. 236.

OS EFEITOS DOS RECURSOS

Barbosa Moreira alude ainda o equívoco em se traduzir o efeito em apenas "não se poder promover a execução". Segundo o autor:

> Esse é o traço mais saliente, mas não esgota o conceito, pois as decisões meramente declaratórias e as constitutivas, que não comportam execução (no sentido técnico do direito processual), também podem ser impugnadas mediante recursos de efeito suspensivo.

A doutrina esclarece ainda que o efeito suspensivo é anterior à interposição do recurso.[365] Proferida uma decisão passível de recurso dotado de efeito suspensivo, ela já não produzirá efeitos.

Cândido Rangel Dinamarco refere a ocorrência de uma "prospecção", ou seja, verifica-se se o recurso cabível em face da decisão proferida tem eficácia suspensiva e daí já reputa-se a decisão incapaz de produzir seus efeitos.[366]

Nelson Nery Júnior alude que o que se dá durante o prazo que vai da publicação da decisão até o prazo final para a interposição do recurso é a suspensão dos efeitos da sentença, não em decorrência do efeito suspensivo do recurso, mas porque a eficácia imediata da decisão fica sob a condição suspensiva de não haver interposição de recurso que deva ser recebido no efeito suspensivo.[367]

A esse respeito, a doutrina de Arruda Alvim:

> Em rigor, e aliás, a mera possibilidade/expectativa da interposição, durante o lapso de tempo a isso destinado, já inibe a produção de efeitos da sentença; ou seja, o lapso de tempo que vai da intimação da sentença até a interposição (do possível recurso com esse efeito), obsta a eficácia da sentença. Esse óbice perdura com o recurso que, se e quando interposto, tem esse efeito suspensivo ou, mais exatamente, faz perdurar esse efeito.[368]

Cumpre diferenciar o caso de recurso com efeito suspensivo *ex lege*, dos casos de efeito suspensivo *ope judice*. Na primeira situação, a decisão, desde sua publicação, já se encontra desprovida de efeitos, como supraexposto. Já no caso de concessão de efeito suspensivo por decisão judicial, o provimento é desde logo eficaz, cessando os efeitos dessa eficácia assim que agregado efeito suspensivo ao recurso. É o caso do art. 558 do CPC,[369] onde o relator pode atribuir efeito suspensivo a recursos que não o tem.

---

[365] Essa a razão pela qual Flávio Cheim Jorge sustentar que o efeito suspensivo não seria efetivamente um efeito recursal, mas sim "técnica de segurança que retira a eficácia de uma decisão impugnável por recurso". Aduz: "Caso este seja interposto, apenas manterá um estado de ineficácia antes existente". In: JORGE, Flávio Cheim. *Teoria geral dos recursos cíveis.* 3.ed. São Paulo: Revista dos Tribunais, 2007, p. 224.

[366] DINAMARCO, Cândido Rangel. Os efeitos dos recursos. In: NERY JR., Nelson; WAMBIER, Teresa Arruda Alvim (coord.). *Aspectos polêmicos e atuais dos recursos cíveis de acordo com a Lei 10.532/2001 – 5ª série.* São Paulo: Revista dos Tribunais, 2002, p. 141.

[367] NERY JUNIOR, Nelson. *Teoria geral dos recursos.* 6.ed. São Paulo: Revista dos Tribunais, 2004, p. 446.

[368] ALVIM, Arruda. Notas a respeito dos aspectos gerais e fundamentais da existência dos recursos – direito brasileiro. *Revista de Processo,* n. 48, São Paulo: Revista dos Tribunais, 1987, p. 22.

[369] "Art. 558. O relator poderá, a requerimento do agravante, nos casos de prisão civil, adjudicação, remição de bens, levantamento de dinheiro sem caução idônea e em outros casos dos quais possa resultar lesão grave e de difícil reparação, sendo relevante a fundamentação, suspender o cumprimento de decisão até o pronunciamento definitivo da turma ou câmara. Parágrafo único – Aplicar-se-á o disposto neste artigo as hipóteses do Art. 520."

Ainda: no caso de suspensividade *ope legis*, a suspensão perdura até o trânsito em julgado. Já no caso de concessão judicial de efeito suspensivo, a ineficácia prolonga-se até um novo pronunciamento em contrário.[370]

A concessão do efeito suspensivo deve se dar de ofício pelo juiz, sendo desnecessário requerimento do recorrente neste sentido, nos casos em que o mesmo já está previsto. É que, em se tratando de regra processual, é a mesma de ordem pública.[371]

Já nos casos do art. 558, deve haver requerimento expresso da parte recorrente no postulando a suspensão da eficácia da decisão agravada, pedido este que pode, ou não, ser deferido, de acordo com o entendimento do julgador, seguindo critérios norteadores elencados na legislação processual.[372]

Na esteira das mudanças, o Projeto do Novo CPC, PLS 166/2010 prevê o término do efeito suspensivo *ope legis* do recurso de apelação,[373] possibilitando a imediata execução provisória da sentença de primeira instância.

Dispõe o art. 949, § 1º, do Projeto, que poderá ser atribuído efeito suspensivo ao recurso, pelo relator,[374] se demonstrada a probabilidade de provimento, ou, sendo relevante a fundamentação, houver risco de dano grave ou difícil reparação.

O Parecer apresentado conjuntamente com o substitutivo do Senado assim justificou as mudanças:

> O fim do "efeito suspensivo" dos recursos em geral – sobretudo o da apelação – foi retrabalhado como nova sistemática para a obtenção, caso a caso, do efeito suspensivo perante o órgão julgador. A medida, a um só tempo, quer enfatizar a necessidade de efetividade imediata das decisões recorridas e também viabilizar um acesso imediato e sem maiores formalismos à instância revisora que determinará, consoante determinados pressupostos objetivamente constatáveis, a suspensão dos efeitos da decisão recorrida.

2.5.1. Efeito suspensivo ativo

O efeito suspensivo, como referido, suspende a eficácia da decisão recorrida, evitando-se assim, prejuízos que adviriam com o seu cumprimento imediato.

---

[370] ASSIS, Araken de. *Manual dos recursos*. São Paulo: Revista dos Tribunais, 2007, p. 241.

[371] NERY JUNIOR, Nelson. *Teoria geral dos recursos*. 6.ed. São Paulo: Revista dos Tribunais, 2004, p. 456.

[372] WAMBIER, Teresa Arruda Alvim. *Os agravos no CPC brasileiro*. 4.ed. São Paulo: Revista dos Tribunais, 2005, p. 352-3.

[373] Art. 949. Os recursos, salvo disposição legal em sentido diverso, não impedem a eficácia da decisão. § 1º A eficácia da decisão poderá ser suspensa pelo relator se demonstrada a probabilidade de provimento do recurso, ou, sendo relevante a fundamentação, houver risco de dano grave ou difícil reparação, observado o art. 968. § 2º O pedido de efeito suspensivo do recurso será dirigido ao tribunal, em petição autônoma, que terá prioridade na distribuição e tornará prevento o relator. § 3º Quando se tratar de pedido de efeito suspensivo a recurso de apelação, o protocolo da petição a que se refere o § 2º impede a eficácia da sentença até que seja apreciado pelo relator. § 4º É irrecorrível a decisão do relator que conceder o efeito suspensivo.

[374] Sobre a competência do relator para outorga do efeito suspensivo ao recurso, ver: MARINONI, Luiz Guilherme; MITIDIERO, Daniel. *O Projeto do CPC: Críticas e Propostas*. São Paulo: Revista dos Tribunais, 2010, p. 179.

Há hipóteses, entretanto, em que a decisão recorrida possui conteúdo negativo, como nas situações, por exemplo, de indeferimento de antecipação de tutela; de produção de provas; etc. Nestes casos, se pode postular o que a doutrina e jurisprudência designam de *efeito suspensivo ativo*.

Para Nelson Luiz Pinto, o "'efeito ativo' ou 'efeito suspensivo ativo', nada mais é do que uma liminar de antecipação dos efeitos da tutela recursal objetivada pela parte recorrente, que pode, inclusive, ser também fundamentada no art. 273, I, do CPC".[375]

Sandro Marcelo Kozikoski ressalva que, com as alterações da Lei 10.352/2001, restou pacificado o cabimento de tal providência, face as disposições do art. 527, III, do CPC, que explicita que distribuído o agravo de instrumento no tribunal, pode o relator "atribuir efeito suspensivo ao recurso (art. 558), ou deferir, em antecipação de tutela, total ou parcialmente, a pretensão recursal, comunicando ao juiz sua decisão". Critica desta forma o autor a utilização, pós reforma, do termo efeito suspensivo ativo, que não mais caberia face a disposição expressa da possibilidade de deferimento da pretensão recursal via antecipação de tutela.

2.5.2. Extensão do efeito suspensivo

O efeito suspensivo tem a mesma extensão do efeito devolutivo,[376] ou seja, se há recurso acerca de toda a decisão, a suspensividade é total. Havendo recurso parcial, a parte não recorrida produz seus efeitos de imediato. Isso se dá no caso de conteúdos autônomos.

Exemplifica-se: havendo condenação a título de danos materiais e danos morais, e cingindo-se o recurso a apenas ao dano moral, passível de execução o capítulo do dano material.

Já não se opera desta maneira em sendo caso de cumulação sucessiva, onde os pedidos mantêm entre si caráter de dependência. Cita-se como exemplo uma ação de investigação de paternidade cumulada com petição de herança. Proferida sentença julgando procedente ambos os pedidos e apelando-se apenas da investigação, a suspensão estende-se ao pedido sucessivo, eis que havendo reforma, a improcedência da paternidade implica a improcedência do pedido de petição de herança.[377]

Na esteira da extensão do efeito suspensivo acompanhar a devolução, ressalta-se a questão da existência de litisconsórcio. Havendo recurso de apenas um litisconsorte, pode prosseguir-se com a execução em face do outro?

---

[375] PINTO, Nelson Luiz. *Manual dos recursos cíveis*. 2.ed. São Paulo: Malheiros, 2000, p. 34.

[376] ASSIS, Araken de. *Manual dos recursos*. São Paulo: Revista dos Tribunais, 2007, p. 241.

[377] Saliente-se que (muito embora neste exemplo sem repercussão no efeito suspensivo) a recíproca não é verdadeira: se há recurso apenas acerca da petição de herança, não há devolução ao tribunal (por força da extensão do efeito devolutivo) da questão da paternidade, não podendo o tribunal alterar a sentença neste aspecto.

A resposta segue a orientação depreendida do estudo da extensão subjetiva do efeito devolutivo (efeito expansivo subjetivo). Segue-se a orientação do art. 509: em sendo litisconsórcio unitário, o recurso interposto por um dos litisconsortes, favorece a todos; em sendo simples, mas com defesas comuns, o recurso interposto por um aproveitará aos demais.

Questão que se coloca é quando se trata de ações conexas.

Em caso de sentença que julga simultaneamente ações conexas (como por exemplo, ação cautelar e ordinária), havendo previsão de efeito suspensivo para uma e para a outra não. Uma vez interposto recurso, ainda que único, inegavelmente, há dois recursos, um suspensivo e o outro não. A posição do STJ é pacífica no sentido de que não há como agregar efeito suspensivo a ambas as causas. Faz-se necessária a cisão dos efeitos da apelação, circunscrevendo-se o efeito suspensivo à parte da sentença a que é próprio.[378]

2.5.3. Os recursos em espécie x suspensividade

Tendo-se afirmado que todos os recursos são dotados de efeito devolutivo, faz-se necessário analisar quais recursos possuem efeito suspensivo.

A apelação, que é o recurso cabível em face das sentenças, de acordo com a prescrição do art. 513 do CPC, é, via de regra, recebida no duplo efeito, devolutivo e suspensivo, salvo as exceções previstas no art. 520.

Outra exceção no Código de Processo Civil, onde a apelação não tem efeito suspensivo, é na sentença de interdição (art. 1184).[379]

Outros casos onde o duplo efeito não é a regra geral são verificados na legislação extravagante: sentença que concede ou denega o mandado de segurança (art. 14, § 3º, da Lei nº 12.016, de 7 de agosto de 2009);[380] sentenças proferidas em ações de despejo, consignação em pagamento de aluguel e acessório da locação, revisionais de aluguel e renovatórias de locação (art. 58, V, da Lei 8.245/1991);[381] sentença proferida em Ação Civil Pública (somente em caso de dano irreparável à parte.

---

[378] AGRAVO CONTRA A INADMISSÃO DE RECURSO ESPECIAL. DECISÃO MANTIDA. *A apelação interposta contra sentença que julga simultaneamente ações conexas terá os seus efeitos cindidos, cabendo apenas o efeito suspensivo no que circunscreve à ação na qual a lei permite tal benefício.* Subsistente o fundamento do decisório agravado, nega-se provimento ao agravo. (AgRg no REsp 707.365/SP, Rel. Ministro CESAR ASFOR ROCHA, QUARTA TURMA, julgado em 27/09/2005, DJ 13/02/2006 p. 823) (grifou-se)

[379] "Art. 1.184. A sentença de interdição produz efeito desde logo, embora sujeita a apelação. Será inscrita no Registro de Pessoas Naturais e publicada pela imprensa local e pelo órgão oficial por três vezes, com intervalo de 10 (dez) dias, constando o edital os nomes do interdito e do curador, a causa da interdição e os limites da curatela".

[380] "Art. 14. Da sentença, denegando ou concedendo o mandado, cabe apelação. § 3º A sentença que conceder o mandado de segurança pode ser executada provisoriamente, salvo nos casos em que for vedada a concessão da medida liminar".

[381] "Art. 58. Ressalvados os casos previstos no parágrafo único do art. 1º, nas ações de despejo, consignação em pagamento de aluguel e acessório da locação, revisionais de aluguel e renovatórias de locação, observar-se-á o seguinte: V – os recursos interpostos contra as sentenças terão efeito somente devolutivo".

OS EFEITOS DOS RECURSOS

– art. 14 da Lei 7.347/1985);[382] sentença que fixa o preço da indenização no processo de desapropriação, a apelação é recebida em ambos os efeitos, se interposta pelo expropriante, e apenas no efeito devolutivo de proposta pelo expropriado (art. 28, Decreto-Lei 3.365/1941);[383] sentença proferida nas ações discriminatórias das terras devolutas (art. 21 da Lei 6.383/1976);[384] e ainda nas sentenças nas ações de busca e apreensão de bens alienados fiduciariamente em garantia (art. 3º, § 5º, do Decreto-Lei 911/1969).[385]

O recurso inominado, cabível das sentenças proferidas nos Juizados Especiais Cíveis, tampouco é dotado de efeito suspensivo (art. 43 da Lei 9.099/1995).[386]

Não sendo atribuído efeito suspensivo, essas sentenças produzem efeito desde prolatadas, podendo ser executadas provisoriamente de acordo com as disposições do art. 475-O do CPC.

Pode, entrentanto, ser atribuído efeito suspensivo *ope judice* nos casos supraexposados, pelo relator do eventual recurso, de acordo com o art. 558 do CPC, caso a execução da decisão poder vir a causar lesão grave ou de difícil reparação.

O agravo de instrumento não possui efeito suspensivo. Tal negativa está expressa no art. 497, 2ª parte,[387] aduzindo Barbosa Moreira que esta disposição, se bem interpretada, não se refere unicamente ao "andamento do processo", mas sim "à eficácia da própria decisão agravada".[388] Tampouco têm efeito suspensivo os agravos nas modalidades retido e interno. Por óbvio, entretanto, podem vir a ter efeito suspensivo com base nas disposições do art. 558 do CPC.

O Recurso que enseja maior dissenso doutrinário é o de embargos de declaração.

Inquestionável é que os embargos de declaração interrompem o prazo para a interposição de outro recurso, por qualquer das partes (desde que tempestivos).[389]

---

[382] "Art. 14. O juiz poderá conferir efeito suspensivo aos recursos, para evitar dano irreparável à parte".

[383] "Art. 28. Da sentença que fixar o preço da indenização caberá apelação com efeito simplesmente devolutivo, quando interposta pelo expropriado, e com ambos os efeitos, quando o for pelo expropriante."

[384] "Art. 21. Da sentença proferida caberá apelação somente no efeito devolutivo, facultada a execução provisória".

[385] "Art. 3º. O Proprietário Fiduciário ou credor poderá requerer contra o devedor ou terceiro à busca e à apreensão do bem alienado fiduciariamente, a qual será concedida Iiminarmente, desde que comprovada a mora ou o inadimplemento do devedor. § 5º Da sentença cabe apelação apenas no efeito devolutivo".

[386] "Art. 43. O recurso terá somente efeito devolutivo, podendo o Juiz dar-lhe efeito suspensivo, para evitar dano irreparável para a parte".

[387] "...a interposição do agravo de instrumento não obsta o andamento do processo, ressalvado o disposto no art. 558 desta Lei".

[388] MOREIRA, José Carlos Barbosa. *Comentários ao código de processo civil: lei nº 5.869, de 11 de janeiro de 1973.* 12.ed. Rio de Janeiro: Forense, 2005, p. 498.

[389] RECURSO ESPECIAL. PROCESSUAL PENAL. INTIMAÇÃO PESSOAL. PRERROGATIVA DO ÓRGÃO MINISTERIAL. INTEMPESTIVIDADE DOS ACLARATÓRIOS OPOSTOS PELO *PARQUET.* EFEITO INTERRUPTIVO. NÃO-OCORRÊNCIA. 1. Com o julgamento do HC 83.255/SP pelo Supremo Tribunal Federal, firmou-se entendimento que o início do prazo para a interposição do recurso pelo Ministério Público deve ser contado da entrada dos autos na instituição ministerial ou de sua intimação por mandado. *2. Os embargos de declaração manifestamente intempestivos não interrompem o prazo para interposição de outro recurso.* 3. Recur-

É o chamado efeito interruptivo e que está devidamente previsto no art. 538 do CPC.[390]

Parafraseando Teresa Arruda Alvim Wambier, é de se salientar que o efeito interruptivo para a interposição de outros recursos nenhuma relação possui com o efeito suspensivo nos embargos de declaração, já que este diz respeito com a eficácia da decisão embargada, enquanto aquele, com o prazo para interposição de outros recursos.[391]

A autora sustenta ainda que, se o recurso principal não tem efeito suspensivo, os embargos declaratórios interpostos também não possuem efeito suspensivo. Para Teresa Arruda Alvim Wambier, é necessário requerimento para tal (suspensão provocada). Justifica:

> Se os embargos de declaração tivessem o condão de obstar a eficácia da decisão só pelo fato de serem cabíveis, já que toda decisão é, em tese, embargável de declaração, não haveria decisões imediatamente eficazes! Os efeitos das decisões só se produziriam depois de escoado o prazo dentro do qual os embargos poderiam ser interpostos.[392]

Compartilha desta posição Flávio Cheim Jorge: "a aferição quanto ao efeito suspensivo deve ser feita não em relação aos embargos, mas sim quanto ao recurso previsto pelo Código para atacar a decisão possivelmente embargada".[393]

Barbosa Moreira, em sentido contrário, sustenta que os embargos declaratórios possuem efeito suspensivo: "Como os recursos em geral, salvo exceção expressa, os embargos de declaração mantêm em suspenso a eficácia da decisão recorrida".[394] Em conformidade com a suspensividade dos embargos de declaração, encontram-se Nelson Nery Júnior[395] e Araken de Assis.[396]

Os embargos infringentes, no silêncio da lei, suspendem a eficácia da decisão recorrida, desde que o recurso de apelação, cujo julgamento não foi unânime, também tenha tido efeito suspensivo. Se a apelação já não possuía efeito suspensivo, por suposto, os embargos infringentes, também não o terão.[397]

---

so especial não conhecido. (REsp 623.405/PE, Rel. Ministra LAURITA VAZ, QUINTA TURMA, julgado em 15/09/2009, DJe 05/10/2009) (grifou-se)

[390] "Art. 538 – Os embargos de declaração interrompem o prazo para a interposição de outros recursos, por qualquer das partes".

[391] "É importante, antes de tudo, que se saliente, ainda que se correndo o risco de dizer o óbvio, que o efeito de interromper os prazos para a interposição dos demais recursos nada tem a ver com a problemática consistente em saber se os embargos de declaração impedem a decisão impugnada de produzir efeitos". In: *Omissão judicial e embargos de declaração*. São Paulo: Revista dos Tribunais, 2005, p. 81.

[392] WAMBIER, Teresa Arruda Alvim. *Omissão judicial e embargos de declaração*. São Paulo: Revista dos Tribunais, 2005, p. 82.

[393] JORGE, Flávio Cheim. *Teoria geral dos recursos cíveis*. 3.ed. São Paulo: Revista dos Tribunais, 2007, p. 263.

[394] MOREIRA, José Carlos Barbosa. *Comentários ao código de processo civil*: Lei nº 5.869, de 11 de janeiro de 1973. 12.ed. Rio de Janeiro: Forense, 2005, p. 563.

[395] NERY JUNIOR, Nelson. *Teoria geral dos recursos*. 6.ed. São Paulo: Revista dos Tribunais, 2004, p. 448.

[396] ASSIS, Araken de. *Manual dos Recursos*. São Paulo: Revista dos Tribunais, 2007, p. 242.

[397] Com o Projeto do Novo CPC os Embargos Infringentes deixam de fazer parte do rol dos recursos, vide art. 948 do PLS 166/2010.

O recurso ordinário, previsto nos arts. 102, II, e 105, II, da Constituição Federal, seguindo-se a posição de que, no silêncio da lei, admite-se que o possui,[398] é dotado de efeito suspensivo. De acordo com a remissão feita no art. 540,[399] o recurso ordinário terá os mesmos efeitos que tem a apelação no caso em apreço.

O recurso especial e o recurso extraodinário não possuem efeito suspensivo. É o que se depreende da leitura do art. 497, 1ª parte,[400] e art. 542, § 2º, do CPC.[401]

Os embargos de divergência (art. 546 do CPC), cabíveis em recursos especiais e extraordinários, por não terem esses efeito suspensivo, tampouco o têm. O Regimento Interno do STJ dispõe de forma clara, em seu art. 266, § 2º: "Os embargos serão juntados aos autos independentemente de despacho e não terão efeito suspensivo".[402]

2.5.4. Meios para obtenção de efeito suspensivo

Com efeito, é irrecorrível a decisão do Relator que defere ou indefere pedido de efeito suspensivo em sede de agravo de instrumento. Aliás, a irrecorribilidade de tal provimento jurisdicional encontra-se expressa no art. 527,[403] parágrafo único, do CPC.[404]

---

[398] "Convém acrescentar que, no sistema jurídico pátrio, a regra é a de terem os recursos efeito suspensivo, no sentido exposto, entendendo-se que ele só não ocorre quando alguma norma especial o exclua". In: MOREIRA, José Carlos Barbosa. *Comentários ao código de processo civil: lei nº 5.869, de 11 de janeiro de 1973.* 12.ed. Rio de Janeiro: Forense, 2005, p. 259.

[399] "Art. 540 – Aos recursos mencionados no artigo anterior aplica-se quanto aos requisitos de admissibilidade e ao procedimento no juízo de origem, o disposto nos Capítulos II e III deste Título, observando-se, no Supremo Tribunal Federal e no Superior Tribunal de Justiça, o disposto nos seus regimentos internos".

[400] "Art. 497 – O recurso extraordinário e o recurso especial não impedem a execução da sentença...".

[401] "§ 2º – Os recursos extraordinário e especial serão recebidos no efeito devolutivo".

[402] Regimento Interno do STJ. Disponível em: <http://www.stj.gov.br/portal_stj/publicacao/ download. wsp?tmp.arquivo=84>. Acesso em: 9 out. 2009.

[403] "Art. 527. Recebido o agravo de instrumento no tribunal, e distribuído *incontinenti*, o relator: (Redação dada pela Lei nº 10.352, de 26.12.2001) (...) III – poderá atribuir efeito suspensivo ao recurso (art. 558), ou deferir, em antecipação de tutela, total ou parcialmente, a pretensão recursal, comunicando ao juiz sua decisão; (Redação dada pela Lei nº 10.352, de 26.12.2001) (...) Parágrafo único. A decisão liminar, proferida nos casos dos incisos II e III do caput deste artigo, somente é passível de reforma no momento do julgamento do agravo, salvo se o próprio relator a reconsiderar. (Redação dada pela Lei nº 11.187, de 2005)"

[404] Nesse sentido, a Conclusão nº 6 do Centro de Estudos do Tribunal de Justiça do Estado do Rio Grande do Sul: "Não cabe agravo regimental ou agravo interno da decisão do Relator que nega ou concede efeito suspensivo ao agravo de instrumento, bem como daquela em que o Relator decide a respeito de antecipação de tutela ou tutela cautelar". Justificativa: "Em relação ao texto originário, a proposição é mais explícita, pois alude, simultaneamente, aos casos de o Relator conceder ou negar efeito suspensivo ao agravo de instrumento, nos termos do art. 558. A locução 'agravo-lei' não é aquela adotada pelo STJ para designar o recurso previsto no art. 557, parágrafo único, que a lei chama, simplesmente, de 'agravo'. Preferiu 'agravo interno'. A sugestão é que se adote esta última terminologia para não deixar dúvidas e buscar uniformização terminológica. Quanto ao cabimento de recurso contra as decisões que decidem a respeito de antecipação de tutela ou medida cautelar, em Mandado de Segurança, não parece haver dúvidas, até que se promovam alterações legislativas. É que a Lei nº 1.533/51, de natureza especial, anterior ao Código, a natureza geral, não contemplava, em primeiro ou segundo grau, recurso contra liminar – irrecorríveis ao tempo do CPC de 1939 –, e a lei geral posterior não revoga a anterior. De resto, o art. 1.217 do CPC só manteve os recursos previstos nas leis especiais e até que seja publicada a lei que os adaptará ao sistema deste

Daí exsurge a discussão acerca da possibilidade de impetração de mandado de segurança visando à obtenção de efeito suspensivo a recurso que não o tem.

Teresa Arruda Alvim Wambier sustenta o cabimento de mandado de segurança em face da decisão do relator que concede ou não efeito suspensivo a agravo de instrumento, bem como da decisão acerca da concessão ou não de antecipação de efeitos da tutela recursal, calcando seu posicionamento no art. 5°, II, da Lei 1.533/1951 (repetido no mesmo art. 5°, II, da atual Lei 12.016/2009), e também no art. 5°, inc. LXIX, da Constituição Federal.

Enfatiza: "...o ato por meio do qual o relator concede (ou não concede) efeito suspensivo ao agravo (ou à apelação), além de ser, de fato, decisão interlocutória, pode causar sérios prejuízos às partes e não tem, com querem alguns, natureza discricionária".[405]

Flávio Cheim Jorge, divergindo totalmente sobre o cabimento de mandado de segurança com o fito de atribuição de efeito suspensivo a recurso desprovido do mesmo, ressalta o deturpamento da utilização do instituto, que não possui característica acessória ou instrumental, e também porque não há violação ao direito líquido e certo do recorrente à obtenção do efeito suspensivo. Delineia sua posição: "De fato, quem tem direito líquido e certo, à produção de efeitos da decisão atacada é a parte recorrida, portanto, contrária ao impetrante".[406]

José Maria Rosa Tesheiner também critica o uso do mandado de segurança como instrumento para a atribuição de efeito suspensivo: "Essa construção, vitoriosa na jurisprudência, não deve ser vista senão como um andaime, que foi necessário, no passado, para abrir as portas para o mandado de segurança contra ato jurisdicional".[407]

Entende-se que a medida cautelar inominada mostra-se cabível para se obstar a eficácia imediata da decisão recorrida. Nelson Nery Júnior ressalva que, por falta

---

Código. As leis posteriores nada previram acerca da recorribilidade da liminar no Mandado de Segurança. Mais difícil, no entanto, decidir sobre a recorribilidade das decisões interlocutórias que decidam a respeito de antecipação de tutela ou medida cautelar em ações de competência originária deste Tribunal. Em primeiro grau, não há dúvida que, pelo sistema do código, são atos recorríveis. No entanto, quando tais ações tramitam em segundo grau surge o seguinte problema: é possível ao regimento interno do Tribunal prever recurso? Como é notório, só existe o recurso previsto em lei formal (princípio da taxatividade); porém não há qualquer previsão legislativa para ações de competência originária. Quanto à Ação Rescisória, que o Código regulou para tramitar em segundo grau – expressivas as menções a 'Relator' no art. 491 e a 'Tribuna' no art. 494 –, sempre se poderá alegar que o legislador anteviu esta possibilidade. Quanto às cautelares autônomas, todavia, nada há de similar. Talvez a solução do problema, vez que os regimentos internos não constituem lei formal, consista na utilização da competência supletiva do art. 24, XI, da CF/88, legislando a Assembleia sobre o 'procedimento' de tais ações no segundo grau.

Até lá, pelas razões expostas, parece correta a irrecorribilidade daquelas decisões do Relator. No fundo, o Agravo Regimental só cabe quando previsto em lei (v.g., da decisão do Presidente que suspende liminar em Mandado de Segurança, a teor do art. 4°, *in fine*, da Lei 4.348/64) e em matérias administrativas".

[405] WAMBIER, Teresa Arruda Alvim. *Os agravos no CPC brasileiro*. 4.ed. São Paulo: Revista dos Tribunais, 2005, p. 361-2.

[406] JORGE, Flávio Cheim. *Teoria geral dos recursos cíveis*. 3.ed. São Paulo: Revista dos Tribunais, 2007, p. 279.

[407] TESHEINER, José Maria Rosa. *Mandado de segurança contra ato jurisdicional*. Disponível em: <http://www.tex.pro.br/wwwroot/artigosproftesheiner/mscontra.htm>. Acesso em: 10 out. 2009.

de técnica, as partes postulam via ação cautelar a atribuição de efeito suspensivo a recurso que não tem, quando na verdade, pretende-se sustar os efeitos da decisão judicial recorrível.[408]

A ação cautelar será pertinente em se tratando de apelação, recurso especial[409] e recurso extraordinário.[410] Não é pertinente, no caso de agravo, eis que se pode postular diretamente ao relator a concessão do efeito suspensivo.

No caso da apelação, somente é plausível a ação cautelar enquanto a aquela não tiver sido distribuída, eis que, já estando com o relator, não mais se cogita da cautelar, cabendo neste caso pedido de concessão efeito suspensivo, que pode ser feito através de petição simples nos autos do próprio recurso.

Teresa Arruda Alvim Wambier salienta que: "Não há previsão expressa a respeito do tipo de providência que cabe à parte neste intervalo de tempo que há entre o momento da interposição do recurso e o momento em que este chega às mãos do relator para conseguir este efeito suspensivo".[411] E menciona ainda: "Em casos assim, presente o *periculum in mora*, deve ficar aberta à parte a possibilidade de ajui-

---

[408] "O que se observa da casuística da jurisprudência de nossos tribunais é que as partes vão a juízo com a pretensão de sustar os efeitos da decisão judicial recorrível, mas o fazem de forma atécnica, requerendo seja dado efeito suspensivo ao recurso que legalmente não o tem, fazendo-o por meio do mandado de segurança ou da ação cautelar". In: NERY JÚNIOR, Nelson. *Teoria geral dos recursos*. 6.ed. São Paulo: Revista dos Tribunais, 2004, p. 473.

[409] PROCESSUAL CIVIL E TRIBUTÁRIO. MEDIDA CAUTELAR. ATRIBUIÇÃO DE EFEITO SUSPENSIVO A RECURSO ESPECIAL. ISS. ARRENDAMENTO MERCANTIL. LEI 10.819/2003. LEVANTAMENTO PELO MUNICÍPIO DE 70% DO VALOR DO DEPÓSITO JUDICIAL. MATÉRIA CONSTITUCIONAL. ESCASSA PROBABILIDADE DE ÊXITO DO RECURSO ESPECIAL. NÃO CONHECIMENTO. 1. *O Superior Tribunal de Justiça possui entendimento no sentido de ser admissível, excepcionalmente, medida cautelar com o fim de emprestar efeito suspensivo a recurso especial interposto na origem.* A concessão dessa medida cautelar pressupõe a coexistência do *fumus boni iuris* e do *periculum in mora* (ou juízo de verossimilhança e perigo de dano irreparável ou de difícil reparação). *Nesses casos, em que se intenta emprestar efeito suspensivo a recurso que não o possui, é necessário mais que um mero juízo de verossimilhança, mas também a comprovação de que o apelo manifestado tem forte probabilidade de êxito.* Isso porque milita contra o requerente a presunção de que legítimo foi o acórdão proferido pelo Tribunal *a quo*, tendo em vista a sua cognição, que ultrapassa a superficialidade do juízo provisório... 4. Agravo regimental não provido. (AgRg na MC 15.760/RS, Rel. Ministro MAURO CAMPBELL MARQUES, SEGUNDA TURMA, julgado em 22/09/2009, DJe 02/10/2009) (grifou-se)

[410] AGRAVO REGIMENTAL. AÇÃO CAUTELAR. RECURSO EXTRAORDINÁRIO. PROCESSO CIVIL. *ADMISSIBILIDADE DE MEDIDAS CAUTELARES PARA A CONCESSÃO DE EFEITO SUSPENSIVO AO RECURSO EXTRAORDINÁRIO APÓS A EC 45/04.* COMPETÊNCIA DO SUPREMO TRIBUNAL FEDERAL SOMENTE QUANDO OS AUTOS ESTIVEREM FISICAMENTE NESTA CORTE. PRECEDENTE. AGRAVO IMPROVIDO. 1. *A concessão de efeito suspensivo a recurso extraordinário é medida de caráter excepcional, sob pena de tornar inócua a determinação veiculada pelo § 2º do art. 542 do CPC. 2. A competência do Supremo Tribunal Federal para a concessão de efeito suspensivo a recurso extraordinário em medidas cautelares restringe-se aos casos urgentes em que o recurso, devidamente admitido, encontrar-se fisicamente nesta Corte, ainda que sobrestado. 3. "Compete ao tribunal de origem apreciar ações cautelares, ainda que o recurso extraordinário já tenha obtido o primeiro juízo positivo de admissibilidade, quando o apelo extremo estiver sobrestado em face do reconhecimento da existência de repercussão geral da matéria constitucional nele tratada."* [QO-MC-AC n. 2.177, Relatora a Ministra ELLEN GRACIE, DJe de 20.2.09]. 4. *Na hipótese dos autos, o recurso extraordinário da requerente, embora admitido na origem, encontra-se no Superior Tribunal de Justiça. Aquela Corte, enquanto pendente de apreciação o recurso especial, é competente para o exame de medidas cautelares que visem à suspensão dos efeitos do acórdão recorrido.* 5. Agravo regimental a que se nega provimento. (AC 2206 AgR, Relator(a): Min. EROS GRAU, Segunda Turma, julgado em 04/08/2009, DJe-181 DIVULG 24-09-2009 PUBLIC 25-09-2009 EMENT VOL-02375-01 P. 16) (grifou-se)

[411] WAMBIER, Teresa Arruda Alvim. *Os agravos no CPC brasileiro*. 4.ed. São Paulo: Revista dos Tribunais, 2005, p. 393.

zar medida cautelar. Solução diversa, que pudesse criar embaraço intransponível à parte, se afiguraria inconstitucional".[412]

Outro meio para obtenção do efeito suspensivo é o agravo de instrumento.

Cabe agravo da decisão que admite a apelação sem efeito suspensivo, ou seja, é recebida apenas no efeito devolutivo. Neste sentido já se posicionou o STJ.[413]

Situação que se mostra peculiar é a de juiz já na própria sentença determinar que a mesma passa a produzir efeitos desde a publicação, eis que sabido que o agravo tem cabimento em face de decisões interlocutórias (vide art. 522 do CPC).

Solução que se apresenta razoável é a de se interpor apelação, e, na sequência, com base no parágrafo único do art. 800 do CPC, ajuizar-se ação cautelar inominada diretamente no tribunal postulando a cessação da eficácia dos efeitos da sentença apelada.[414]

Consorcia-se à manifestação de Araken de Assis que conclui no seguinte sentido, ressaltando apenas que a modalidade mais simples é a ação cautelar: "Forçoso convir, a despeito das objeções, a existência de direito subjetivo do apelante no art. 558, parágrafo único, preenchida as respectivas condições. Por tal motivo, todos esses mecanismos hão de ser tolerados. Todas as restrições e objeções ficam superadas para atender à finalidade da regra".

Teresa Arruda Alvim Wambier corrobora: "qualquer que seja o meio de que se valha a parte para pleitear tal efeito, estando presentes os pressupostos para que deva ser concedido, deve sê-lo, não podendo ser esta concessão obstada porque o meio estaria incorreto, já que a lei nada dispõe a respeito".[415]

2.6. EFEITO SUBSTITUTIVO

O efeito substitutivo faz com a decisão do juízo *ad quem* substitua a decisão recorrida, e está insculpido em nosso sistema no art. 512 do CPC, que determina que "O julgamento proferido pelo tribunal substituirá a sentença ou a decisão recorrida no que tiver sido objeto de recurso".[416]

---

[412] WAMBIER, Teresa Arruda Alvim. *op. cit.*, p. 397.

[413] AGRAVO REGIMENTAL. APELAÇÃO SEM EFEITO SUSPENSIVO. MEDIDA CAUTELAR. INCABÍVEL. HONORÁRIOS. 1. *Não cabe ação cautelar visando a emprestar efeito suspensivo a apelação que não o tem. Adequada, no sistema do Código de Processo Civil, é a interposição de agravo de instrumento contra a decisão do Juiz que declara os efeitos em que recebe o apelo.* 2. Ajuizada ação manifestamente incabível e citado o réu, a sentença que declara a extinção do processo deve condenar o autor no pagamento de honorários. (AgRg no REsp 845.877/RO, Rel. Ministro HUMBERTO GOMES DE BARROS, TERCEIRA TURMA, julgado em 12/02/2008, DJe 03/03/2008) (grifou-se)

[414] JORGE, Flávio Cheim. *Teoria geral dos recursos cíveis.* 3.ed. São Paulo: Revista dos Tribunais, 2007, p. 282.

[415] WAMBIER, Teresa Arruda Alvim. *Os agravos no CPC brasileiro.* 4.ed. São Paulo: Revista dos Tribunais, 2005, p. 397.

[416] O Projeto do Novo CPC repete a disposição do art. 512 do CPC, no art. 962, tendo alterado o termo decisão, por decisão interlocutória. Equivocado o novo texto legislativo, eis que o termo anterior, decisão no sentido lato, referia-se também a acórdãos, que da mesma forma podem sofrer efeito substitutivo.

O fundamento para a substituição se situa na impossibilidade da existência de dois provimentos versando acerca da mesma matéria no mesmo processo (se já não é cabível em caso de provimentos com teor coincidente, quiçá fossem os mesmos em sentido diametralmente opostos)!

Na definição de Araken de Assis, é "a eliminação retroativa do ato objeto do recurso e a colocação, em seu lugar, de ato emanado do órgão *ad quem*",[417] posto não ser possível a existência no processo de dois atos decisórios regulando a mesma situação jurídica, ainda que a decisão seja de mesmo contéudo da primeira.

Neste ponto, explicita Fazzalari, ao referir-se ao efeito substitutivo no direito italiano: "Il giudice d'apello emana una nova sentenza, che prende il posto di quella di primo grado ('efetto sostitutivo' dell'apello): ciò anche se ritiene infondati i motivi di apello e, pertanto, emette una sentenza dello stesso contenuto della prima (c.d. conferma)".[418]

O efeito substitutivo se opera somente no caso de apreciação do mérito do recurso. Ora, em não sendo o recurso admitido, por ausência de qualquer um de seus requisitos, não há análise de mérito, e, por consequência, não há substituição da decisão recorrida.

Esta posição é assente na doutrina.

Para Araken de Assis "O ato que não conheceu do recurso nada acrescenta ao conteúdo do ato impugnado".[419] Barbosa Moreira observa:

> É claro que não se pode estar aludindo senão às hipóteses em que o tribunal conhece do recurso, lhe aprecia o mérito. Nas outras, seria absurdo cogitar-se de substituição: não se chegou sequer a analisar, sob qualquer aspecto, a matéria que, no julgamento de grau inferior, constituíra objeto da impugnação do recorrente.[420]

Nelson Nery Júnior respalda este entendimento: "somente se poderá cogitar de efeito substitutivo do recurso quando este for conhecido e julgado no mérito, pois, do contrário, não terá havido pronunciamento da instância recursal sobre o acerto ou desacerto da decisão recorrida".[421]

Esse entendimento traz consequências práticas diretas no que tange à ação rescisória, conquanto a decisão a ser rescindida seja a proferida pelo órgão da instância inferior,[422] pela qual deve ser definido o juízo competente para o ajuizamento da ação.

---

[417] ASSIS, Araken de. *Manual dos recursos*. São Paulo: Revista dos Tribunais, 2007, p. 254.

[418] FAZZALARI, Elio. *La giustizia civile nei paesi comunitari*. Padova: CEDAM, 1996. v. 2, p. 89.

[419] ASSIS, Araken de. *Manual dos recursos*. São Paulo: Revista dos Tribunais, 2007, p. 252.

[420] MOREIRA, José Carlos Barbosa. *Comentários ao código de processo civil: lei n° 5.869, de 11 de janeiro de 1973*. 12.ed. Rio de Janeiro: Forense, 2005, p. 397.

[421] NERY JÚNIOR, Nelson. *Teoria geral dos recursos*. 6.ed. São Paulo: Revista dos Tribunais, 2004, p. 488.

[422] RECURSO ESPECIAL. DIREITO PROCESSUAL CIVIL. AÇÃO RESCISÓRIA AJUIZADA EM FACE DE ACÓRDÃO QUE NÃO CONHECEU DO RECURSO DE APELAÇÃO POR INTEMPESTIVIDADE. AUSÊNCIA DE JULGAMENTO DE MÉRITO. INADMISSIBILIDADE DA VIA ELEITA. RECURSO ESPECIAL PARCIALMENTE CONHECIDO E, NA EXTENSÃO, PROVIDO. 1. Não é cabível ação rescisória

Havendo juízo positivo de admissibilidade, passando-se ao exame do mérito recursal surge um ponto a ser apreciado, que é o da ocorrência ou não da substituição nos casos de *error in iudicando* quanto no *error in procedendo*.

O *error in procedendo* evidencia um erro da atividade jurisdicional e traz como consequência, em se acolhendo a alegação de vício, a decretação de nulidade do *decisum* recorrido. Nesta hipótese há remessa dos autos ao juízo competente para que outra decisão seja prolatada, não ocorrendo assim substituição.[423]

Guasp refere que o critério geral é que a decisão de segunda instância substitui formalmente a primeira, todavia, quando se desfaz a sentença por razões não de fundo, como no caso de nulidade, o sistema prevê a reabertura da primeira instância para originar nova decisão.[424]

Em não havendo reconhecimento da existência de *error in procedendo*, situação em que o recurso terá seu provimento negado, aí sim há a ocorrência do efeito substitutivo nos termos do art. 512.[425]

No caso de *error in judicando*, há reapreciação do mérito da ação e operar-se-á o efeito substitutivo tanto no caso de improvimento quanto provimento deste recurso. Ainda que a decisão proferida seja no sentido de negar provimento ao recurso há substituição da decisão recorrida.

Enrique Tarigo ilustra o tema:

> Confirmatorio o revocatorio, el fallo de segunda instancia constituye una unidad con el de primera instancia. Los efectos del de segunda acogiendo o rechazando la demanda, preva-

---

de acórdão que não conheceu de apelação por intempestividade. 2. Somente os acórdãos que enfrentam o mérito da questão são sujeitos à rescisão, na forma do art. 485, caput, do CPC. *Nesse caso, o pronunciamento do órgão ad quem substitui a sentença contra a qual foi manejado o recurso. Porém, tal não ocorre quando o tribunal competente para o julgamento do apelo, dele não conhece. Nesse caso, não havendo substituição da sentença hostilizada, somente essa poderá dar ensejo ao ajuizamento de ação rescisória, mas não o acórdão.* 3. Ademais, o prolongamento por tempo indeterminado de litígios judicializados, ainda que, no âmbito de relação processual diversa da original, é incompatível com o direito à duração razoável do processo, intimamente ligado à idéia de proteção judicial efetiva. 4. Recurso especial parcialmente conhecido e, na extensão, provido. (REsp 474.022/RS, Rel. Ministro LUIS FELIPE SALOMÃO, QUARTA TURMA, julgado em 28/04/2009, DJe 11/05/2009)

AGRAVO REGIMENTAL. AÇÃO RESCISÓRIA. PEDIDO DE TUTELA ANTECIPADA. ART. 485, INCISO V, IX DO CPC. ACÓRDÃO DO STJ QUE NÃO APRECIA MÉRITO DA DEMANDA, APENAS A ADMISSIBILIDADE DO RECURSO ESPECIAL. INCOMPETÊNCIA DO STJ. EXTINÇÃO DO FEITO SEM RESOLUÇÃO DE MÉRITO. ARQUIVAMENTO DOS AUTOS. AGRAVO REGIMENTAL A QUE SE NEGA PROVIMENTO. 1. Compete ao Superior Tribunal de Justiça julgar tão somente as ações rescisórias de seus próprios julgados, não sendo esta a hipótese em apreço. 2. *Os recursos, quando não conhecidos, deixam de produzir o efeito substitutivo, de modo que o decisum apropriado a ser rescindido é aquele proferido pelo órgão da instância inferior.* 3. No presente caso, ainda que a ementa do acórdão tido por rescindendo, tenha abrangido a tese relativa à GDAFA, negou seguimento ao recurso especial sob o óbice da Súmula 211/STJ, razão pela qual não se mostra acórdão de mérito. 4. Agravo regimental a que se nega provimento. (AgRg na AR 4.295/DF, Rel. Ministro CELSO LIMONGI (DESEMBARGADOR CONVOCADO DO TJ/SP), TERCEIRA SEÇÃO, julgado em 26/08/2009, DJe 03/09/2009) (grifou-se)

[423] É de referir aqui a situação específica do § 3º do art. 515, hipótese em que, ainda que haja reconhecimento de *error in procedendo*, pode o tribunal passar a análise do mérito da causa, sendo que este tema é objeto de apreciação em item próprio.

[424] GUASP, Jaime. *Derecho procesal civil.* Tomo 2. 4.ed. Madrid: Civitas, 1998, p. 647.

[425] ALVIM, Eduardo Arruda. *Direito processual civil.* 2.ed. São Paulo: Revista dos Tribunais, 2008, p. 783 e 789.

lecen sobre los efectos del de primera; pero no pueden prevalecer sin el fallo de primera, del cual son una continuación necesaria y el cual es un antecedente también necesario.[426]

A substituição pode ser total ou se dar de forma parcial. Em havendo substituição parcial, a sentença de primeiro grau e o acórdão se reúnem e formam conjuntamente uma nova decisão final, de modo que cada um representa parcela do todo.[427]

É plausível ainda, a substituição sucessiva, que pode ocorrer quando o acórdão do tribunal substitui a sentença recorrida, mas, por sua vez, o acórdão é reformado via recurso especial, ou ainda, no exemplo de uma sentença cuja apelação é provida por maioria e, na sequência, julgam-se os embargos infringentes entendendo que a posição da sentença original é que deve ser adotada (o que comumente é chamado de sentença "restaurada").[428] Barbosa Moreira critica o termo eis que "tal linguagem é atécnica: a decisão anteriormente substituída não ressuscita com a reforma da que a reformara".[429]

Muito embora o art. 512 do CPC mencione "o julgamento proferido pelo tribunal...", o efeito substitutivo pode se dar em quaisquer recursos taxados no art. 496.[430]

2.7. OUTROS EFEITOS

2.7.1. Efeito regressivo

Bruno de Mendonça Lima, cujos ensinamentos foram seguidos por Alcides de Mendonça Lima, foi um dos primeiros processualistas a classificar, paralelamente, ao devolutivo e ao suspensivo, os efeitos regressivo e diferido.[431]

---

[426] TARIGO, Enrique E. *Lecciones de derecho procesal civil según el nuevo código.* v. 2. 4.ed.. Montevideo: Fundación de Cultura Universitária, 2007, p. 255.

[427] Neste sentido manifestou-se o STJ: AGRAVO REGIMENTAL NO AGRAVO DE INSTRUMENTO. PROCESSUAL CIVIL. APELO QUE NÃO ATACA TODOS OS FUNDAMENTOS DA SENTENÇA. ACÓRDÃO RECORRIDO QUE NEGA PROVIMENTO AO RECURSO. EFEITO SUBSTITUTIVO PARCIAL. MATÉRIA NÃO IMPUGNADA. PRECLUSÃO. IMPOSSIBILIDADE DE DISCUSSÃO EM SEDE DE AGRAVO REGIMENTAL. RECURSO IMPROVIDO. 1. O julgamento proferido pelo órgão *ad quem* necessariamente substitui a decisão recorrida, nos limites da impugnação, ou seja, nos limites em que dela conheceu o tribunal. 2. Havendo substituição parcial, a sentença de primeiro grau e o acórdão reunir-se-ão para formar, em conjunto, a decisão final, de modo que cada um representará parcela do todo. 3. Ocorre preclusão quando questão veiculada na sentença não foi impugnada pela apelação. 4. Agravo regimental improvido. (AgRg no AgRg no Ag 633.231/PI, Rel. Ministra MARIA THEREZA DE ASSIS MOURA, SEXTA TURMA, julgado em 02/06/2009, DJe 22/06/2009)

[428] ASSIS, Araken de. *Manual dos recursos.* São Paulo: Revista dos Tribunais, 2007, p. 256.

[429] MOREIRA, José Carlos Barbosa. *Comentários ao código de processo civil:* lei nº 5.869, de 11 de janeiro de 1973. 12.ed. Rio de Janeiro: Forense, 2005, p. 398-9.

[430] Este entendimento é endossado por Araken de Assis, *Op. cit.,* p. 255; NERY JÚNIOR, Nelson. *Teoria geral dos recursos.* 6.ed. São Paulo: Revista dos Tribunais, 2004, p. 489, que sustenta sua posição no fato de as disposições do art. 512 estarem situadas no capítulo que trata das disposições gerais dos recursos.

[431] LIMA, Alcides de Mendonça. *Introdução aos recursos cíveis.* 2.ed. São Paulo: Revista dos Tribunais. 1976, p. 288-9.

De acordo com suas lições, o efeito regressivo se dá quando se possibilita o reexame pelo próprio julgador que emitiu o provimento recorrido. Conceitua o autor: "O efeito, pelo qual a causa ou o incidente voltam ao conhecimento do juiz prolator, é o que chamamos efeito regressivo".[432]

Para Alcides de Mendonça Lima o efeito regressivo se verifica "quando, por via do recurso, a causa volta ao conhecimento do juiz prolator da decisão recorrida (embargos; e os agravos, até que, nesses, o juiz mantenha sua decisão)".[433]

O efeito regressivo se verifica, por exemplo, no caso do agravo (retido e de instrumento – arts. 523, § 2º,[434] e 529[435] do CPC), na apelação que se insurge quanto ao indeferimento da petição inicial (art. 296 do CPC),[436] ou como acontece nos embargos de declaração.

Dentre os autores que manifestam-se contra o posicionamento supraexposto, Flávio Cheim Jorge, que sustenta que o simples fato de se permitir que o prolator da decisão recorrida faça uma reapreciação/retratação, não seria suficente para classificar o "efeito regressivo" como efeito. Em seu entendimento, apenas não se configura alteração na competência para julgamento, e não a existência de um "efeito diferente".[437]

Entretanto, considerando que há doutrinadores que sustentam que o efeito devolutivo só se configura quando há reexame da matéria por juízo de grau hierárquico superior (assunto tratado no item 2.2), mostrar-se-ia adequado sustentar a tese de que o efeito regressivo é um efeito autônomo.

Ovídio Baptista da Silva, neste sentido, sustentando o entendimento de que o efeito devolutivo só se verifica com a transferência da matéria a um órgão de jurisdição superior, trata o efeito regressivo como efeito de retratação. E justifica: "surge a necessidade de se definir um outro efeito especial que determinados recursos podem ter no direito brasileiro".

Sua ideia é de que, quando o recurso é interposto para ser reexaminado pelo próprio juiz prolator da decisão recorrida, há um juízo de retratação. E define: "ao contrário daquele em que ocorra apenas o efeito devolutivo em toda sua pureza, dá-se ao julgador que tivera sua decisão impugnada a possibilidade de revê-la e modificá-la".[438]

---

[432] LIMA, Bruno de Mendonça. Recursos no processo civil brasileiro – generalidades. *Revista da Faculdade de Direito de Pelotas*, ano VI, v. VII, Pelotas: Faculdade de Direito, 1961, p. 102.

[433] LIMA, Alcides de Mendonça. *Sistema de normas gerais dos recursos cíveis*. Rio de Janeiro: Freitas Bastos, 1963, p. 255.

[434] "§ 2º – Interposto o agravo, e ouvido o agravado no prazo de 10 (dez) dias, o juiz poderá reformar sua decisão."

[435] "Art. 529 – Se o juiz comunicar que reformou inteiramente a decisão, o relator considerará prejudicado o agravo."

[436] "Art. 296 – Indeferida a petição inicial, o autor poderá apelar, facultado ao juiz, no prazo de 48 (quarenta e oito) horas, reformar sua decisão."

[437] JORGE, Flávio Cheim. *Teoria geral dos recursos cíveis*. 3.ed. São Paulo: Revista dos Tribunais, 2007.p. 226.

[438] SILVA, Ovídio A. Baptista da. *Curso de processo civil*. v.1. 5.ed. Porto Alegre: Fabris, 1996, p.415.

Para os autores que entendem haver devolução ainda que a reapreciação da matéria se dê pelo mesmo órgão julgador, e não hierarquicamente superior, a classificação do efeito regressivo não se faz necessária. Ricardo Aprigliano ao tratar sobre o efeito regressivo em sua obra explicita: "a possibilidade de reexame de uma questão pelo próprio juiz que proferiu a decisão enquadra-se na questão do efeito devolutivo, pois esse efeito não exige a transferência efetiva para órgão diverso." Alude ainda:

> Razoável considerar que, mesmo em relação aos embargos de declaração, e na hipótese do artigo 296, a decisão possa ser examinada pelo mesmo juiz prolator da decisão, em virtude do efeito devolutivo, sem necessidade de criação, no campo doutrinário, de novas classificações.[439]

Flávio Cheim Jorge critica duramente esta classificação. De acordo com concepção de efeito recursal, a simples circunstância de se possibilitar que o mesmo órgão prolator da decisão recorrida exerça o juízo de mérito dos recursos não é suficiente para classificar a regressividade como efeito dos recursos. Alude para tal: "A competência para o julgamento dos recursos decorre da opção legislativa, sendo externa essa circunstância ao conteúdo dos recursos".

Na sua visão, a possibilidade do juízo de retratação no recurso de apelação interposto contra sentença que indefere a petição inicial (art. 296), no recurso de agravo, seja na modalidade retida ou de instrumento (arts. 523, § 2º e 529) e nos embargos de declaração (art. 537),

> (...) não faz surgir a existência de um outro efeito recursal. Nada de diferente existe no conteúdo do recurso que possa sugerir a existência de um efeito diferente, mas tão somente uma alteração na competência para o seu julgamento, fator esse complelamente externo ao recurso.[440]

2.7.2. Efeito diferido

O efeito diferido se dá quando, para a apreciação de um recurso, for necessário o recebimento de outro.

Ao tratar acerca do tema, Bruno de Mendonça Lima delineia: "Há recursos que, por si mesmos, não têm efeito devolutivo, nem suspensivo, nem regressivo. Dir-se-á então que tais recursos são inúteis, porque não têm efeito algum. Assim, porém, não é".[441]

De acordo com o autor, esses recursos ficam adiados e, para que sejam conhecidos, faz-se necessário a interposição de outro recurso. Assevera ainda: "A simples interposição de tais recursos não produz de imediato qualquer efeito. E

---

[439] APRIGLIANO, Ricardo de Carvalho. *A apelação e seus efeitos.* São Paulo: Atlas, 2003, p. 277.

[440] JORGE, Flávio Cheim. *Teoria geral dos recursos cíveis.* 3.ed. São Paulo: Revista dos Tribunais, 2007.p. 226.

[441] MENDONÇA, Bruno de. Recursos no processo civil brasileiro – generalidades. *Revista da Faculdade de Direito de Pelotas*, ano VI, v. VII, Pelotas: Faculdade de Direito, 1961, p. 103.

pode acontecer que, embora satisfeitos todos os requisitos dos recursos em geral, nunca se venha a tomar conhecimento ou decidir o recurso de efeito diferido".[442]

Alcides de Mendonça Lima, sob a mesma ótica, conceitua o efeito diferido:

> quando o conhecimento do recurso depende de recurso a ser interposto contra outra decisão (agravo no auto do processo, se não for provido pelo juiz prolator da decisão agravada; e o recurso extraordinário interposto juntamente com a revista, se esse for provido).[443]

Cássio Scarpinella Bueno exemplifica o efeito diferido com base nas disposições do art. 523, § 1º, que determina que o agravo retido não será conhecido se a parte não requerer expressamente, nas razões ou na resposta da apelação, sua apreciação pelo Tribunal. Até porque a apreciação do agravo retido depende do conhecimento da própria apelação, porque, na hipótese contrária, "a sentença recorrida terá transitado em julgado, dado o inegável caráter declaratório do juízo de admissibilidade recursal".[444]

Outra hipótese de efeito diferido é o recurso adesivo (admissível na apelação, nos embargos infringentes, no recurso extraordinário e no recurso especial), que depende, para ser conhecido e julgado, do conhecimento do recurso principal (art. 500, III).[445]

Enrique Tarigo faz menção a um exemplo de apelação com efeito diferido no direito uruguaio: na audiência preliminar, ao se fixar o objeto e meios da prova, o juiz rechaça uma delas por considerar inadmissível ou desnecessária, o que se dá por sentença interlocutória. A parte que requereu a prova, considerando injusta ou errônea a decisão do juiz, expressa em audiência sua insurgência, fazendo constar na ata. Quando houver sentença definitiva, a parte interpõe recurso de apelacão e fundamenta conjuntamente, de forma diferida, o recurso de apelação da sentença interlocutória que havia indeferido a prova.[446]

A hipótese está prevista no art. 251.3 do CGP:

> 3) Con efecto diferido, limitado a la simple interposición del recurso, en cuyo caso y sin perjuicio del cumplimiento de la resolución impugnada, se reservará fundamentarlo conjuntamente con el de la eventual apelación de la sentencia definitiva. En este caso, se conferirá traslado de ambos recursos a la contraparte y se resolverán los mismos conjuntamente.

---

[442] MENDONÇA, Bruno de. Recursos no processo civil brasileiro – generalidades. *Revista da Faculdade de Direito de Pelotas,* ano VI, v. VII, Pelotas: Faculdade de Direito, 1961, p. 103.

[443] LIMA, Alcides de Mendonça. *Sistema de normas gerais dos recursos cíveis.* Rio de Janeiro: Freitas Bastos, 1963, p. 255.

[444] BUENO, Cássio Scarpinella. Efeitos dos recursos. In: NERY JR., Nelson; WAMBIER, Teresa Arruda Alvim. *Aspectos polêmicos e atuais dos recursos cíveis e assuntos afins.* 10ª série. São Paulo: Revista dos Tribunais, 2006, p. 78.

[445] "III – não será conhecido, se houver desistência do recurso principal, ou se for ele declarado inadmissível ou deserto."

[446] TARIGO, Enrique E. *Lecciones de derecho procesal civil según el nuevo Código.* v.2. 4.ed. Montevideo: Fundación de Cultura Universitária, 2007, p. 251.

Flávio Cheim Jorge opõe-se ao tratamento do efeito diferido enquanto efeito recursal. Enfatiza o autor: "O fato de um recurso depender da decisão de outro para ser julgado, não permite concluir que exista algo diferente em seu conteúdo, ou mesmo que tal 'efeito' advenha de característica específica".

Conclusão

O objetivo central do presente trabalho focou-se no estudo dos efeitos dos recursos. Primeiramente se fez uma abordagem geral do sistema recursal, analisando as raízes históricas dos recursos, desde os tempos primitivos, passando-se pelo Direito romano, Direito português até chegar ao Direito pátrio.

Após se incursionou no sistema recursal no direito comparado, dentre eles o sistema português, espanhol, alemão, argentino e uruguaio, buscando prioritariamente visualizar os efeitos acolhidos em cada ordenamento.

Estabeleceram-se ainda breves notas acerca da teoria geral dos recursos, abordando temas como o duplo grau de jurisdição, conceito e natureza jurídica dos recursos.

Os recursos, enquanto tal, surgem efetivamente no direito romano, na fase *extraordinaria judicia,* quando a apelação se torna o meio ordinário para impugnar as sentenças; e a sentença não mais vale como *res judicata,* senão quando não mais admissível uma apelação, tal qual nos moldes atuais. Já possuía a apelação efeito devolutivo (o juiz superior tomava pleno conhecimento da causa julgada pelo magistrado recorrido), e suspensivo (suspendia-se a exequibilidade da sentença recorrida até que o juiz superior decidisse a apelação).

Com o fim do império romano, instaurou-se o direito germânico, sendo que, durante quase todo o feudalismo, não existiam recursos, eis que as decisões eram proferidas pelo senhor feudal, no caso, a autoridade máxima.

Com o enfraquecimento do feudalismo os recursos ressurgem e passam a ser utilizados como instrumento político, com a concentração do poder na figura do rei, que passa a ter o direito de decidir em última instância, enfraquecendo desta forma os susseranos.

Neste período, o rei enfeixava em suas mãos todos os poderes do Estado, e os juízes, por ele delegados, julgavam em seu nome. Das sentenças cabia recurso ao rei, e daí a origem histórica do termo devolutivo, eis que o juiz devolvia ao rei o conhecimento da causa (a jurisdição a ele delegada).

No Direito Canônico, a utilização do recurso se dá de forma intensa, como como forma de rigorosa repressão aos juízes inferiores que julgassem mal.

No direito português, anteriormente às Ordenações, já havia a possibilidade de recorrer-se, sendo que, na legislação de então, se utilizavam os termos apelar e agravar, ambos no sentido de recorrer. Já nas Ordenações Alfonsinas surge expressamente o recurso de apelação e o de agravo de instrumento, fórmula esta repetida nas Ordenações Manuelinas.

Nas Ordenações Filipinas, que vigeram no Brasil até a promulgação das primeiras leis, havia a previsão dos recursos de apelação, embargos, agravos e revista, sendo que a apelação possuía efeito suspensivo.

No primeiro CPC, do Estado do Rio Grande do Sul (chamado de Código de Processo Civil e Comercial), ampliou-se o efeito suspensivo (já previsto anteriormente para as apelações) ao agravo.

No Código de 1939, as apelações eram recebidas no efeito devolutivo e suspensivo, ou somente devolutivo, nas situações do art. 830. O agravo de instrumento era por regra o devolutivo e, excepcionalmente, suspensivo. Já o recurso extraordinário e o de revista não eram dotados de efeito suspensivo.

No direito brasileiro atual, no âmbito do processo civil, distintamente do processo penal, não há um direito a recurso enquanto tal, e sim o direito de interpor os recursos previstos em lei, podendo o legislador, desta forma, dispor sobre o sistema recursal tanto na forma como nos casos cabíveis, estabelecendo limites e condições para tal.

Tampouco há o que se falar no direito brasileiro em imposição de um duplo grau de jurisdição, sendo que a doutrina posiciona-se de forma contraditória ao considerar o duplo grau de jurisdição como uma garantia processual constitucional, já que não há sua previsão expressa na Constituição Federal de 1988.

Muito embora plausíveis os argumentos garantistas, coaduna-se com a posição do STF, de que a Constituição Federal não prevê a garantia do duplo grau de jurisdição. Em uma Carta tão repleta de garantias, se o quisessem teriam feito de forma explícita... Assim entende-se o duplo grau como princípio processual com cunho constitucional, comportando desta forma delimitações, visando a atender outras garantias constitucionais de igual magnitude!

O Código de Processo Civil arrola no artigo 496 os recursos cabíveis, entretanto não apresenta um conceito de recurso. É de se referir ainda que o elenco dos recursos constante no artigo 496 não é exaustivo, havendo recursos previstos em leis extravagantes, como, por exemplo, os Embargos Infringentes do art. 34 da Lei 6.830/80.

A determinação do que se enquadre ou não no conceito de recurso depende do sistema legal, sendo competência exclusiva do Poder Legislativo Federal dispor sobre as formas impugnativas (CF, art. 22, I).

Os recursos são mecanismos pelos quais decisões judiciais errôneas (*error in procedendo*), ou injustas (*error in iudicando*) podem ser revistas. Visam à reforma, à invalidação, ao esclarecimento e/ou à integração do ato decisório impugnado.

Muito embora inexistente uma conceituação legal de recurso, um grande número de doutrinadores apresentaram sua definição, ressaltando cada qual elementos de destaque do instituto, e já apontando para qual corrente se filiam quanto à natureza jurídica dos mesmos.

As correntes se dividem sustentando serem os recursos ou uma extensão do direito de ação em fase posterior de um procedimento, ou uma pretensão autônoma, ou ainda uma pretensão autônoma exercitada em *simultaneo processu;* chegando a ser defendida a tese de uma ação autônoma face à ação que lhe deu origem, formando um novo processo.

O entendimento dominante é no sentido de que o recurso é uma continuação da ação originária, um prolongamento do direito de ação.

Entretanto, do cotejo dos elementos da pretensão originária, e dos elementos da pretensão recursal, constata-se que, ainda que o processo seja o mesmo, há o exercício, no recurso, de uma nova pretensão.

Assim, pode-se concluir que os recursos possuem caráter constitutivo negativo, distinto do objeto litigioso da pretensão primitiva, haja vista a desconstituição da decisão que impugnam. Desta forma constituem pretensão autônoma, exercida dentro de um mesmo processo.

Em um segundo momento do trabalho se fez uma abordagem individual sobre cada efeito recursal, partindo-se da premissa que a classificação dual dos efeitos dos recursos não se mostra satisfatória a identificar toda a extensão dos fenômenos decorrentes das impugnações.

O efeito obstativo é imanente a todos os recursos – obsta a formação da coisa julgada, e deve ser tratado como efeito recursal independente, eis que o adiamento da coisa julgada não se relaciona com a concessão de efeito suspensivo, tampouco há relação entre o adiamento da coisa julgada com a matéria devolvida.

Muito embora haja entendimento de parte da doutrina de que apenas os recursos admissíveis produziriam o efeito obstativo, posto que o juízo negativo de admissibilidade tem conteúdo declaratório – fazendo com que o trânsito em julgado se dê na data em que se verificou a causa da admissibilidade (*ex tunc*), entende-se que o juízo de inadmissibilidade deve operar efeitos *ex nunc,* eis que essa questão está intimamente ligada à segurança jurídica.

Tanto que o STJ editou a Súmula 401, dispondo que o prazo decadencial da ação rescisória só se inicia quando não for cabível qualquer recurso do último pronunciamento judicial, ainda que se discuta tão somente a questão da tempestividade.

Quanto ao efeito devolutivo, o mesmo se opera sempre que houver reapreciação da matéria impugnada pelo Poder Judiciário, e não somente quando o julgamento do recurso se der por órgão hierarquicamente superior ao prolator da decisão recorrida.

Inegável é que o efeito devolutivo encontra-se atrelado ao princípio dispositivo, que, por sua vez, está ligado à atividade de provocação da parte, configurando assim um sistema onde o julgador encontra-se limitado em examinar as matérias e questões apontadas pelo recorrente. Esta atividade configura a extensão da devolutividade, determinada através do pedido recursal, sendo que quanto à profundidade do efeito devolutivo está o tribunal livre para apreciar a fundamentação do referido pedido.

O efeito expansivo (ou extensivo) se dá quando do julgamento do recurso ensejar decisão mais abrangente do que o reexame da matéria impugnada, que é o mérito do recurso.

Entende-se que o efeito expansivo é uma extensão do efeito devolutivo, podendo ser: a) objetivo, fazendo-se sentir no plano processual, e b) subjetivo, quando as consequências do provimento do recurso dizem respeito aos sujeitos e não aos atos processuais.

O efeito devolutivo está vinculado à iniciativa da parte, eis que a devolução se dá por atividade do recorrente e nos limites por este fixado. Já a transladação de questões nenhuma relação possui com a iniciativa da parte, o que é incompatível com a ideia de devolução.

No efeito devolutivo temos refletido uma projeção do princípio dispositivo, fixados os limites da apreciação recursal na matéria impugnada pelas partes (*tantum devolutum quantum appellatum*). Já no efeito translativo, há a possibilidade de ser levada ao conhecimento do órgão julgador matéria estranha à impugnação, por incidência do princípio inquisitório.

Por essas razões, entende-se que o efeito translativo deve ser catalogado de forma à parte em relação ao efeito devolutivo, e não ser tratado como mera consequência do efeito devolutivo no que tange a sua profundidade, tanto que no efeito translativo há a possibilidade de ocorrência de *reformatio in pejus*.

Nos recursos ordinários o efeito translativo opera sem restrições. Já nos recursos extraordinários, ainda que a cognição seja parcial, limitada às questões que constam expressamente no acórdão e na petição de interposição do recurso em se tratanto de matéria de ordem pública, que não preclui e é suscitável em qualquer tempo e grau de jurisdição, mostra-se mais adequada a flexibilização da exigência do prequestionamento, operando o efeito translativo também nos recursos extraordinários. Esta solução é a que melhor se adapta ao binômio instrumentalidade-efetividade.

No que tange ao § 3º art. 515 do CPC, entende-se não haver necessidade de pedido da parte nas razões recursais para que seja julgado o mérito da causa pelo tribunal, desde que observada a garantia fundamental do contraditório.

Partindo-se da premissa que não há necessidade de requerimento, conclui-se que o dispositivo em comento é manifestação do efeito translativo, que não se cinge às matérias de ordem pública; entendimento este que melhor se coaduna com os princípios da efetividade do processo e da economia processual.

Muito embora toda a divergência doutrinária acerca do tema, entende-se que a inclusão do § 3º ao art. 515 do CPC, acrescentado pela Lei n. 10.352/01, veio ao encontro dos princípios da instrumentalidade, da efetividade e da celeridade do processo, devendo ser aplicado não só para a apelação, como também ao agravo de instrumento, desde que presentes os requisitos legais respectivos.

Com referência ao efeito suspensivo, verifica-se que é tendência, e deve ser seguida (talvez com a aprovação do projeto de lei do novo Código de Processo Civil – em andamento), a mudança do regime *ope legis* de concessão (que ainda é a regra geral), para o critério *ope judicis,* onde o deferimento ou não do efeito suspensivo se dará por intermédio do convencimento do magistrado.

O efeito suspensivo tem a mesma extensão do efeito devolutivo, ou seja, se há recurso acerca de toda a decisão, a suspensividade é total. Havendo recurso parcial, a parte não recorrida produz seus efeitos de imediato. Isso se dá, é claro, no caso de conteúdos autônomos.

Quanto às formas de obtenção do efeito suspensivo ao recurso desprovido do mesmo, muito embora a ação cautelar mostre-se mais adequada, crê-se que o mandado de segurança deve ser tolerado.

O efeito substitutivo se opera somente no caso de apreciação do mérito do recurso. Ora, em não sendo o recurso admitido, por ausência de qualquer um de seus requisitos, não há análise de mérito, e, por consequência, não há substituição da decisão recorrida.

Esse entendimento traz consequências práticas diretas no que tange à ação rescisória, conquanto a decisão a ser rescindida seja a proferida pelo órgão da instância inferior, pela qual deve ser definido o juízo competente para o ajuizamento da ação.

A substituição pode ser total, parcial, bem como sucessiva.

Muito embora o art. 512 do CPC mencione "o julgamento proferido pelo tribunal...", o efeito substitutivo pode se dar em quaisquer recursos taxados no art. 496.

Outros efeitos são verificados na doutrina (e não devem ser desconsiderados), sendo eles o efeito regressivo e o efeito diferido.

O efeito diferido se dá quando para a apreciação de um recurso for necessário o recebimento de outro.

O efeito regressivo ocorre quando se possibilita o reexame pelo próprio julgador que emitiu o provimento recorrido.

Esse efeito assume particular relevo considerando que há doutrinadores que sustentam que o efeito devolutivo só se configura quando há reexame da matéria por juízo de grau hierárquico superior; mostrando-se assim razoável sustentar a tese de que o efeito regressivo é um efeito autônomo.

Por fim é necessário que, dentre tantas reformas processuais, onde o que se busca são novos rumos para tornar o processo mais célere e efetivo (frente a um volume cada vez maior de litígios), não se esqueça nunca de se fazer uma ponderação desses valores com a segurança jurídica.

Certo é que não podemos imputar todas as mazelas do sistema aos recursos, que são comumente tidos como os responsáveis pela morosidade dos processos; até porque os meios recursais mostram-se adequados para que se tenha uma prestação jurisdicional mais justa, contribuindo para que se alcance maior segurança jurídica, tutelando assim relevante interesse público.

Por fim o que se deseja é que o Estado Democrático de Direito atinja a plena concretização das garantias fundamentais insculpidas em nossa Constituição Federal, com a prestação de uma tutela jurisdicional efetiva, assegurando o exercício dos direitos sociais e individuais, a liberdade, a segurança, o bem-estar, o desenvolvimento, a igualdade e a justiça como valores supremos de uma sociedade fraterna, pluralista e sem preconceitos.

Referências bibliográficas

ALLORIO, Enrico. Sul doppio grado del processo civile. *Rivista di Diritto Civile*, anno 28, n. 4, 1982.

ALMEIDA JÚNIOR, João Mendes de. *Direito judiciário brasileiro*. 5.ed. Rio de Janeiro: Freitas Bastos, 1960.

ALVES, José Carlos Moreira. *Direito romano*. 14.ed. Rio de Janeiro: Forense, 2008.

ALVIM, Arruda. Notas a respeito dos aspectos gerais e fundamentais da existência dos recursos – direito brasileiro. *Revista de Processo*, n. 48, São Paulo: Revista dos Tribunais, 1987.

———. Anotações sobre a teoria geral dos recursos. In: WAMBIER, Teresa Arruda Alvim; NERY JR., Nelson. *Aspectos polêmicos e atuais dos recursos cíveis de acordo com a lei 9.756/98*. São Paulo: Revista dos Tribunais, 1999.

———. *Direito processual civil*. Teoria geral do processo de conhecimento. v.1. São Paulo: Revista dos Tribunais, 1972.

ALVIM, Eduardo Arruda. *Direito processual civil*. 2.ed. São Paulo: Revista dos Tribunais, 2008.

AMORIM, Aderbal Torres de. *Recursos cíveis ordinários*. Porto Alegre: Livraria do Advogado, 2005.

APRIGLIANO, Ricardo de Carvalho. *A apelação e seus efeitos*. São Paulo: Atlas, 2003.

———. Os efeitos da apelação e a reforma processual. In: COSTA, Hélio Rubens Batista Ribeiro; RIBEIRO, José Horácio Halfeld Rezende; DINAMARCO, Pedro da Silva [Coord.] *A nova etapa da reforma do código de processo civil*. São Paulo: Saraiva, 2002.

AROCA, Juan Montero; MATÍES, José Flors. *Tratado de recursos en el proceso civil*. Valencia: Tirant lo Blanch, 2005.

ASSIS, Araken de. *Manual dos recursos*. São Paulo: Revista dos Tribunais, 2007.

———. *Cumulação de ações*. 4.ed. São Paulo: Revista dos Tribunais, 2002.

———. Introdução aos sucedâneos recursais. In: NERY JR., Nelson; WAMBIER, Teresa Arruda Alvim (coord.). *Aspectos polêmicos e atuais dos recursos cíveis e de outros meios de impugnação às decisões judiciais*. 6ª série. São Paulo: Revista dos Tribunais, 2002.

———. Efeito devolutivo da apelação. *Revista Síntese de Direito Civil e Processual Civil*. 13.ed. Porto Alegre: Síntese, 2001.

———. Duração razoável do processo e reformas da lei processual civil. *In*: FUX, Luiz; NERY JÚNIOR, Nelson; WAMBIER, Teresa Arruda Alvim (coord.). *Processo e constituição*. Estudos em homenagem ao professor José Carlos Barbosa Moreira. São Paulo: Revista dos Tribunais, 2006.

———. *Doutrina e prática do processo civil contemporâneo*. São Paulo: Revista dos Tribunais, 2001.

———. Efeito devolutivo da apelação. Revista Síntese de Direito Civil e Processual Civil. Porto Alegre, n. 13, 2001.

———. Sobre o método em processo civil. *Revista da AJURIS*, Porto Alegre: Associação dos Juízes do Rio Grande do Sul, v. 14, n. 39, 1987.

BARIONI, Rodrigo. Efeito devolutivo da apelação civil. São Paulo: Revista dos Tribunais, 2008.

——. A proibição da *reformatio in peius* e o § 3º do art. 515 do CPC. In: NERY JR., Nelson; WAMBIER, Teresa Arruda Alvim (coord.). *Aspectos polêmicos e atuais dos recursos cíveis e de outros meios de impugnação às decisões judiciais.* São Paulo: Revista dos Tribunais, 2005.

BECKER, Laércio. Duplo grau – A retórica de um dogma. In: MARINONI, Luiz Guilherme. Estudos de direito processual civil – *Homenagem ao Professor Egas Dirceu Moniz de Aragão.* São Paulo: Revista dos Tribunais, 2005.

BEDAQUE, José Roberto dos Santos. Apelação: questões sobre a admissibilidade e efeitos. In: NERY JR., Nelson; WAMBIER, Teresa Arruda Alvim [Coord.]. Aspectos polêmicos e atuais dos recursos cíveis. São Paulo: Revista dos Tribunais, 2003. v. 7.

BERMURDES, Sérgio. *Comentários ao código de processo civil.* 2.ed. São Paulo: Revista dos Tribunais, 1977. v. 7.

BERNI, Duílio Landell de Moura...[et. al]. *As garantias do cidadão no processo civil:* relação entre constituição e processo. PORTO, Sérgio Gilberto (org.). Porto Alegre: Livraria do Advogado, 2003.

BETTI, Emilio. *Diritto processuale civile italiano.* 2.ed. Roma: Foro Italiano, 1936.

BRANCO, Gerson Luiz Carlos ...[et. al]. *Processo e constituição.* OLIVEIRA, Carlos Alberto Alvaro de (org.). Rio de Janeiro: Forense, 2004.

BUENO, Cássio Scarpinella. Efeitos dos recursos. In: NERY JR., Nelson; WAMBIER, Teresa Arruda Alvim. *Aspectos polêmicos e atuais dos recursos cíveis e assuntos afins.* 10ª série. São Paulo: Revista dos Tribunais, 2006.

——. *Execução provisória e antecipação da tutela:* dinâmica do efeito suspensivo da apelação e da execução provisória: conserto para a efetividade do processo. São Paulo: Saraiva, 1999.

BUZAID, Alfredo. Uma contribuição para o estudo do sistema de recursos no direito brasileiro – generalidades. *Revista da Faculdade de Direito de Pelotas.* v. II, n. 2. Pelotas: Faculdade de Direito, 1957.

CAETANO, Marcello. *História do direito português:* fontes – direito público: 1140-1495. 3.ed. Lisboa: Verbo, 1992.

CALAMANDREI, Piero. *Opere giuridiche.* Napoli: Morano, 1965. v. VI a VIII.

——. *La casación civil.* Buenos Aires: Ed. Bibliog. Arg., 1945.

CÂMARA, Alexandre Freitas. *Lições de direito processual civil.* 12.ed. Rio de Janeiro: Lumen Juris, 2006. v. II.

CAMBI, Eduardo. Efetividade da decisão recorrida e o efeito suspensivo dos recursos. In: NERY JR., Nelson; WAMBIER, Teresa Arruda Alvim. *Aspectos polêmicos e atuais dos recursos cíveis e assuntos afins* – 9ª série. São Paulo: Revista dos Tribunais, 2006.

CAPPELLETTI, Mauro. "Dictamen iconoclástico sobre la reforma del proceso civil italiano". In *Proceso, ideologías, sociedad.* Buenos Aires: Ejea, 1974.

CARAVANTES , Jose de Vicente y. *Tratado histórico, crítico filosófico de los procedimientos judiciales en materia civil, según la nueva Ley de Enjuiciamento.* Madri: Imprenta de Gaspar y Roiz, 1856. Tomos I e IV.

CARNELUTTI, Francesco. *Sistema de derecho procesal civil.* Buenos Aires: Uteha, 1944. v. 3.

CERNE, João Baptista Guimarães. *Ordenações em vigor. Estudos sobre o código philippino na nossa actualidade.* Bahia: Empreza Editora, 1897.

CHIOVENDA, Giuseppe. *Instituições de direito processual civil.* Campinas: Bookseller, 1998. v. 3.

CÓDIGO do processo do estado da Bahia. Bahia : Typ. Bahiana, 1916.

COMOGLIO, Luigi Paolo; FERRI, Corrado; TARUFFO, Michele. *Lezioni sul processo civile.* Bolonha: Il Mulino, 1995.

CORRÊA, Orlando de Assis. *Os recursos no CPC.* 2. ed. Porto Alegre: Síntese, 1980.

COSTA, Agustin A. *El recurso ordinario de apelacion en el proceso civil.* Buenos Aires: Asociación de Abogados de Buenos Aires, 1950.

COSTA, Mário Júlio de Almeida. *História do direito português.* 3. ed. Coimbra: Almedina, 2005.

COSTA, Moacyr Lobo da. *Origem do agravo no auto do processo.* Rio de Janeiro: Borsoi, 1976.

_____. *Breve notícia histórica do direito processual civil brasileiro e de sua literatura.* São Paulo: RT/EDUSP, 1970.

COUTURE, Eduardo Juan. *Fundamentos del derecho procesal civil.* 3. ed. Buenos Aires: Depalma, 1977.

CRUZ E TUCCI, José Rogério. *Lineamentos da nova reforma do CPC.* 2. ed. São Paulo: Revista dos Tribunais, 2002.

DANIN, Christinne Penedo. Efeitos dos recursos cíveis. *Revista da Procuradoria Geral do Estado do Pará*, Belém, 2001. n.5.

DIDIER JÚNIOR, Fredie; CUNHA, Leonardo José Carneiro da. *Curso de direito processual civil.* v.3. 5.ed. Salvador: Podivm, 2008.

DINAMARCO, Cândido Rangel. *Instituições de direito processual civil.* v.I, 5.ed. São Paulo: Malheiros, 2005.

_____. Os efeitos dos recursos. In: NERY JR., Nelson; WAMBIER, Teresa Arruda Alvim (coord.). *Aspectos polêmicos e atuais dos recursos cíveis de acordo com a Lei 10.532/2001 – 5ª série.* São Paulo: Revista dos Tribunais, 2002.

_____. Instituições de direito processual civil. *In:* GRINOVER, Ada Pellegrini. *Um enfoque constitucional da teoria geral dos recursos.* Livro de Estudos Jurídicos. Rio de Janeiro: Instituto de Estudos Jurídicos, 1991.

_____. O princípio do juiz natural e sua dupla garantia. *Revista de Processo* n. 29. São Paulo: Revista dos Tribunais, 1983.

FAGUNDES, M. Seabra. *Dos recursos ordinários em matéria civil.* Rio de Janeiro: Rev. Forense, 1946.

FAIRÉN GUILLEN, Victor. *Estudios de derecho procesal.* Madrid: Revista de Derecho Privado, 1955.

FARIA, Antônio Bento de. *Processo comercial e civil:* dec. n. 737 de 25 de novembro de 1850. Rio de Janeiro: Jacintho, 1903.

FAZZALARI, Elio. *La giustizia civile nei paesi comunitari.* Padova: CEDAM, 1996. v. 2.

FERREIRA, Fernando Amâncio. *Manual dos recursos em processo civil.* 7.ed. Coimbra: Almedina, 2006.

FERREIRA, Willian Santos. *Aspectos polêmicos e práticos da nova reforma civil.* Rio de Janeiro: Forense, 2002.

FERREIRA FILHO, Manoel Caetano. *Comentários ao código de processo civil.* São Paulo: Revista dos Tribunais, 2001. v. 7.

_____. *A preclusão no direito processual civil.* Curitiba: Juruá, 1991.

FREITAS, Juarez. *A interpretação sistemática do direito.* 3. ed. São Paulo: Malheiros, 2002.

GIANNICO, Marici; GIANNICO, Maurício. Efeito suspensivo dos recursos e capítulos das decisões. In: NERY JR., Nelson; WAMBIER, Teresa Arruda Alvim (coord.). *Aspectos polêmicos e atuais dos recursos cíveis de acordo com a Lei 10.532/2001 – 5ª série.* São Paulo: Revista dos Tribunais, 2002.

GILLES, Peter. *Rechtsmittel im Zivilprozess.* Frankfurt: Athenäum, 1972.

GIUDICEANDREA, Nicola. *Le impugnazioni civili.* Milão: Giuffrè, 1952.

GOLDSCHMIDT, James. *Direito processual civil.* Curitiba: Juruá, 2005.

GRINOVER, Ada Pellegrini. *Um enfoque constitucional da teoria geral dos recursos.* O processo em evolução. Rio de Janeiro: Forense Universitária,1996.

GUASP, Jaime. *Derecho procesal civil.* Tomo 2. 3. ed. Madrid: Instituto de Estúdios Políticos, 1968.

———. *Derecho procesal civil.* Tomo 2. 4. ed. Madrid: Civitas, 1998.

GUIMARÃES, Luiz Machado. *Estudos de direito processual civil.* Rio de Janeiro: Ed. Jurídica e Universitária, 1969.

HITTERS, Juan Carlos. *Técnica de los recursos ordinarios.* 2. ed. La Plata: Librería Editora Platense, 2004.

IBANEZ FROCHAM, Manuel M. *Tratado de los recursos en el processo civil, doctrina, jurisprudencia y legislacion comparada.* Buenos Aires: Omeba, 1963.

JAUERNIG, Othmar. *Direito processual civil.* 25.ed. Coimbra: Almedina, 2002.

JORGE, Fernando Pessoa. O sistema de recursos em processo civil português. *Revista de Processo.* n. 2, São Paulo: Revista dos Tribunais, 1976.

JORGE, Flávio Cheim. *Teoria geral dos recursos cíveis.* 3.ed. São Paulo: Revista dos Tribunais, 2007.

KOSIKOSKI, Sandro Marcelo. *Manual dos recursos cíveis.* 3.ed. Curitiba: Juruá, 2006.

LACERDA, Galeno. *Despacho saneador.* Porto Alegre: Fabris, 1985.

LASPRO, Oreste Nestor de Souza. Garantia do duplo grau de jurisdição. In: TUCCI, José Rogério Cruz e. (Coord.). *Garantias constitucionais do processo civil:* homenagem aos 10 anos da Constituição Federal de 1988. São Paulo: Revista dos Tribunais, 1999.

LEONEL, Ricardo de Barros. Revisitando a teoria geral dos recursos: o efeito suspensivo. In: NERY JR., Nelson; WAMBIER, Teresa Arruda Alvim. *Aspectos polêmicos e atuais dos recursos cíveis e assuntos afins* – 9ª série. São Paulo: Revista dos Tribunais, 2006.

LIEBMAN, Enrico Tullio. *Eficácia e autoridade da sentença:* e outros escritos sobre a coisa julgada. Rio de Janeiro: Forense, 1945.

LIMA, Alcides de Mendonça. *Introdução aos recursos cíveis.* 2.ed. São Paulo: Revista dos Tribunais, 1976.

———. *Sistema de normas gerais dos recursos cíveis.* Rio de Janeiro: Freitas Bastos, 1963.

LIMA, Bruno de Mendonça. Recursos no processo civil brasileiro – generalidades. *Revista da Faculdade de Direito de Pelotas,* ano VI, v. VII, Pelotas: Faculdade de Direito, 1961.

LINO, Enrique Palácio. *Manual de derecho procesal civil.* 17.ed. Buenos Aires: Abeledo Perrot, 2003. p. 581.

LUISO, Francesco Paolo. *Diritto processuale civile.* 3.ed. Milão: Giuffrè, 2000. v. II.

MAGALHÃES, Jorge de Miranda. *A propósito de efeitos dos recursos.* Arquivos do Tribunais de Alçada. Rio de Janeiro: Degrau Cultural, 1997. v. 30.

MANCUSO, Rodolfo de Camargo. *Recurso extraordinário e recurso especial.* 9.ed. São Paulo: Revista dos Tribunais, 2006.

MARINONI, Luiz Guilherme; ARENHART, Sérgio Cruz. *Manual do processo de conhecimento.* 5. ed. São Paulo: Revista dos Tribunais, 2006.

———; MITIDIERO, Daniel. *O Projeto do CPC: Críticas e Propostas.* São Paulo: Revista dos Tribunais, 2010.

MARQUES, José Frederico. *Manual de direito processual civil.* Processo de conhecimento. v. 3. 2. ed. Campinas: Millennium, 1998.

———. *Instituições de direito processual civil.* v. IV. 1. ed. atualizada. Campinas: Millennium, 2000.

MEDINA, José Miguel Garcia. *Recursos e ações autônomas de impugnação.* São Paulo: Revista dos Tribunais, 2008.

———. O pré-questionamento nos recursos extraordinário e especial. São Paulo: Revista dos Tribunais, 1998.

———. A recentíssima reforma do sistema recursal brasileiro – análise das principais modificações introduzida pela lei 10,352/2001, e outras questões. NERY JUNIOR, Nelson; WAMBIER, Teresa Arruda Alvim (coords.). *Aspectos polêmicos e atuais dos recursos e outros meios de impugnação às decisões judiciais.* São Paulo: Revista dos Tribunais, 2002.

MENDES, João de Castro. *Direito processual civil.* Lisboa: LAEL, 1973-1974.

MÉNDEZ, Francisco Ramos. *Derecho procesal civil.* 5.ed. Tomo II. Barcelona: Bosch, 1992.

MIDÓN, Gladis E. de; MIDÓN, Marcelo Sebastián. *Manual de Derecho Procesal Civil.* Buenos Aires: La Ley, 2008.

MIRANDA, Francisco Cavalcanti Pontes de. *Comentários ao código de processo civil.* Rio de Janeiro: Forense, 1975. T. 7.

———. *Tratado das ações.* São Paulo: Revista dos Tribunais, 1970-1976.

MIRANDA, Gilson Delgado; PIZZOL, Patrícia Miranda. *Recursos no processo civil.* 6.ed. São Paulo: Atlas, 2009.

MIRANDA, Pedro. Julgamento Imediato pelos Tribunais: a regra do § 3º do art. 515 do CPC. *Revista Dialética de Direito Processual,* n. 46. São Paulo: Dialética, 2007.

MONTEIRO, João. *Teoria do processo civil.* 6.ed. Rio de Janeiro: Borsoi, 1956.

MONTESANO, Luigi; ARIETA, Giovanni. *Diritto processuale civile.* v. II. Torino: G. Giappichelli, 1999.

MOREIRA, José Carlos Barbosa. O juízo de admissibilidade no sistema dos recursos civis. Rio de Janeiro: s.n., 1968.

———. O novo processo civil brasileiro: exposição sistemática do procedimento. 18. ed. Rio de Janeiro: Forense, 1996.

———. *Comentários ao código de processo civil:* lei nº 5.869, de 11 de janeiro de 1973. 12. ed. Rio de Janeiro: Forense, 2005.

———. Breve notícia sobre a reforma do processo civil alemão. *Temas de direito processual: oitava série.* São Paulo: Saraiva, 2004. p. 205.

———. A influência do direito processual civil alemão em Portugal e no Brasil. *Temas de direito processual: quinta série.* São Paulo: Saraiva, 1994.

NERY JUNIOR, Nelson; Rosa Maria de Andrade Nery. *Código de processo civil comentado: legislação extravagante.* 10.ed. São Paulo: Revista dos Tribunais, 2006.

———. *Teoria geral dos recursos.* 6.ed. São Paulo: Revista dos Tribunais, 2004.

———. *Princípios do processo civil na Constituição Federal.* 5.ed. São Paulo: Revista dos Tribunais, 1999.

NORONHA, Carlos Silveira. *Sentença civil: perfil histórico-dogmático.* São Paulo: Revista dos Tribunais, 1995.

NOTARIANO JÚNIOR, Antônio de Pádua. O duplo grau e o § 3º do art. 515 do CPC, introduzido pela Lei 10. 352/2001. *Revista de Processo,* v. 29, n. 114. São Paulo: Revista dos Tribunais, 2004.

OLIVEIRA. Gleydson Kleber Lopes de. Novos contornos do efeito devolutivo do recurso de apelação. *In:* FUX, Luiz; NERY JÚNIOR, Nelson; WAMBIER, Teresa Arruda Alvim (coord.). *Processo e constituição.* Estudos em homenagem ao professor José Carlos Barbosa Moreira. São Paulo: Revista dos Tribunais, 2006.

ORIONE NETO, Luiz. *Recursos cíveis.* 2.ed. São Paulo: Saraiva, 2006.

PACHECO, José da Silva. *Curso teórico-prático do processo civil.* Rio de Janeiro: Borsoi, 1957. v. 2. Tomo II.

PALMEIRA, Pedro. *Da sistemática dos recursos nos códigos de processo civil do Brasil e de Portugal.* Rio de Janeiro: Livraria Freitas Bastos, 1964.

PASSOS, Joaquim José Calmon de. O devido processo legal e o duplo grau de jurisdição. *Revista da AJURIS*, v. 25, Porto Alegre, 1982.

PESCATORE, Matteo. *Sposizione compendiosa della procedura civile e criminale nelle somme sue ragioni e nel suo ordine naturale com appendici di complemento sui temi principali di tutto il diritto giuziario*. Torino: UTET, 1864.

PEYRANO, Jorge W. *Cuáles resoluciones son susceptibles de una reposición in extremis?* Disponível em Ateneo de Estudios del Proceso Civil de Rosario <http://www.elateneo.org/ReposicionInExtremis. php>. Acesso em: 12 jun. 2009.

PICÓ I JUNOY, Joan (Dir.) *Presente y futuro del proceso civil*. Barcelona: José Maria Bosch Editor, 1998.

PINTO, Nelson Luiz. *Manual dos recursos cíveis*. 2.ed. São Paulo: Malheiros, 2000.

PIZZOL, Patricia Miranda; MIRANDA, Gilson Delgado. *Recursos no processo civil*. 6.ed. São Paulo: Atlas, 2009.

PORTANOVA, Rui. *Princípios do processo civil*. 6.ed. Porto Alegre: Livraria do Advogado, 2005.

PORTO, Sérgio Gilberto; USTÁRROZ, Daniel. *Manual dos recursos cíveis*. Porto Alegre: Livraria do Advogado, 2007.

——. Lições de direitos fundamentais no processo civil. O conteúdo processual da Constituição Federal. Porto Alegre: Livraria do Advogado, 2009.

——. *Coisa julgada civil*. 3.ed. São Paulo: Revista dos Tribunais, 2006.

——. Recursos: Reforma e Ideologia. *Revista de Direito Processual Civil*. Curitiba: Gênesis, a. 1, n. 2.

PROVINCIALI, Renzo. *Delle Impugnazioni in generale*. Napoli: Morano, 1962.

RAGONE, Álvaro J. Pérez; PRADILLO, Juan Carlos Ortiz. *Código procesal civil alemán (ZPO)*. Berlin: Konrad Adenauer Stiftung, 2006.

——. El nuevo proceso civil alemán: princípios y modificaciones al sistema recursivo. *GENESIS – Revista de Direito Processual Civil*, Curitiba, n. 32, abr.-jun. 2004.

RIBEIRO, Darci Guimarães. *La pretensión procesal y la tutela judicial efectiva: hacia una teoría procesal del derecho*. Barcelona: Bosch, 2004.

ROCCO, Alfredo. La sentencia civil. La interpretación de las leyes procesales. México, D.F.: Editorial Stylo, 1944.

ROCCO, Ugo. *Tratado de derecho procesal civil*. Bogotá/Buenos Aires: Temis/DePalma, 1972. v. III.

ROCHA, Eliana Pires Rocha; GUEDES, Jefferson Carús. Efeito devolutivo regressivo ou "repositivo" e juízo de retratação nos recursos cíveis. In: NERY JR., Nelson; WAMBIER, Teresa Arruda Alvim (coord.). *Aspectos polêmicos e atuais dos recursos cíveis e de outros meios de impugnação às decisões judiciais* – 4ª série. São Paulo: Revista dos Tribunais, 2001.

RODRIGUES NETTO, Nelson. *Recursos no processo civil*. São Paulo: Dialética, 2004.

ROSEMBERG, Leo. *Tratado de derecho procesal civil*. Tomo II. Buenos Aires: Ediciones Juridicas Europa-América, 1955.

SANTOS, Ernane Fidélis dos. *Manual de direito processual civil*. 10.ed. São Paulo: Saraiva, 2006.

SARLET, Ingo Wolfgang. *A eficácia dos direitos fundamentais*. 4.ed. Porto Alegre: Livraria do Advogado, 2004.

——. Valor de alçada e limitação do acesso ao duplo grau de jurisdição: problematização em nível constitucional à luz de um conceito material de direitos fundamentais. Revista Jurídica, Porto Alegre, n. 66, p. 85-129.

SARMIENTO, Jorge Bodensiek. *Teoria de la apelacion en el proceso civil colombiano*. Bogotá: Temis, 1974.

SCHÖNKE, Adolfo. *Derecho procesal civil*. Barcelona: Bosch, 1950.

SCIALOJA, Vittorio. *Procedimiento civil romano:* ejercicio y defensa de los derechos. Buenos Aires: Europa-América, 1954.

SIDOU, J. M. Othon. *Os recursos processuais na história do direito.* 2.ed. Rio de Janeiro: Forense, 1978.

SILVA, Antônio Carlos Costa e. *Dos recursos em primeiro grau de jurisdição.* São Paulo: Juriscredi, 1974.

SILVA, Ovídio A. Baptista da. *Curso de processo civil.* v.1. 5.ed. Porto Alegre: Fabris, 1996.

SILVA JÚNIOR, Gervásio Lopes da. *Julgamento direto do mérito na instância recursal.* Salvador: Jus PODIVM, 2007.

SOLIMINE, Omar Luis Díaz (Director). *Manual de derecho procesal civil.* Buenos Aires: La Ley, 2008.

SOUZA, Bernardo Pimentel. *Introdução aos recursos cíveis e à ação rescisória.* 4.ed. São Paulo: Saraiva, 2007.

TARIGO, Enrique E. *Lecciones de derecho procesal civil según el nuevo código.* v. 2. 4.ed. Montevideo: Fundación de Cultura Universitária, 2007.

TARZIA, Giuseppe. La durata del processo civile e la tutela dei deboli. In: MARINONI, Luiz Guilherme (coord.). *Estudos de direito processual civil –* homenagem ao Professor Egas Dirceu Moniz de Aragão. São Paulo: Revista dos Tribunais. 2005. p. 127-33.

TEIXEIRA, Sálvio de Figueiredo. *A criação e realização do direito na decisão judicial.* Rio de Janeiro: Forense, 2003.

TESHEINER, José Maria Rosa. *Eficácia da sentença e coisa julgada no processo civil.* São Paulo: Revista dos Tribunais, 2001.

––––. *Em tempo de reformas –* o reexame de decisões judiciais. Meios de impugnação ao julgado civil: estudos em homenagem a José Carlos Barbosa Moreira. Rio de Janeiro: Forense, 2008.

––––. *Efeito devolutivo da apelação.* Disponível em: <http://www.tex.pro.br/wwwroot/01de2006/efeitodevolutivodaapelacao.htm>. Acesso em: 10 set. 2009.

––––. *Mandado de segurança contra ato jurisdicional.* Disponível em: < http://www.tex.pro.br/wwwroot/artigosproftesheiner/mscontra.htm>. Acesso em: 10 out. 2009.

––––. *Recursos em geral.* Disponível em: <http://www.tex.pro.br/wwwroot/curso/ recursos/recursosemgeral.htm>. Acesso em: 10 set. 2009.

––––. *Elementos para uma teoria geral do processo.* São Paulo: Saraiva, 1993.

THEODORO JÚNIOR, Humberto. *Curso de direito processual civil:* teoria geral do direito processual civil e processo de conhecimento. 14.ed. Rio de Janeiro: Forense, 1995. v. 1.

––––. O processo civil brasileiro no limiar do novo século. Rio de Janeiro: Forense, 1999.

VECHIATO JUNIOR, Walter. *Tratado dos recursos cíveis.* São Paulo: Juarez de Oliveira, 2000.

VERGARA, Oswaldo. *Código do processo civil e comercial do Estado do Rio Grande do Sul:* lei nº 65 de 16 de janeiro de 1908. 2.ed. Porto Alegre: Globo, 1922.

VESCOVI, Enrique. *Los recursos judiciales y demás médios impugnativos em Iberoamérica.* Buenos Aires: Depalma, 1988.

WAMBIER, Luiz Rodrigues (coord.); ALMEIDA, Flavio Renato Correia de; TALAMINI, Eduardo. *Curso avançado de processo civil:* teoria geral do processo e processo de conhecimento. 9.ed. São Paulo: Revista dos Tribunais, 2007. v.1.

––––. *Breves comentários à nova sistemática processual civil:* emenda constitucional n. 45/2004 (reforma do judiciário), leis 10.444/2002; 10.358/2001 e 10.352/2001. 3.ed. São Paulo: Revista dos Tribunais, 2005.

WAMBIER, Teresa Arruda Alvim. *Os agravos no CPC brasileiro.* 4.ed. São Paulo: Revista dos Tribunais, 2005.

———. O efeito suspensivo dos embargos de declaração. In: WAMBIER, Luiz Rodrigues; WAMBIER, Teresa Arruda Alvim; SANTOS, Evaristo Aragão. *Anuário de produção intelectual 2007*. Curitiba: Arruda Alvim Wambier, 2007.

———. *Omissão judicial e embargos de declaração*. São Paulo: Revista dos Tribunais, 2005.

Anexo I

EXPOSIÇÃO DE MOTIVOS DO NOVO CPC

Um sistema processual civil que não proporcione à sociedade o reconhecimento e a realização[447] dos direitos, ameaçados ou violados, que têm cada um dos jurisdicionados, não se harmoniza com as garantias constitucionais[448] de um Estado Democrático de Direito.[449]

Sendo ineficiente o sistema processual, todo o ordenamento jurídico passa a carecer de real efetividade. De fato, as normas de direito material se transformam em pura ilusão, sem a garantia de sua correlata realização, no mundo empírico, por meio do processo.[450]

Não há fórmulas mágicas. O Código vigente, de 1973, operou satisfatoriamente durante duas décadas. A partir dos anos noventa, entretanto, sucessivas reformas, a grande maioria delas lideradas pelos Ministros Athos Gusmão Carneiro e Sálvio de Figueiredo Teixeira, introduziram no Código revogado significativas alterações, com o objetivo de adaptar as normas processuais a mudanças na sociedade e ao funcionamento das instituições.

---

[447] Essencial que se faça menção a efetiva satisfação, pois, a partir da dita terceira fase metodológica do direito processual civil, o processo passou a ser visto como instrumento, que deve ser idôneo para o reconhecimento e a adequada concretização de direitos.

[448] Isto é, aquelas que regem, eminentemente, as relações das partes entre si, entre elas e o juiz e, também, entre elas e terceiros, de que são exemplos a imparcialidade do juiz, o contraditório, a demanda, como ensinam CAPPELLETTI e VIGORITI (I diritti costituzionali delle parti nel processo civile italiano. *Rivista di diritto processuale*, II serie, v. 26, p. 604-650, Padova, Cedam, 1971, p. 605).

[449] Os princípios e garantias processuais inseridos no ordenamento constitucional, por conta desse movimento de "constitucionalização do processo", não se limitam, no dizer de LUIGI PAOLO COMOGLIO, a "reforçar do exterior uma mera 'reserva legislativa' para a regulamentação desse método [em referência ao processo como método institucional de resolução de conflitos sociais], mas impõem a esse último, e à sua disciplina, algumas condições mínimas de legalidade e retidão, cuja eficácia é potencialmente operante em qualquer fase (ou momento nevrálgico) do processo" (Giurisdizione e processo nel quadro delle garanzie costituzionali. *Studi in onore di Luigi Montesano*, v. II, p. 87-127, Padova, Cedam, 1997, p. 92).

[450] É o que explica, com a clareza que lhe é peculiar, BARBOSA MOREIRA: "Querer que o processo seja efetivo é querer que desempenhe com eficiência o papel que lhe compete na economia do ordenamento jurídico. Visto que esse papel é instrumental em relação ao direito substantivo, também se costuma falar da instrumentalidade do processo. Uma noção conecta-se com a outra e por assim dizer a implica. Qualquer instrumento será bom na medida em que sirva de modo prestimoso à consecução dos fins da obra a que se ordena; em outras palavras, na medida em que seja efetivo. Vale dizer: será efetivo o processo que constitua instrumento eficiente de realização do direito material" (Por um processo socialmente efetivo. *Revista de Processo*. São Paulo, v.27, n.105, p. 183-190, jan./mar. 2002, p. 181).

A expressiva maioria dessas alterações, como, por exemplo, em 1.994, a inclusão no sistema do instituto da antecipação de tutela; em 1.995, a alteração do regime do agravo; e, mais recentemente, as leis que alteraram a execução, foram bem recebidas pela comunidade jurídica e geraram resultados positivos, no plano da operatividade do sistema.

O enfraquecimento da coesão entre as normas processuais foi uma conseqüência natural do método consistente em se incluírem, aos poucos, alterações no CPC, comprometendo a sua forma sistemática. A complexidade resultante desse processo confunde-se, até certo ponto, com essa desorganização, comprometendo a celeridade e gerando questões evitáveis (= pontos que geram polêmica e atraem atenção dos magistrados) que subtraem indevidamente a atenção do operador do direito.

Nessa dimensão, a preocupação em se preservar a forma sistemática das normas processuais, longe de ser meramente acadêmica, atende, sobretudo, a uma necessidade de caráter pragmático: obter-se um grau mais intenso de funcionalidade.

Sem prejuízo da manutenção e do aperfeiçoamento dos institutos introduzidos no sistema pelas reformas ocorridas nos anos de 1.992 até hoje, criou-se um Código novo, que não significa, todavia, uma ruptura com o passado, mas um passo à frente. Assim, além de conservados os institutos cujos resultados foram positivos, incluíram-se no sistema outros tantos que visam a atribuir-lhe alto grau de eficiência.

Há mudanças necessárias, porque reclamadas pela comunidade jurídica, e correspondentes a queixas recorrentes dos jurisdicionados e dos operadores do Direito, ouvidas em todo país. Na elaboração deste Anteprojeto de Código de Processo Civil, essa foi uma das linhas principais de trabalho: resolver problemas. Deixar de ver o processo como teoria descomprometida de sua natureza fundamental de método de resolução de conflitos, por meio do qual se realizam valores constitucionais.[451]

Assim, e por isso, um dos métodos de trabalho da Comissão foi o de resolver problemas, sobre cuja existência há praticamente unanimidade na comunidade jurídica. Isso ocorreu, por exemplo, no que diz respeito à complexidade do sistema recursal existente na lei revogada. Se o sistema recursal, que havia no Código revogado em sua versão originária, era consideravelmente mais simples que o anterior, depois das sucessivas reformas pontuais que ocorreram, se tornou, inegavelmente, muito mais complexo.

Não se deixou de lado, é claro, a necessidade de se construir um Código coerente e harmônico interna corporis, mas não se cultivou a obsessão em elaborar uma obra magistral, estética e tecnicamente perfeita, em detrimento de sua funcionalidade.

De fato, essa é uma preocupação presente, mas que já não ocupa o primeiro lugar na postura intelectual do processualista contemporâneo.

A coerência substancial há de ser vista como objetivo fundamental, todavia, e mantida em termos absolutos, no que tange à Constituição Federal da República. Afinal, é na lei ordinária e em outras normas de escalão inferior que se explicita a promessa de realização dos valores encampados pelos princípios constitucionais.

---

[451] SÁLVIO DE FIGUEIREDO TEIXEIRA, em texto emblemático sobre a nova ordem trazida pela Constituição Federal de 1988, disse, acertadamente, que, apesar de suas vicissitudes, "nenhum texto constitucional valorizou tanto a 'Justiça', tomada aqui a palavra não no seu conceito clássico de 'vontade constante e perpétua de dar a cada um o que é seu', mas como conjunto de instituições voltadas para a realização da paz social" (O aprimoramento do processo civil como garantia da cidadania. In: FIGUEIREDO TEIXEIRA, Sálvio. *As garantias do cidadão na Justiça*. São Paulo: Saraiva, 1993, p. 79-92, p. 80).

O novo Código de Processo Civil tem o potencial de gerar um processo mais célere, mais justo,[452] porque mais rente às necessidades sociais[453] e muito menos complexo.[454]

A simplificação do sistema, além de proporcionar-lhe coesão mais visível, permite ao juiz centrar sua atenção, de modo mais intenso, no mérito da causa.

Com evidente redução da complexidade inerente ao processo de criação de um novo Código de Processo Civil, poder-se-ia dizer que os trabalhos da Comissão se orientaram precipuamente por cinco objetivos: 1) estabelecer expressa e implicitamente verdadeira sintonia fina com a Constituição Federal; 2) criar condições para que o juiz possa proferir decisão de forma mais rente à realidade fática subjacente à causa; 3) simplificar, resolvendo problemas e reduzindo a complexidade de subsistemas, como, por exemplo, o recursal; 4) dar todo o rendimento possível a cada processo em si mesmo considerado; e, 5) finalmente, sendo talvez este último objetivo parcialmente alcançado pela realização daqueles mencionados antes, imprimir maior grau de organicidade ao sistema, dando-lhe, assim, mais coesão.

Esta Exposição de Motivos obedece à ordem dos objetivos acima alistados.

1) A necessidade de que fique evidente a harmonia da lei ordinária em relação à Constituição Federal da República[455] fez com que se incluíssem no Código, expressamente, princípios constitucionais, na sua versão processual.

Por outro lado, muitas regras foram concebidas, dando concreção a princípios constitucionais, como, por exemplo, as que prevêem um procedimento, com contraditório e produção de provas, prévio à decisão que desconsidera da pessoa jurídica, em sua versão tradicional, ou "às avessas".[456]

Está expressamente formulada a regra no sentido de que o fato de o juiz estar diante de matéria de ordem pública não dispensa a obediência ao princípio do contraditório.

Como regra, o depósito da quantia relativa às multas, cuja função processual seja levar ao cumprimento da obrigação in natura, ou da ordem judicial, deve ser feito logo que estas incidem.

---

[452] Atentando para a advertência, acertada, de que não o processo, além de produzir um resultado justo, precisa ser justo em si mesmo, e portanto, na sua realização, devem ser observados aqueles standards previstos na Constituição Federal, que constituem desdobramento da garantia do due process of law (DINAMARCO, Cândido. *Instituições de direito processual civil*, v. 1. 6.a ed. São Paulo: Malheiros, 2009).

[453] Lembrando, com BARBOSA MOREIRA, que "não se promove uma sociedade mais justa, ao menos primariamente, por obra do aparelho judicial. É todo o edifício, desde as fundações, que para tanto precisa ser revisto e reformado. Pelo prisma jurídico, a tarefa básica inscreve-se no plano do direito material" (Por um processo socialmente efetivo, p. 181).

[454] Trata-se, portanto, de mais um passo decisivo para afastar os obstáculos para o acesso à Justiça, a que comumente se alude, isto é, a duração do processo, seu alto custo e a excessiva formalidade.

[455] Hoje, costuma-se dizer que o processo civil constitucionalizou-se. Fala-se em modelo constitucional do processo, expressão inspirada na obra de Italo Andolina e Giuseppe Vignera, Il modello costituzionale del processo civile italiano: corso di lezioni (Turim, Giapicchelli, 1990). O processo há de ser examinado, estudado e compreendido à luz da Constituição e de foa a dar o maior rendimento possível aos seus princípios fundamentais.

[456] O Novo CPC prevê expressamente que, antecedida de contraditório e produção de provas, haja decisão sobre a desconsideração da pessoa jurídica, com o redirecionamento da ação, na dimensão de sua patrimonialidade, e também sobre a consideração dita inversa, nos casos em que se abusa da sociedade, para usá-la indevidamente com o fito de camuflar o patrimônio pessoal do sócio. Essa alteração está de acordo com o pensamento que, entre nós, ganhou projeção ímpar na obra de J. LAMARTINE CORRÊA DE OLIVEIRA. Com efeito, há três décadas, o brilhante civilista já advertia ser essencial o predomínio da realidade sobre a aparência, quando "em verdade [é] uma outra pessoa que está a agir, utilizando a pessoa jurídica como escudo, e se é essa utilização da pessoa jurídica, fora de sua função, que está tornando possível o resultado contrário à lei, ao contrato, ou às coordenadas axiológicas" (*A dupla crise da pessoa jurídica*. São Paulo: Saraiva, 1979, p. 613).

Não podem, todavia, ser levantadas, a não ser quando haja trânsito em julgado ou quando esteja pendente agravo de decisão denegatória de seguimento a recurso especial ou extraordinário.

Trata-se de uma forma de tornar o processo mais eficiente e efetivo, o que significa, indubitavelmente, aproximá-lo da Constituição Federal, em cujas entrelinhas se lê que o processo deve assegurar o cumprimento da lei material.

Prestigiando o princípio constitucional da publicidade das decisões, previu-se a regra inafastável de que à data de julgamento de todo recurso deve-se dar publicidade (= todos os recursos devem constar em pauta), para que as partes tenham oportunidade de tomar providências que entendam necessárias ou, pura e simplesmente, possam assistir ao julgamento.

Levou-se em conta o princípio da razoável duração do processo.[457] Afinal a ausência de celeridade, sob certo ângulo,[458] é ausência de justiça. A simplificação do sistema recursal, de que trataremos separadamente, leva a um processo mais ágil.

Criou-se o incidente de julgamento conjunto de demandas repetitivas, a que adiante se fará referência. Por enquanto, é oportuno ressaltar que levam a um processo mais célere as medidas cujo objetivo seja o julgamento conjunto de demandas que gravitam em torno da mesma questão de direito, por dois ângulos: a) o relativo àqueles processos, em si mesmos considerados, que, serão decididos conjuntamente; b) no que concerne à atenuação do excesso de carga de trabalho do Poder Judiciário – já que o tempo usado para decidir aqueles processos poderá ser mais eficazmente aproveitado em todos os outros, em cujo trâmite serão evidentemente menores os ditos "tempos mortos" (= períodos em que nada acontece no processo).

Por outro lado, haver, indefinidamente, posicionamentos diferentes e incompatíveis, nos Tribunais, a respeito da mesma norma jurídica, leva a que jurisdicionados que estejam em situações idênticas, tenham de submeter-se a regras de conduta diferentes, ditadas por decisões judiciais emanadas de tribunais diversos.

Esse fenômeno fragmenta o sistema, gera intranqüilidade e, por vezes, verdadeira perplexidade na sociedade. Prestigiou-se, seguindo-se direção já abertamente seguida pelo ordenamento jurídico brasileiro, expressado na criação da Súmula Vinculante do Supremo Tribunal Federal (STF) e do regime de julgamento conjunto de recursos especiais e extraordinários repetitivos (que foi mantido e aperfeiçoado) tendência a criar estímulos para que a jurisprudência se uniformize, à luz do que venham a decidir tribunais superiores e até de segundo grau, e se estabilize.

---

[457] Que, antes de ser expressamente incorporado à Constituição Federal em vigor (art. 50, inciso LXXVIII), já havia sido contemplado em outros instrumentos normativos estrangeiros (veja-se, por exemplo, o art. 111, da Constituição da Itália) e convenções internacionais (Convenção Europeia e Pacto de San Jose da Costa Rica). Trata-se, portanto, de tendência mundial.

[458] Afinal, a celeridade não é um valor que deva ser perseguido a qualquer custo. "Para muita gente, na matéria, a rapidez constitui o valor por excelência, quiçá o único. Seria fácil invocar aqui um rol de citações de autores famosos, apostados em estigmatizar a morosidade processual. Não deixam de ter razão, sem que isso implique – nem mesmo, quero crer, no pensamento desses próprios autores – hierarquização rígida que não reconheça como imprescindível, aqui e ali, ceder o passo a outros valores. Se uma justiça lenta demais é decerto uma justiça má, daí não se segue que uma justiça muito rápida seja necessariamente uma justiça boa. O que todos devemos querer é que a prestação jurisdicional venha ser melhor do que é. Se para torná-la melhor é preciso acelerá-la, muito bem: não, contudo, a qualquer preço" (BARBOSA MOREIRA, José Carlos. *O futuro da justiça*: alguns mitos. Revista de Processo, v. 102, p. 228-237, abr.-jun. 2001, p. 232).

Essa é a função e a razão de ser dos tribunais superiores: proferir decisões que moldem o ordenamento jurídico, objetivamente considerado. A função paradigmática que devem desempenhar é inerente ao sistema.

Por isso é que esses princípios foram expressamente formulados. Veja-se, por exemplo, o que diz o novo Código, no Livro IV: "A jurisprudência do STF e dos Tribunais Superiores deve nortear as decisões de todos os Tribunais e Juízos singulares do país, de modo a concretizar plenamente os princípios da legalidade e da isonomia".

Evidentemente, porém, para que tenha eficácia a recomendação no sentido de que seja a jurisprudência do STF e dos Tribunais superiores, efetivamente, norte para os demais órgãos integrantes do Poder Judiciário, é necessário que aqueles Tribunais mantenham jurisprudência razoavelmente estável.

A segurança jurídica fica comprometida com a brusca e integral alteração do entendimento dos tribunais sobre questões de direito.[459]

Encampou-se, por isso, expressamente princípio no sentido de que, uma vez firmada jurisprudência em certo sentido, esta deve, como norma, ser mantida, salvo se houver relevantes razões recomendando sua alteração.

Trata-se, na verdade, de um outro viés do princípio da segurança jurídica,[460] que recomendaria que a jurisprudência, uma vez pacificada ou sumulada, tendesse a ser mais estável.[461]

De fato, a alteração do entendimento a respeito de uma tese jurídica ou do sentido de um texto de lei pode levar ao legítimo desejo de que as situações anteriormente decididas, com base no entendimento superado, sejam redecididas à luz da nova compreensão. Isto porque a alteração da jurisprudência, diferentemente da alteração da lei, produz efeitos equivalentes aos *ex tunc*. Desde que, é claro, não haja regra em sentido inverso.

Diz, expressa e explicitamente, o novo Código que: "A mudança de entendimento sedimentado observará a necessidade de fundamentação adequada e específica, considerando o imperativo de estabilidade das relações jurídicas".

E, ainda, com o objetivo de prestigiar a segurança jurídica, formulou-se o seguinte princípio: "Na hipótese de alteração da jurisprudência dominante do STF e dos Tribunais superiores, ou oriunda de julgamentos de casos repetitivos, pode haver modulação dos efeitos da alteração no interesse social e no da segurança jurídica".

---

[459] Os ingleses dizem que os jurisdicionados não podem ser tratados "como cães, que só descobrem que algo é proibido quando o bastão toca seus focinhos" (BENTHAM citado por R. C. CAENEGEM, Judges, *Legislators & Professors*, p. 161).

[460] "O homem necessita de segurança para conduzir, planificar e conformar autônoma e responsavelmente a sua vida. Por isso, desde cedo se consideravam os princípios da segurança jurídica e da proteção à confiança como elementos constitutivos do Estado de Direito. Esses dois princípios – segurança jurídica e proteção da confiança – andam estreitamente associados, a ponto de alguns autores considerarem o princípio da confiança como um subprincípio ou como uma dimensão específica da segurança jurídica. Em geral, considera-se que a segurança jurídica está conexionada com elementos objetivos da ordem jurídica – garantia de estabilidade jurídica, segurança de orientação e realização do direito – enquanto a proteção da confiança se prende mais com os componentes subjetivos da segurança, designadamente a calculabilidade e previsibilidade dos indivíduos em relação aos efeitos dos actos". (JOSÉ JOAQUIM GOMES CANOTILHO. *Direito constitucional e teoria da constituição*. Almedina, Coimbra, 2000, p. 256).

[461] Os alemães usam a expressão princípio da "proteção", acima referida por Canotilho. (ROBERT ALEXY e RALF DREIER, Precedent in the Federal Republic of Germany, in *Interpreting Precedents, A Comparative Study*, Coordenação NEIL MACCORMICK e ROBERT SUMMERS, Dartmouth Publishing Company, p. 19).

OS EFEITOS DOS RECURSOS

Esse princípio tem relevantes consequências práticas, como, por exemplo, a não rescindibilidade de sentenças transitadas em julgado baseadas na orientação abandonada pelo Tribunal. Também em nome da segurança jurídica, reduziu-se para um ano, como regra geral, o prazo decadencial dentro do qual pode ser proposta a ação rescisória.

Mas talvez as alterações mais expressivas do sistema processual ligadas ao objetivo de harmonizá-lo com o espírito da Constituição Federal, sejam as que dizem respeito a regras que induzem à uniformidade e à estabilidade da jurisprudência.

O novo Código prestigia o princípio da segurança jurídica, obviamente de índole constitucional, pois que se hospeda nas dobras do Estado Democrático de Direito e visa a proteger e a preservar as justas expectativas das pessoas.

Todas as normas jurídicas devem tender a dar efetividade às garantias constitucionais, tornando "segura" a vida dos jurisdicionados, de modo a que estes sejam poupados de "surpresas", podendo sempre prever, em alto grau, as consequências jurídicas de sua conduta.

Se, por um lado, o princípio do livre convencimento motivado é garantia de julgamentos independentes e justos, e neste sentido mereceu ser prestigiado pelo novo Código, por outro, compreendido em seu mais estendido alcance, acaba por conduzir a distorções do princípio da legalidade e à própria idéia, antes mencionada, de Estado Democrático de Direito. A dispersão excessiva da jurisprudência produz intranqüilidade social e descrédito do Poder Judiciário.

Se todos têm que agir em conformidade com a lei, ter-se-ia, ipso facto, respeitada a isonomia. Essa relação de causalidade, todavia, fica comprometida como decorrência do desvirtuamento da liberdade que tem o juiz de decidir com base em seu entendimento sobre o sentido real da norma.

A tendência à diminuição[462] do número[463] de recursos que devem ser apreciados pelos Tribunais de segundo grau e superiores é resultado inexorável da jurisprudência mais uniforme e estável.

Proporcionar legislativamente melhores condições para operacionalizar formas de uniformização do entendimento dos Tribunais brasileiros acerca de teses jurídicas é concretizar, na vida da sociedade brasileira, o princípio constitucional da isonomia.

---

[462] Comentando os principais vetores da reforma sofrida no processo civil alemão na última década, BARBOSA MOREIRA alude ao problema causado pelo excesso de recursos no processo civil: "Pôr na primeira instância o centro de gravidade do processo é diretriz política muito prestigiada em tempos modernos, e numerosas iniciativas reformadoras levam-na em conta. A rigor, o ideal seria que os litígios fossem resolvidos em termos finais mediante um único julgamento. Razões conhecidas induzem as leis processuais a abrirem a porta a reexames. A multiplicação desmedida dos meios tendentes a propiciá-los, entretanto, acarreta o prolongamento indesejável do feito, aumenta-lhe o custo, favorece a chicana e, em muitos casos, gera para os tribunais superiores excessiva carga de trabalho. Convém, pois, envidar esforços para que as partes se dêem por satisfeitas com a sentença e se abstenham de impugná-la" (Breve notícia sobre a reforma do processo civil alemão. *Revista de Processo*. São Paulo, v. 28, n. 111, p. 103-112, jul./set. 2003, p. 105).

[463] O número de recursos previstos na legislação processual civil é objeto de reflexão e crítica, há muitos anos, na doutrina brasileira. EGAS MONIZ DE ARAGÃO, por exemplo, em emblemático trabalho sobre o tema, já indagou de forma contundente: "há demasiados recursos no ordenamento jurídico brasileiro? Deve-se restringir seu cabimento? São eles responsáveis pela morosidade no funcionamento do Poder Judiciário?" Respondendo tais indagações, o autor conclui que há três recursos que "atendem aos interesses da brevidade e certeza, interesses que devem ser ponderados – como na fórmula da composição dos medicamentos – para dar adequado remédio às necessidades do processo judicial": a apelação, o agravo e o extraordinário, isto é, recurso especial e recurso extraordinário (Demasiados recursos?. *Revista de Processo*. São Paulo, v. 31, n. 136, p. 9-31, jun. 2006, p. 18).

Criaram-se figuras, no novo CPC, para evitar a dispersão[464] excessiva da jurisprudência. Com isso, haverá condições de se atenuar o assoberbamento de trabalho no Poder Judiciário, sem comprometer a qualidade da prestação jurisdicional.

Dentre esses instrumentos, está a complementação e o reforço da eficiência do regime de julgamento de recursos repetitivos, que agora abrange a possibilidade de suspensão do procedimento das demais ações, tanto no juízo de primeiro grau, quanto dos demais recursos extraordinários ou especiais, que estejam tramitando nos tribunais superiores, aguardando julgamento, desatreladamente dos afetados.

Com os mesmos objetivos, criou-se, com inspiração no direito alemão,[465] o já referido incidente de Resolução de Demandas Repetitivas, que consiste na identificação de processos que contenham a mesma questão de direito, que estejam ainda no primeiro grau de jurisdição, para decisão conjunta.[466]

O incidente de resolução de demandas repetitivas é admissível quando identificada, em primeiro grau, controvérsia com potencial de gerar multiplicação expressiva de demandas e o correlato risco da coexistência de decisões conflitantes.

É instaurado perante o Tribunal local, por iniciativa do juiz, do MP, das partes, da Defensoria Pública ou pelo próprio Relator. O juízo de admissibilidade e de mérito caberão ao tribunal pleno ou ao órgão especial, onde houver, e a extensão da eficácia da decisão acerca da tese jurídica limita-se à área de competência territorial do tribunal, salvo decisão em contrário do STF ou dos Tribunais superiores, pleiteada pelas partes, interessados, MP ou Defensoria Pública. Há a possibilidade de intervenção de *amici curiae*.

O incidente deve ser julgado no prazo de seis meses, tendo preferência sobre os demais feitos, salvo os que envolvam réu preso ou pedido de *habeas corpus*.

---

[464] A preocupação com essa possibilidade não é recente. ALFREDO BUZAID já aludia a ela, advertindo que há uma grande diferença entre as decisões adaptadas ao contexto histórico em que proferidas e aquelas que prestigiam interpretações contraditórias da mesma disposição legal, apesar de iguais as situações concretas em que proferidas. Nesse sentido: "Na verdade, não repugna ao jurista que os tribunais, num louvável esforço de adaptação, sujeitem a mesma regra a entendimento diverso, desde que se alterem as condições econômicas, políticas e sociais; mas repugna-lhe que sobre a mesma regra jurídica dêem os tribunais interpretação diversa e até contraditória, quando as condições em que ela foi editada continuam as mesmas. O dissídio resultante de tal exegese debilita a autoridade do Poder Judiciário, ao mesmo passo que causa profunda decepção às partes que postulam perante os tribunais" (Uniformização de Jurisprudência. *Revista da Associação dos Juízes do Rio Grande do Sul*, 34/139, jul. 1985).

[465] No direito alemão a figura se chama *Musterverfahren* e gera decisão que serve de modelo (= *Muster*) para a resolução de uma quantidade expressiva de processos em que as partes estejam na mesma situação, não se tratando necessariamente, do mesmo autor nem do mesmo réu. (RALF-THOMAS WITTMANN. Il "contenzioso di massa" in Germania, in GIORGETTI ALESSANDRO e VALERIO VALLEFUOCO, *Il Contenzioso di massa in Italia, in Europa e nel mondo*, Milão, Giuffrè, 2008, p. 178)

[466] Tais medidas refletem, sem dúvida, a tendência de coletivização do processo, assim explicada por RODOLFO DE CAMARGO MANCUSO: "Desde o último quartel do século passado, foi tomando vulto o fenômeno da 'coletivização' dos conflitos, à medida que, paralelamente, se foi reconhecendo a inaptidão do processo civil clássico para instrumentalizar essas megacontrovérsias, próprias de uma conflitiva sociedade de massas. Isso explica a proliferação de ações de cunho coletivo, tanto na Constituição Federal (arts. 5º, XXI; LXX, 'b'; LXXIII; 129, III) como na legislação processual extravagante, empolgando segmentos sociais de largo espectro: consumidores, infância e juventude; deficientes físicos; investidores no mercado de capitais; idosos; torcedores de modalidades desportivas, etc. Logo se tornou evidente (e premente) a necessidade da oferta de novos instrumentos capazes de recepcionar esses conflitos assim potencializado, seja em função do número expressivo (ou mesmo indeterminado) dos sujeitos concernentes, seja em função da indivisibilidade do objeto litigioso, que o torna insuscetível de partição e fruição por um titular exclusivo" (*A resolução de conflitos e a função judicial no Contemporâneo Estado de Direito*. São Paulo: Revista dos Tribunais, 2009, p. 379-380).

O recurso especial e o recurso extraordinário, eventualmente interpostos da decisão do incidente, têm efeito suspensivo e se considera presumida a repercussão geral, de questão constitucional eventualmente discutida.

Enfim, não observada a tese firmada, caberá reclamação ao tribunal competente.

As hipóteses de cabimento dos embargos de divergência agora se baseiam exclusivamente na existência de teses contrapostas, não importando o veículo que as tenha levado ao Supremo Tribunal Federal ou ao Superior Tribunal de Justiça. Assim, são possíveis de confronto teses contidas em recursos e ações, sejam as decisões de mérito ou relativas ao juízo de admissibilidade.

Está-se, aqui, diante de poderoso instrumento, agora tornado ainda mais eficiente, cuja finalidade é a de uniformizar a jurisprudência dos Tribunais superiores, *interna corporis*.

Sem que a jurisprudência desses Tribunais esteja internamente uniformizada, é posto abaixo o edifício cuja base é o respeito aos precedentes dos Tribunais superiores.

2) Pretendeu-se converter o processo em instrumento incluído no contexto social em que produzirá efeito o seu resultado. Deu-se ênfase à possibilidade de as partes porem fim ao conflito pela via da mediação ou da conciliação.[467] Entendeu-se que a satisfação efetiva das partes pode dar-se de modo mais intenso se a solução é por elas criada e não imposta pelo juiz.

Como regra, deve realizar-se audiência em que, ainda antes de ser apresentada contestação, se tentará fazer com que autor e réu cheguem a acordo. Dessa audiência, poderão participar conciliador e mediador e o réu deve comparecer, sob pena de se qualificar sua ausência injustificada como ato atentatório à dignidade da justiça. Não se chegando a acordo, terá início o prazo para a contestação.

Por outro lado, e ainda levando em conta a qualidade da satisfação das partes com a solução dada ao litígio, previu-se a possibilidade da presença do amicus curiae, cuja manifestação, com certeza tem aptidão de proporcionar ao juiz condições de proferir decisão mais próxima às reais necessidades das partes e mais rente à realidade do país.[468]

Criou-se regra no sentido de que a intervenção pode ser pleiteada pelo amicus curiae ou solicitada de ofício, como decorrência das peculiaridades da causa, em todos os graus de jurisdição.

Entendeu-se que os requisitos que impõem a manifestação do *amicus curiae* no processo, se existem, estarão presentes desde o primeiro grau de jurisdição, não se justificando que a possibilidade de sua intervenção ocorra só nos Tribunais Superiores. Evidentemente, todas as

---

[467] A criação de condições para realização da transação é uma das tendências observadas no movimento de reforma que inspirou o processo civil alemão. Com efeito, explica BARBOSA MOREIRA que "já anteriormente, por força de uma lei de 1999, os órgãos legislativos dos 'Lander' tinham sido autorizados, sob determinadas circunstâncias, a exigirem, como requisito de admissibilidade da ação, que se realizasse prévia tentativa de conciliação extrajudicial. Doravante, nos termos do art. 278, deve o tribunal, em princípio, levar a efeito a tentativa, ordenando o comparecimento pessoal de ambas as partes. O órgão judicial discutirá com elas a situação, poderá formular-lhes perguntas e fazer-lhes observações. Os litigantes serão ouvidos pessoalmente e terá cada qual a oportunidade de expor sua versão do litígio..." (*Breves notícias sobre a reforma do processo civil alemão*, p. 106).

[468] Predomina na doutrina a opinião de que a origem do amicus curiae está na Inglaterra, no processo penal, embora haja autores que afirmem haver figura assemelhada já no direito romano (CÁSSIO SCARPINELLA BUENO, *Amicus curiae no processo civil brasileiro*, Saraiva, 2006, p. 88). Historicamente, sempre atuou ao lado do juiz, e sempre foi a discricionariedade deste que determinou a intervenção desta figura, fixando os limites de sua atuação. Do direito inglês, migrou para o direito americano, em que é, atualmente, figura de relevo digno de nota (CÁSSIO SCARPINELLA BUENO, ob.cit., p. 94 e seguintes).

decisões devem ter a qualidade que possa proporcionar a presença do *amicus curiae*, não só a última delas.

Com objetivo semelhante, permite-se no novo CPC que os Tribunais Superiores apreciem o mérito de alguns recursos que veiculam questões relevantes, cuja solução é necessária para o aprimoramento do Direito, ainda que não estejam preenchidos requisitos de admissibilidade considerados menos importantes. Trata-se de regra afeiçoada à processualística contemporânea, que privilegia o conteúdo em detrimento da forma, em consonância com o princípio da instrumentalidade.

3) Com a finalidade de simplificação, criou-se,[469] v.g., a possibilidade de o réu formular pedido independentemente do expediente formal da reconvenção, que desapareceu. Extinguiram-se muitos incidentes: passa a ser matéria alegável em preliminar de contestação a incorreção do valor da causa e a indevida concessão do benefício da justiça gratuita, bem como as duas espécies de incompetência. Não há mais a ação declaratória incidental nem a ação declaratória incidental de falsidade de documento, bem como o incidente de exibição de documentos. As formas de intervenção de terceiro foram modificadas e parcialmente fundidas: criou-se um só instituto, que abrange as hipóteses de denunciação da lide e de chamamento ao processo. Deve ser utilizado quando o chamado puder ser réu em ação regressiva; quando um dos devedores solidários saldar a dívida, aos demais; quando houver obrigação, por lei ou por contrato, de reparar ou garantir a reparação de dano, àquele que tem essa obrigação. A sentença dirá se terá havido a hipótese de ação regressiva, ou decidirá quanto à obrigação comum. Muitos[470] procedimentos especiais[471] foram extintos. Foram mantidos a ação de consignação em pagamento, a ação de prestação de contas, a ação de divisão e demarcação de terras particulares, inventário e partilha, embargos de terceiro, habilitação, restauração de autos, homologação de penhor legal e ações possessórias.

Extinguiram-se também as ações cautelares nominadas. Adotou-se a regra no sentido de que basta à parte a demonstração do fumus boni iuris e do perigo de ineficácia da prestação juris-

---

[469] Tal possibilidade, rigorosamente, já existia no CPC de 1973, especificamente no procedimento comum sumário (art. 278, § 10) e em alguns procedimentos especiais disciplinados no Livro IV, como, por exemplo, as ações possessórias (art. 922), daí porque se afirmava, em relação a estes, que uma de suas características peculiares era, justamente, a natureza dúplice da ação. Contudo, no Novo Código, o que era excepcional se tornará regra geral, em evidente benefício da economia processual e da ideia de efetividade da tutela jurisdicional.

[470] EGAS MONIZ DE ARAGÃO, comentando a transição do Código de 1939 para o Código de 1973, já chamava a atenção para a necessidade de refletir sobre o grande número de procedimentos especiais que havia no primeiro e foi mantido, no segundo diploma. Nesse sentido: "Ninguém jamais se preocupou em investigar se é necessário ou dispensável, se é conveniente ou inconveniente oferecer aos litigantes essa pletora de procedimentos especiais; ninguém jamais se preocupou em verificar se a existência desses inúmeros procedimentos constitui obstáculo à 'efetividade do processo', valor tão decantado na atualidade; ninguém jamais se preocupou em pesquisar se a existência de tais e tantos procedimentos constitui estorvo ao bom andamento dos trabalhos forenses e se a sua substituição por outros e novos meios de resolver os mesmos problemas poderá trazer melhores resultados. Diante desse quadro é de indagar: será possível atingir os resultados verdadeiramente aspirados pela revisão do Código sem remodelar o sistema no que tange aos procedimentos especiais?" (Reforma processual: 10 anos. *Revista do Instituto dos Advogados do Paraná*. Curitiba, n. 33, p. 201-215, dez. 2004, p. 205).

[471] Ainda na vigência do Código de 1973, já não se podia afirmar que a maior parte desses procedimentos era efetivamente especial. As características que, no passado, serviram para lhes qualificar desse modo, após as inúmeras alterações promovidas pela atividade de reforma da legislação processual, deixaram de lhes ser exclusivas. Vários aspectos que, antes, somente se viam nos procedimentos ditos especiais, passaram, com o tempo, a se observar também no procedimento comum. Exemplo disso é o sincretismo processual, que passou a marcar o procedimento comum desde que admitida a concessão de tutela de urgência em favor do autor, nos termos do art. 273.

OS EFEITOS DOS RECURSOS

dicional para que a providência pleiteada deva ser deferida. Disciplina-se também a tutela sumária que visa a proteger o direito evidente, independentemente de *periculum in mora*.

O Novo CPC agora deixa clara a possibilidade de concessão de tutela de urgência e de tutela à evidência. Considerou-se conveniente esclarecer de forma expressa que a resposta do Poder Judiciário deve ser rápida não só em situações em que a urgência decorre do risco de eficácia do processo e do eventual perecimento do próprio direito. Também em hipóteses em que as alegações da parte se revelam de juridicidade ostensiva deve a tutela ser antecipadamente (total ou parcialmente) concedida, independentemente de periculum in mora, por não haver razão relevante para a espera, até porque, via de regra, a demora do processo gera agravamento do dano.

Ambas essas espécies de tutela vêm disciplinadas na Parte Geral, tendo também desaparecido o livro das Ações Cautelares.

A tutela de urgência e da evidência podem ser requeridas antes ou no curso do procedimento em que se pleiteia a providência principal.

Não tendo havido resistência à liminar concedida, o juiz, depois da efetivação da medida, extinguirá o processo, conservando-se a eficácia da medida concedida, sem que a situação fique protegida pela coisa julgada.

Impugnada a medida, o pedido principal deve ser apresentado nos mesmos autos em que tiver sido formulado o pedido de urgência.

As opções procedimentais acima descritas exemplificam sobremaneira a concessão da tutela cautelar ou antecipatória, do ponto de vista procedimental.

Além de a incompetência, absoluta e relativa, poderem ser levantadas pelo réu em preliminar de contestação, o que também significa uma maior simplificação do sistema, a incompetência absoluta não é, no Novo CPC, hipótese de cabimento de ação rescisória.

Cria-se a faculdade de o advogado promover, pelo correio, a intimação do advogado da outra parte. Também as testemunhas devem comparecer espontaneamente, sendo excepcionalmente intimadas por carta com aviso de recebimento.

A extinção do procedimento especial "ação de usucapião" levou à criação do procedimento edital, como forma de comunicação dos atos processuais, por meio do qual, em ações deste tipo, devem-se provocar todos os interessados a intervir, se houver interesse.

O prazo para todos os recursos, com exceção dos embargos de declaração, foi uniformizado: quinze dias.

O recurso de apelação continua sendo interposto no 10 grau de jurisdição, tendo-lhe sido, todavia, retirado o juízo de admissibilidade, que é exercido apenas no 20 grau de jurisdição. Com isso, suprime-se um novo foco desnecessário de recorribilidade.

Na execução, se eliminou a distinção entre praça e leilão, assim como a necessidade de duas hastas públicas. Desde a primeira, pode o bem ser alienado por valor inferior ao da avaliação, desde que não se trate de preço vil.

Foram extintos os embargos à arrematação, tornando-se a ação anulatória o único meio de que o interessado pode valer-se para impugná-la.

Bastante simplificado foi o sistema recursal. Essa simplificação, todavia, em momento algum significou restrição ao direito de defesa. Em vez disso deu, de acordo com o objetivo tratado no item seguinte, maior rendimento a cada processo individualmente considerado.

Desapareceu o agravo retido, tendo, correlatamente, alterado-se o regime das preclusões.[472] Todas as decisões anteriores à sentença podem ser impugnadas na apelação. Ressalte-se que, na verdade, o que se modificou, nesse particular, foi exclusivamente o momento da impugnação, pois essas decisões, de que se recorria, no sistema anterior, por meio de agravo retido, só eram mesmo alteradas ou mantidas quando o agravo era julgado, como preliminar de apelação. Com o novo regime, o momento de julgamento será o mesmo; não o da impugnação.

O agravo de instrumento ficou mantido para as hipóteses de concessão, ou não, de tutela de urgência; para as interlocutórias de mérito, para as interlocutórias proferidas na execução (e no cumprimento de sentença) e para todos os demais casos a respeito dos quais houver previsão legal expressa.

Previu-se a sustentação oral em agravo de instrumento de decisão de mérito, procurando--se, com isso, alcançar resultado do processo mais rente à realidade dos fatos.

Uma das grandes alterações havidas no sistema recursal foi a supressão dos embargos infringentes.[473] Há muito, doutrina da melhor qualidade vem propugnando pela necessidade de que sejam extintos.[474] Em contrapartida a essa extinção, o relator terá o dever de declarar o voto vencido, sendo este considerado como parte integrante do acórdão, inclusive para fins de prequestionamento.

Significativas foram as alterações, no que tange aos recursos para o STJ e para o STF. O Novo Código contém regra expressa, que leva ao aproveitamento do processo, de forma plena, devendo ser decididas todas as razões que podem levar ao provimento ou ao improvimento do recurso.

Sendo, por exemplo, o recurso extraordinário provido para acolher uma causa de pedir, ou a) examinam-se todas as outras, ou, b) remetem-se os autos para o Tribunal de segundo grau, para que decida as demais, ou, c) remetem-se os autos para o primeiro grau, caso haja necessidade de produção de provas, para a decisão das demais; e, pode-se também, d) remeter os autos ao STJ, caso as causas de pedir restantes constituam-se em questões de direito federal.

Com os mesmos objetivos, consistentes em simplificar o processo, dando-lhe, simultaneamente, o maior rendimento possível, criou-se a regra de que não há mais extinção do processo, por decisão de inadmissão de recurso, caso o tribunal destinatário entenda que a competência seria de outro tribunal. Há, isto sim, em todas as instâncias, inclusive no plano de STJ e STF, a remessa dos autos ao tribunal competente.

---

[472] Essa alteração contempla uma das duas soluções que a doutrina processualista colocava em relação ao problema da recorribilidade das decisões interlocutórias. Nesse sentido: "Duas teses podem ser adotadas com vistas ao controle das decisões proferidas pelo juiz no decorrer do processo em primeira instância: ou, a) não se proporciona recurso algum e os litigantes poderão impugná-las somente com o recurso cabível contra o julgamento final, normalmente a apelação, caso estes em que não incidirá preclusão sobre tais questões, ou, b) é proporcionado recurso contra as decisões interlocutórias (tanto faz que o recurso suba incontinente ao órgão superior ou permaneça retido nos autos do processo) e ficarão preclusas as questões nelas solucionadas caso o interessado não recorra" (ARAGÃO, E. M. *Reforma processual*: 10 anos, p. 210-211).

[473] Essa trajetória, como lembra BARBOSA MOREIRA, foi, no curso das décadas, "complexa e sinuosa" (Novas vicissitudes dos embargos infringentes, *Revista de Processo*. São Paulo, v. 28, n. 109, p. 113-123, jul.-ago. 2004, p. 113).

[474] Nesse sentido, "A existência de um voto vencido não basta por si só para justificar a criação de tal recurso; porque, por tal razão, se devia admitir um segundo recurso de embargos toda vez que houvesse mais de um voto vencido; desta forma poderia arrastar-se a verificação por largo tempo, vindo o ideal de justiça a ser sacrificado pelo desejo de aperfeiçoar a decisão" (ALFREDO BUZAID, *Ensaio para uma revisão do sistema de recursos no Código de Processo Civil*. Estudos de direito. São Paulo: Saraiva, 1972, v. 1, p. 111).

OS EFEITOS DOS RECURSOS

Há dispositivo expresso determinando que, se os embargos de declaração são interpostos com o objetivo de prequestionar a matéria objeto do recurso principal, e não são admitidos, considera-se o prequestionamento como havido, salvo, é claro, se se tratar de recurso que pretenda a inclusão, no acórdão, da descrição de fatos.

Vê-se, pois, que as alterações do sistema recursal a que se está, aqui, aludindo, proporcionaram simplificação e levaram a efeito um outro objetivo, de que abaixo se tratará: obter-se o maior rendimento possível de cada processo.

4) O novo sistema permite que cada processo tenha maior rendimento possível. Assim, e por isso, estendeu-se a autoridade da coisa julgada às questões prejudiciais.

Com o objetivo de se dar maior rendimento a cada processo, individualmente considerado, e, atendendo a críticas tradicionais da doutrina,[475] deixou, a possibilidade jurídica do pedido, de ser condição da ação. A sentença que, à luz da lei revogada seria de carência da ação, à luz do Novo CPC é de improcedência e resolve definitivamente a controvérsia.

Criaram-se mecanismos para que, sendo a ação proposta com base em várias causas de pedir e sendo só uma levada em conta na decisão do 1º e do 2º grau, repetindo-se as decisões de procedência, caso o tribunal superior inverta a situação, retorne o processo ao 20 grau, para que as demais sejam apreciadas, até que, afinal, sejam todas decididas e seja, efetivamente, posto fim à controvérsia.

O mesmo ocorre se se tratar de ação julgada improcedente em 1º e em 2º grau, como resultado de acolhimento de uma razão de defesa, quando haja mais de uma.

Também visando a essa finalidade, o novo Código de Processo Civil criou, inspirado no sistema italiano[476] e francês,[477] a estabilização de tutela, a que já se referiu no item anterior, que permite a manutenção da eficácia da medida de urgência, ou antecipatória de tutela, até que seja eventualmente impugnada pela parte contrária.

As partes podem, até a sentença, modificar pedido e causa de pedir, desde que não haja ofensa ao contraditório. De cada processo, por esse método, se obtém tudo o que seja possível.

Na mesma linha, tem o juiz o poder de adaptar o procedimento às peculiaridades da causa.[478]

Com a mesma finalidade, criou-se a regra, a que já se referiu, no sentido de que, entendendo o Superior Tribunal de Justiça que a questão veiculada no recurso especial seja constitucional, deve remeter o recurso do Supremo Tribunal Federal; do mesmo modo, deve o Supremo Tribunal Federal remeter o recurso ao Superior Tribunal de Justiça, se considerar que não se trata de ofensa direta à Constituição Federal, por decisão irrecorrível.

---

[475] CÂNDIDO DINAMARCO lembra que o próprio LIEBMAN, após formular tal condição da ação em aula inaugural em Turim, renunciou a ela depois que "a lei italiana passou a admitir o divórcio, sendo este o exemplo mais expressivo de impossibilidade jurídica que vinha sendo utilizado em seus escritos" (*Instituições de direito processual civil*. v. II, 6. ed. São Paulo: Malheiros, 2009, p. 309).

[476] Tratam da matéria, por exemplo, COMOGLIO, Luigi; FERRI, Corrado; TARUFFO, Michele. Lezioni sul processo civile. 4. ed. Bologna: Il Mulino, 2006. t. I e II; PICARDI, Nicola. Codice di procedura civile. 4. ed. Milão: Giuffrè, 2008. t. II; GIOLA, Valerio de; RASCHELLÀ, Anna Maria. I provvedimento d´urgenza ex art. 700 Cod. Proc. Civ. 2. ed. Experta, 2006.

[477] É conhecida a figura do référé francês, que consiste numa forma sumária de prestação de tutela, que gera decisão provisória, não depende necessariamente de um processo principal, não transita em julgado, mas pode prolongar a sua eficácia no tempo. Vejam-se arts. 488 e 489 do Nouveau Code de Procédure Civile francês.

[478] No processo civil inglês, há regra expressa a respeito dos "case management powers". CPR 1.4. Na doutrina, v. NEIL ANDREWS, *O moderno processo civil*, São Paulo, Ed. RT, 2009, item 3.14, p. 74. Nestas regras de gestão de processos, inspirou-se a Comissão autora do Anteprojeto.

5) A Comissão trabalhou sempre tendo como pano de fundo um objetivo genérico, que foi de imprimir organicidade às regras do processo civil brasileiro, dando maior coesão ao sistema.

O Novo CPC conta, agora, com uma Parte Geral,[479] atendendo às críticas de parte ponderável da doutrina brasileira. Neste Livro I, são mencionados princípios constitucionais de especial importância para todo o processo civil, bem como regras gerais, que dizem respeito a todos os demais Livros. A Parte Geral desempenha o papel de chamar para si a solução de questões difíceis relativas às demais partes do Código, já que contém regras e princípios gerais a respeito do funcionamento do sistema.

O conteúdo da Parte Geral (Livro I) consiste no seguinte: princípios e garantias fundamentais do processo civil; aplicabilidade das normas processuais; limites da jurisdição brasileira; competência interna; normas de cooperação internacional e nacional; partes; litisconsórcio; procuradores; juiz e auxiliares da justiça; Ministério Público; atos processuais; provas; tutela de urgência e tutela da evidência; formação, suspensão e extinção do processo. O Livro II, diz respeito ao processo de conhecimento, incluindo cumprimento de sentença e procedimentos especiais, contenciosos ou não. O Livro III trata do processo de execução, e o Livro IV disciplina os processos nos Tribunais e os meios de impugnação das decisões judiciais. Por fim, há as disposições finais e transitórias.

O objetivo de organizar internamente as regras e harmonizá-las entre si foi o que inspirou, por exemplo, a reunião das hipóteses em que os Tribunais ou juízes podem voltar atrás, mesmo depois de terem proferido decisão de mérito: havendo embargos de declaração, erro material, sendo proferida decisão pelo STF ou pelo STJ com base nos artigos 543-B e 543-C do Código anterior.

Organizaram-se em dois dispositivos as causas que levam à extinção do processo, por indeferimento da inicial, sem ou com julgamento de mérito, incluindo-se neste grupo o que constava do art. 285-A do Código anterior.

Unificou-se o critério relativo ao fenômeno que gera a prevenção: o despacho que ordena a citação. A ação, por seu turno, considera-se proposta assim que protocolada a inicial.

Tendo desaparecido o Livro do Processo Cautelar e as cautelares em espécie, acabaram sobrando medidas que, em consonância com parte expressiva da doutrina brasileira, embora estivessem formalmente inseridas no Livro III, de cautelares, nada tinham. Foram, então, realocadas, junto aos procedimentos especiais.

Criou-se um livro novo, a que já se fez menção, para os processos nos Tribunais, que abrange os meios de impugnação às decisões judiciais – recursos e ações impugnativas autônomas – e institutos como, por exemplo, a homologação de sentença estrangeira.

Também com o objetivo de desfazer "nós" do sistema, deixaram-se claras as hipóteses de cabimento de ação rescisória e de ação anulatória, eliminando-se dúvidas, com soluções como, por exemplo, a de deixar sentenças homologatórias como categoria de pronunciamento impugnável pela ação anulatória, ainda que se trate de decisão de mérito, isto é, que homologa transação, reconhecimento jurídico do pedido ou renúncia à pretensão.

---

[479] Para EGAS MONIZ DE ARAGÃO, a ausência de uma parte geral, no Código de 1973, ao tempo em que promulgado, era compatível com a ausência de sistematização, no plano doutrinário, de uma teoria geral do processo. E advertiu o autor: "não se recomendaria que o legislador precedesse aos doutrinadores, aconselhando a prudência que se aguarde o desenvolvimento do assunto por estes para, colhendo-lhes os frutos, atuar aquele" (*Comentários ao Código de Processo Civil.* v. II. 7. ed. Rio de Janeiro: Forense, 1991, p. 8). O profundo amadurecimento do tema que hoje se observa na doutrina processualista brasileiro justifica, nessa oportunidade, a sistematização da teoria geral do processo, no novo CPC.

OS EFEITOS DOS RECURSOS

Com clareza e com base em doutrina autorizada,[480] disciplinou-se o litisconsórcio, separando-se, com a nitidez possível, o necessário do unitário.

Inverteram-se os termos sucessão e substituição, acolhendo-se crítica antiga e correta da doutrina.[481]

Nos momentos adequados, utilizou-se a expressão convenção de arbitragem, que abrange a cláusula arbitral e o compromisso arbitral, imprimindo-se, assim, o mesmo regime jurídico a ambos os fenômenos.[482]

Em conclusão, como se frisou no início desta exposição de motivos, elaborar-se um Código novo não significa "deitar abaixo as instituições do Código vigente, substituindo-as por outras, inteiramente novas".[483]

Nas alterações das leis, com exceção daquelas feitas imediatamente após períodos históricos que se pretendem deixar definitivamente para trás, não se deve fazer "taboa rasa" das conquistas alcançadas. Razão alguma há para que não se conserve ou aproveite o que há de bom no sistema que se pretende reformar.

Assim procedeu a Comissão de Juristas que reformou o sistema processual: criou saudável equilíbrio entre conservação e inovação, sem que tenha havido drástica ruptura com o presente ou com o passado.

Foram criados institutos inspirados no direito estrangeiro, como se mencionou ao longo desta Exposição de Motivos, já que, a época em que vivemos é de interpenetração das civilizações. O Novo CPC é fruto de reflexões da Comissão que o elaborou, que culminaram em escolhas racionais de caminhos considerados adequados, à luz dos cinco critérios acima referidos, à obtenção de uma sentença que resolva o conflito, com respeito aos direitos fundamentais e no menor tempo possível, realizando o interesse público da atuação da lei material.

Em suma, para a elaboração do Novo CPC, identificaram-se os avanços incorporados ao sistema processual preexistente, que deveriam ser conservados.

Estes foram organizados e se deram alguns passos à frente, para deixar expressa a adequação das novas regras à Constituição Federal da República, com um sistema mais coeso, mais ágil e capaz de gerar um processo civil mais célere e mais justo.

A Comissão.

---

[480] CÂNDIDO DINAMARCO, por exemplo, sob a égide do Código de 1973, teceu críticas à redação do art. 47, por entender que "esse mal redigido dispositivo dá a impressão, absolutamente falsa, de que o litisconsórcio unitário seria modalidade do necessário" (*Instituições de direito processual civil*, v. II, p. 359). No entanto, explica, com inequívoca clareza, o processualista: "Os dois conceitos não se confundem nem se colocam em relação de gênero a espécie. A unitariedade não é espécie da necessariedade. Diz respeito ao 'regime de tratamento' dos litisconsortes, enquanto esta é a exigência de 'formação' do litisconsórcio".

[481] "O Código de Processo Civil dá a falsa idéia de que a troca de um sujeito pelo outro na condição de parte seja um fenômeno de substituição processual: o vocábulo 'substituição' e a forma verbal 'substituindo' são empregadas na rubrica em que se situa o art. 48 e em seu § 10. Essa impressão é falsa porque 'substituição processual' é a participação de um sujeito no processo, como autor ou réu, sem ser titular do interesse em conflito (art. 60). Essa locução não expressa um movimento de entrada e saída. Tal movimento é, em direito, 'sucessão' – no caso, sucessão processual" (DINAMARCO, C. *Instituições de direito processual civil*, v. II, p. 281).

[482] Sobre o tema da arbitragem, veja-se: CARMONA, Carlos Alberto. *Arbitragem e Processo um comentário à lei nº 9.307/96*. 3ª ed. São Paulo: Atlas, 2009.

[483] ALFREDO BUZAID, *Exposição de motivos*, Lei 5.869, de 11 de janeiro de 1973.

Anexo II

PLS 166/2010

TÍTULO II
DOS RECURSOS
CAPÍTULO I
DAS DISPOSIÇÕES GERAIS

Art. 948. São cabíveis os seguintes recursos:

I – apelação;

II – agravo de instrumento;

III – agravo interno;

IV – embargos de declaração;

V – recurso ordinário;

VI – recurso especial;

VII – recurso extraordinário;

VIII – agravo de admissão;

IX – embargos de divergência.

§ 1º Excetuados os embargos de declaração, o prazo para interpor e para responder os recursos é de quinze dias.

§ 2º No ato de interposição de recurso ao Supremo Tribunal Federal ou ao Superior Tribunal de Justiça, o recorrente deverá comprovar a ocorrência de feriado local.

Art. 949. Os recursos, salvo disposição legal em sentido diverso, não impedem a eficácia da decisão.

§ 1º A eficácia da decisão poderá ser suspensa pelo relator se demonstrada a probabilidade de provimento do recurso, ou, sendo relevante a fundamentação, houver risco de dano grave ou difícil reparação, observado o art. 968.

§ 2º O pedido de efeito suspensivo do recurso será dirigido ao tribunal, em petição autônoma, que terá prioridade na distribuição e tornará prevento o relator.

§ 3º Quando se tratar de pedido de efeito suspensivo a recurso de apelação, o protocolo da petição a que se refere o § 2º impede a eficácia da sentença até que seja apreciado pelo relator.

OS EFEITOS DOS RECURSOS

§ 4º É irrecorrível a decisão do relator que conceder o efeito suspensivo.

Art. 950. O recurso pode ser interposto pela parte vencida, pelo terceiro prejudicado e pelo Ministério Público, seja como parte ou fiscal da ordem jurídica.

Parágrafo único. Cumpre ao terceiro demonstrar a possibilidade de a decisão sobre a relação jurídica submetida à apreciação judicial atingir direito de que seja titular.

Art. 951. Cada parte interporá o recurso, independentemente, no prazo e observadas as exigências legais. Sendo, porém, vencidos autor e réu, ao recurso interposto por qualquer deles poderá aderir o outro.

Parágrafo único. O recurso adesivo fica subordinado ao recurso principal, aplicando-se-lhe as mesmas regras do recurso independente quanto aos requisitos de admissibilidade, preparo e julgamento no tribunal, salvo disposição legal diversa, observado o seguinte:

I – será dirigido ao juízo da sentença ou acórdão recorrido, no prazo de que a parte dispõe para responder;

II – será admissível na apelação, no recurso extraordinário e no recurso especial;

III – não será conhecido, se houver desistência do recurso principal ou se for ele declarado inadmissível ou deserto.

Art. 952. O recorrente poderá, a qualquer tempo, sem a anuência do recorrido ou dos litisconsortes, desistir do recurso.

Parágrafo único. No julgamento de recurso extraordinário cuja repercussão geral já tenha sido reconhecida e no julgamento de recursos repetitivos afetados, a questão ou as questões jurídicas objeto do recurso representativo de controvérsia de que se desistiu serão decididas pelo Superior Tribunal de Justiça ou pelo Supremo Tribunal Federal.

Art. 953. A renúncia ao direito de recorrer independe da aceitação da outra parte.

Art. 954. A parte que aceitar expressa ou tacitamente a sentença ou a decisão não poderá recorrer.

Parágrafo único. Considera-se aceitação tácita a prática, sem reserva alguma, de um ato incompatível com a vontade de recorrer.

Art. 955. Dos despachos não cabe recurso.

Art. 956. A sentença ou a decisão pode ser impugnada no todo ou em parte.

Art. 957. O prazo para a interposição do recurso, aplicável em todos os casos o disposto no art. 192, contar-se-á da data:

I – da leitura da sentença ou da decisão em audiência;

II – da intimação das partes, quando a sentença ou a decisão não for proferida em audiência;

III – da publicação do dispositivo do acórdão no órgão oficial.

Parágrafo único. No prazo para a interposição do recurso, a petição será protocolada em cartório ou segundo a norma de organização judiciária, ressalvado o disposto no art. 970.

Art. 958. Se, durante o prazo para a interposição do recurso, sobrevier o falecimento da parte ou de seu advogado ou ocorrer motivo de força maior que suspenda o curso do processo, será tal prazo restituído em proveito da parte, do herdeiro ou do sucessor, contra quem começará a correr novamente depois da intimação.

Art. 959. O recurso interposto por um dos litisconsortes a todos aproveita, desde que comuns as questões de fato e de direito.

Parágrafo único. Havendo solidariedade passiva, o recurso interposto por um devedor aproveitará aos outros, quando as defesas opostas ao credor lhes forem comuns.

Art. 960. Transitado em julgado o acórdão, o escrivão, independentemente de despacho, providenciará a baixa dos autos ao juízo de origem, no prazo de cinco dias.

Art. 961. No ato de interposição do recurso, o recorrente comprovará, quando exigido pela legislação pertinente, o respectivo preparo, inclusive porte de remessa e de retorno, sob pena de deserção, observado o seguinte:

I – são dispensados de preparo os recursos interpostos pelo Ministério Público, pela União, pelo Distrito Federal, pelos Estados, pelos Municípios, e respectivas autarquias, e pelos que gozam de isenção legal;

II – a insuficiência no valor do preparo implicará deserção, se o recorrente, intimado, não vier a supri-lo no prazo de cinco dias.

§ 1º Provando o recorrente justo impedimento, o relator relevará, por decisão irrecorrível, a pena de deserção, fixando-lhe prazo de cinco dias para efetuar o preparo.

§ 2º O equívoco no preenchimento da guia de custas não resultará na aplicação da pena de deserção, cabendo ao relator, na hipótese de dúvida quanto ao recolhimento, intimar o recorrente para sanar o vício no prazo de cinco dias ou solicitar informações ao órgão arrecadador.

Art. 962. O julgamento proferido pelo tribunal substituirá a decisão interlocutória ou a sentença impugnada no que tiver sido objeto de recurso.

CAPÍTULO II
DA APELAÇÃO

Art. 963. Da sentença cabe apelação.

Parágrafo único. As questões resolvidas na fase cognitiva, se a decisão a seu respeito não comportar agravo de instrumento, não ficam cobertas pela preclusão e devem ser suscitadas em preliminar de apelação, eventualmente interposta contra a decisão final, ou nas contrarrazões.

Art. 964. A apelação, interposta por petição dirigida ao juízo de primeiro grau, conterá:

I – os nomes e a qualificação das partes;

II – os fundamentos de fato e de direito;

III – o pedido de nova decisão.

Art. 965. A apelação devolverá ao tribunal o conhecimento da matéria impugnada.

§ 1º Serão, porém, objeto de apreciação e julgamento pelo tribunal todas as questões suscitadas e discutidas no processo, resolvidas ou não pela sentença.

§ 2º Quando o pedido ou a defesa tiver mais de um fundamento e o juiz acolher apenas um deles, a apelação devolverá ao tribunal o conhecimento dos demais.

§ 3º Se a causa versar sobre questão exclusivamente de direito ou estiver em condições de imediato julgamento, o tribunal deve decidir desde logo a lide quando:

I – reformar sentença fundada no art. 472;

II – declarar a nulidade de sentença por não observância dos limites do pedido;

OS EFEITOS DOS RECURSOS

III – declarar a nulidade de sentença por falta de fundamentação;

IV – reformar sentença que reconhecer a decadência os prescrição.

Art. 966. A apelação será interposta e processada no juízo de primeiro grau; intimado o apelado e decorrido o prazo para resposta, os autos serão remetidos ao tribunal, onde será realizado o juízo de admissibilidade.

Art. 967. As questões de fato não propostas no juízo inferior poderão ser suscitadas na apelação, se a parte provar que deixou de fazê-lo por motivo de força maior.

Art. 968. A atribuição de efeito suspensivo à apelação obsta a eficácia da sentença.

CAPÍTULO III
DO AGRAVO DE INSTRUMENTO

Art. 969. Cabe agravo de instrumento contra as decisões interlocutórias que versarem sobre:

I – tutelas de urgência ou da evidência;

II – o mérito da causa;

III – rejeição da alegação de convenção de arbitragem;

IV – o incidente de resolução de desconsideração da personalidade jurídica;

V – a gratuidade de justiça;

VI – a exibição ou posse de documento ou coisa;

VII – exclusão de litisconsorte por ilegitimidade;

VIII – a limitação de litisconsórcio;

IX – a admissão ou inadmissão de intervenção de terceiros;

X – outros casos expressamente referidos em lei.

Parágrafo único. Também caberá agravo de instrumento contra decisões interlocutórias proferidas na fase de liquidação de sentença, cumprimento de sentença, no processo de execução e no processo de inventário.

Art. 970. O agravo de instrumento será dirigido diretamente ao tribunal competente, por meio de petição com os seguintes requisitos:

I – a exposição do fato e do direito;

II – as razões do pedido de reforma da decisão e o próprio pedido;

III – o nome e o endereço completo dos advogados constantes do processo.

Art. 971. A petição de agravo de instrumento será instruída:

I – obrigatoriamente, com cópias da decisão agravada, da certidão da respectiva intimação ou outro documento oficial que comprove a tempestividade e das procurações outorgadas aos advogados do agravante e do agravado;

II – facultativamente, com outras peças que o agravante entender úteis.

§ 1º Acompanhará a petição o comprovante do pagamento das respectivas custas e do porte de retorno, quando devidos, conforme tabela publicada pelos tribunais.

§ 2º No prazo do recurso, a petição será protocolada no tribunal, postada no correio sob registro com aviso de recebimento ou interposta por outra forma prevista na lei local.

§ 3º A falta de peça obrigatória não implicará a inadmissibilidade do recurso se o recorrente, intimado, vier a supri-la no prazo de cinco dias.

Art. 972. O agravante poderá requerer a juntada aos autos do processo, de cópia da petição do agravo de instrumento e do comprovante de sua interposição, assim como a relação dos documentos que instruíram o recurso, com exclusivo objetivo de provocar a retratação.

Parágrafo único. Se o juiz comunicar que reformou inteiramente a decisão, o relator considerará prejudicado o agravo.

Art. 973. Recebido o agravo de instrumento no tribunal e distribuído imediatamente, se não for o caso de julgamento monocrático, o relator:

I – poderá atribuir efeito suspensivo ao recurso ou deferir, em antecipação de tutela, total ou parcialmente, a pretensão recursal, comunicando ao juiz sua decisão;

II – mandará intimar o agravado, na mesma oportunidade, por ofício dirigido ao seu advogado, sob registro e com aviso de recebimento, para que responda no prazo de quinze dias, facultando-lhe juntar a documentação que entender conveniente, sendo que, nas comarcas sede de tribunal e naquelas em que o expediente forense for divulgado no diário oficial, a intimação far-se-á mediante publicação no respectivo órgão;

III – determinará a intimação, preferencialmente por meio eletrônico, do Ministério Público, quando for caso de sua intervenção para que se pronuncie no prazo de dez dias.

Parágrafo único. A decisão liminar, proferida na hipótese do inciso I, é irrecorrível.

Art. 974. Em prazo não superior a um mês da intimação do agravado, o relator pedirá dia para julgamento.

CAPÍTULO IV
DO AGRAVO INTERNO

Art. 975. Ressalvadas as hipóteses expressamente previstas neste Código ou em lei, das decisões proferidas pelo relator caberá agravo interno para o respectivo órgão fracionário, observadas, quanto ao processamento, as regras dos regimentos internos dos tribunais.

§ 1º O recurso será dirigido ao órgão colegiado competente, e, se não houver retratação, o relator o incluirá em pauta para julgamento colegiado, na primeira sessão.

§ 2º Quando manifestamente inadmissível o agravo interno, assim declarado em votação unânime, o tribunal condenará o agravante a pagar ao agravado multa fixada entre um e dez por cento do valor corrigido da causa, ficando a interposição de qualquer outro recurso condicionada ao depósito prévio do respectivo valor, ressalvados os beneficiários da gratuidade de justiça que, conforme a lei, farão o pagamento ao final.

CAPÍTULO V
DOS EMBARGOS DE DECLARAÇÃO

Art. 976. Cabem embargos de declaração contra qualquer decisão monocrática ou colegiada para:

I – esclarecer obscuridade ou eliminar contradição;

II – suprir omissão de ponto sobre o qual devia pronunciar-se o juiz ou tribunal;

III – corrigir erro material.

OS EFEITOS DOS RECURSOS

Parágrafo único. Eventual efeito modificativo dos embargos de declaração somente poderá ocorrer em virtude da correção do vício, desde que ouvida a parte contrária no prazo de cinco dias.

Art. 977. Os embargos serão opostos, no prazo de cinco dias, em petição dirigida ao juiz ou relator, com indicação do ponto obscuro, contraditório ou omisso, não estando sujeitos a preparo.

Art. 978. O juiz julgará os embargos em cinco dias; nos tribunais, o relator apresentará os embargos em mesa na sessão subsequente, proferindo voto. Não havendo julgamento nessa sessão, será o recurso incluído em pauta.

Parágrafo único. Quando os embargos de declaração forem opostos contra decisão proferida na forma do art. 888, o relator os decidirá monocraticamente.

Art. 979. Consideram-se incluídos no acórdão os elementos que o embargante pleiteou, para fins de prequestionamento, ainda que os embargos de declaração não sejam admitidos, caso o tribunal superior considere existentes omissão, contradição ou obscuridade.

Art. 980. Os embargos de declaração não têm efeito suspensivo e interrompem o prazo para a interposição de outros recursos por qualquer das partes.

§ 1º A eficácia da decisão monocrática ou colegiada poderá ser suspensa pelo respectivo juiz ou relator se demonstrada a probabilidade de provimento do recurso, ou, sendo relevante a fundamentação, houver risco de dano grave ou difícil reparação.

§ 2º Quando intempestivos, a interrupção do prazo não aproveitará ao embargante.

§ 3º Se, ao julgar os embargos de declaração, o juiz, relator ou órgão colegiado não alterar a conclusão do julgamento anterior, o recurso principal interposto pela outra parte antes da publicação do resultado será processado e julgado independente de ratificação.

§ 4º Quando manifestamente protelatórios os embargos, o juiz ou o tribunal condenará o embargante a pagar ao embargado multa não excedente a cinco por cento sobre o valor da causa.

§ 5º Não serão admitidos novos embargos declaratórios, se os anteriores houverem sido considerados protelatórios.

§ 6º A interposição de qualquer outro recurso fica condicionada ao depósito do valor de cada multa, ressalvados os beneficiários da gratuidade de justiça que a recolherão ao final, conforme a lei.

CAPÍTULO VI
DOS RECURSOS PARA O SUPREMO TRIBUNAL FEDERAL
E PARA O SUPERIOR TRIBUNAL DE JUSTIÇA

Seção I

Do Recurso Ordinário

Art. 981. Serão julgados em recurso ordinário:

I – pelo Supremo Tribunal Federal, os mandados de segurança, os habeas data e os mandados de injunção decididos em única instância pelos tribunais superiores, quando denegatória a decisão;

II – pelo Superior Tribunal de Justiça:

a) os mandados de segurança decididos em única instância pelos Tribunais Regionais Federais ou pelos Tribunais dos Estados e do Distrito Federal e Territórios, quando denegatória a decisão;

b) as causas em que forem partes, de um lado, Estado estrangeiro ou organismo internacional e, do outro, Município ou pessoa residente ou domiciliada no País.

Parágrafo único. Nas causas referidas no inciso II, alínea b, caberá agravo das decisões interlocutórias.

Art. 982. Ao recurso mencionado no art. 981 aplica-se, quanto aos requisitos de admissibilidade e ao procedimento no juízo de origem, as disposições relativas à apelação, observando-se, no Supremo Tribunal Federal e no Superior Tribunal de Justiça, o disposto nos seus regimentos internos.

Seção II

Do Recurso Extraordinário e do Recurso Especial

Subseção I

Disposições gerais

Art. 983. O recurso extraordinário e o recurso especial, nos casos previstos na Constituição da República, serão interpostos perante o presidente ou o vice-presidente do tribunal recorrido, em petições distintas que conterão:

I – a exposição do fato e do direito;

II – a demonstração do cabimento do recurso interposto;

III – as razões do pedido de reforma da decisão recorrida.

§ 1º Quando o recurso fundar-se em dissídio jurisprudencial, o recorrente fará a prova da divergência mediante certidão, cópia ou citação do repositório de jurisprudência, oficial ou credenciado, inclusive em mídia eletrônica, em que tiver sido publicada a decisão divergente, ou ainda pela reprodução de julgado disponível na Internet, com indicação da respectiva fonte, mencionando, em qualquer caso, as circunstâncias que identifiquem ou assemelhem os casos confrontados.

§ 2º Quando o recurso tempestivo contiver defeito formal que não se repute grave, o Superior Tribunal de Justiça ou Supremo Tribunal Federal poderão desconsiderar o vício, ou mandar saná-lo, julgando o mérito.

§ 3º Quando, por ocasião de incidente de resolução de demandas repetitivas, o presidente do Supremo Tribunal Federal ou do Superior Tribunal de Justiça receber requerimento de suspensão de processos em que se discuta questão federal constitucional ou infraconstitucional, poderá, considerando razões de segurança jurídica ou de excepcional interesse social, estender a eficácia da medida a todo o território nacional, até ulterior decisão do recurso extraordinário ou do recurso especial eventualmente interposto.

Art. 984. Recebida a petição pela secretaria do tribunal, o recorrido será intimado, abrindo-se-lhe vista, para apresentar contrarrazões.

Parágrafo único. Findo esse prazo, serão os autos conclusos para admissão ou não do recurso, no prazo de quinze dias, em decisão fundamentada.

Art. 985. Admitidos ambos os recursos, os autos serão remetidos ao Superior Tribunal de Justiça.

OS EFEITOS DOS RECURSOS

§ 1º Concluído o julgamento do recurso especial, os autos serão remetidos ao Supremo Tribunal Federal, para apreciação do recurso extraordinário, se este não estiver prejudicado.

§ 2º Se o relator do recurso especial considerar prejudicial o recurso extraordinário, em decisão irrecorrível sobrestará o julgamento e remeterá os autos ao Supremo Tribunal Federal.

§ 3º Na hipótese do § 2º, se o relator do recurso extraordinário, em decisão irrecorrível, rejeitar a prejudicialidade, devolverá os autos ao Superior Tribunal de Justiça, para o julgamento do recurso especial.

Art. 986. Se o relator, no Superior Tribunal de Justiça, entender que o recurso especial versa sobre questão constitucional, deverá conceder prazo de quinze dias para que o recorrente deduza as razões que revelem e existência de repercussão geral, remetendo, em seguida, os autos ao Supremo Tribunal Federal, que procederá à sua admissibilidade, ou o devolverá ao Superior Tribunal de Justiça, por decisão irrecorrível.

Art. 987. Se o relator, no Supremo Tribunal Federal, entender que o recurso extraordinário versa sobre questão legal, sendo indireta a ofensa à Constituição da República, os autos serão remetidos ao Superior Tribunal de Justiça para julgamento, por decisão irrecorrível.

Art. 988. Sendo o recurso extraordinário ou especial decidido com base em uma das causas de pedir ou em um dos fundamentos de defesa, o Superior Tribunal de Justiça ou o Supremo Tribunal Federal examinará as demais ainda não julgadas, independentemente da interposição de outro recurso, desde que tratem de matéria de direito.

§ 1º Se a competência for do outro Tribunal Superior, haverá remessa, nos termos dos arts. 986 e 987.

§ 2º Se a observância do caput deste artigo depender do exame de prova já produzida, os autos serão remetidos de ofício ao tribunal de origem, para decisão; havendo necessidade da produção de provas, far-se-á a remessa ao primeiro grau.

Art. 989. O Supremo Tribunal Federal, em decisão irrecorrível, não conhecerá do recurso extraordinário, quando a questão constitucional nele versada não oferecer repercussão geral, nos termos deste artigo.

§ 1º Para efeito da repercussão geral, será considerada a existência, ou não, de questões relevantes do ponto de vista econômico, político, social ou jurídico, que ultrapassem os interesses subjetivos da causa.

§ 2º O recorrente deverá demonstrar, para apreciação exclusiva do Supremo Tribunal Federal, a existência da repercussão geral.

§ 3º Haverá repercussão geral sempre que o recurso:

I – impugnar decisão contrária a súmula ou jurisprudência dominante do Supremo Tribunal Federal;

II – contrariar tese fixada em julgamento de casos repetitivos;

III – questionar decisão que tenha declarado a inconstitucionalidade de tratado ou lei federal, nos termos do art. 97 da Constituição da República.

§ 4º Negada a repercussão geral, a decisão valerá para todos os recursos sobre matéria idêntica, que serão indeferidos liminarmente, salvo revisão da tese, tudo nos termos do Regimento Interno do Supremo Tribunal Federal.

§ 5º O Relator poderá admitir, na análise da repercussão geral, a manifestação de terceiros, subscrita por procurador habilitado, nos termos do Regimento Interno do Supremo Tribunal Federal.

§ 6º A súmula da decisão sobre a repercussão geral constará de ata, que será publicada no diário oficial e valerá como acórdão.

§ 7º No caso do recurso extraordinário processado na forma da Seção III deste Capítulo, negada a existência de repercussão geral no recurso representativo da controvérsia, os recursos sobrestados considerar-se-ão automaticamente não admitidos.

Subseção II

Do julgamento dos recursos extraordinário e especial repetitivos

Art. 990. Sempre que houver multiplicidade de recursos com fundamento em idêntica questão de direito, o recurso extraordinário ou o recurso especial será processado nos termos deste artigo, observado o disposto no regimento interno do Supremo Tribunal Federal e do Superior Tribunal de Justiça.

Art. 991. Caberá ao presidente do tribunal de origem selecionar um ou mais recursos representativos da controvérsia, os quais serão encaminhados ao Supremo Tribunal Federal ou ao Superior Tribunal de Justiça independentemente de juízo de admissibilidade, ficando suspensos os demais recursos até o pronunciamento definitivo do tribunal superior.

§ 1º Não adotada a providência descrita no caput, o relator, no tribunal superior, ao identificar que sobre a questão de direito já existe jurisprudência dominante ou que a matéria já está afeta ao colegiado, poderá determinar a suspensão dos recursos nos quais a controvérsia esteja estabelecida.

§ 2º Na decisão de afetação, o relator deverá identificar com precisão a matéria a ser levada a julgamento, ficando vedado, ao Tribunal, a extensão a outros temas não identificados na referida decisão.

§ 3º Os processos em que se discute idêntica controvérsia de direito e que estiverem em primeiro grau de jurisdição ficam suspensos por período não superior a doze meses, salvo decisão fundamentada do relator.

§ 4º Ficam também suspensos, no tribunal superior e nos de segundo grau de jurisdição, os recursos que versem sobre idêntica controvérsia, até a decisão do recurso representativo da controvérsia.

Art. 992. O Relator poderá requisitar informações aos tribunais inferiores a respeito da controvérsia; cumprida a diligência, se for o caso, intimará o Ministério Público para se manifestar.

§ 1º Os prazos respectivos são de quinze dias e os atos serão praticados, sempre que possível, por meio eletrônico.

§ 2º O relator, conforme dispuser o Regimento Interno, e considerando a relevância da matéria, poderá solicitar ou admitir manifestação de pessoas, órgãos ou entidades com interesse na controvérsia.

§ 3º Transcorrido o prazo para o Ministério Público e remetida cópia do relatório aos demais Ministros, o processo será incluído em pauta, devendo ser julgado com preferência sobre os demais feitos, ressalvados os que envolvam réu preso e os pedidos de *habeas corpus*.

OS EFEITOS DOS RECURSOS

Art. 993. Decidido o recurso representativo da controvérsia, os órgãos fracionários declararão prejudicados os demais recursos versando sobre idêntica controvérsia ou os decidirão aplicando a tese.

Art. 994. Publicado o acórdão paradigma:

I – os recursos sobrestados na origem não terão seguimento se o acórdão recorrido coincidir com a orientação da instância superior; ou

II – o tribunal de origem reapreciará o recurso julgado, observando-se a tese firmada, independentemente de juízo de admissibilidade do recurso especial ou extraordinário, na hipótese de o acórdão recorrido divergir da orientação da instância superior.

§ 1º Mantido o acórdão divergente pelo tribunal de origem, far-se-á o exame de admissibilidade do recurso especial ou extraordinário.

§ 2º Reformado o acórdão, se for o caso, o tribunal de origem decidirá as demais questões antes não decididas e que o enfrentamento se torne necessário em decorrência da reforma.

Art. 995. Sobrevindo, durante a suspensão dos processos, decisão da instância superior a respeito do mérito da controvérsia, o juiz proferirá sentença e aplicará a tese firmada.

Parágrafo único. A parte poderá desistir da ação em curso no primeiro grau de jurisdição, se a questão nela discutida for idêntica à resolvida pelo recurso representativo da controvérsia. Se a desistência ocorrer antes de oferecida a contestação, a parte ficará isenta do pagamento de custas e de honorários de sucumbência.

Seção III

Do Agravo de Admissão

Art. 996. Não admitido o recurso extraordinário ou o recurso especial, caberá agravo de admissão para o Supremo Tribunal Federal ou para o Superior Tribunal de Justiça, conforme o caso.

§ 1º Na hipótese de interposição conjunta de recurso extraordinário e recurso especial, o agravante deverá interpor um agravo para cada recurso não admitido.

§ 2º A petição de agravo de admissão será dirigida à presidência do tribunal de origem, não dependendo do pagamento de custas e despesas postais.

§ 3º O agravado será intimado, de imediato, para oferecer resposta.

§ 4º Havendo apenas um agravo de admissão, o recurso será remetido ao tribunal competente. Havendo interposição conjunta, os autos serão remetidos ao Superior Tribunal de Justiça.

§ 5º Concluído o julgamento do agravo de admissão pelo Superior Tribunal de Justiça e, se for o caso, do recurso especial, os autos serão remetidos ao Supremo Tribunal Federal, para apreciação do agravo de admissão a ele dirigido, salvo se estiver prejudicado.

§ 6º No Supremo Tribunal Federal e no Superior Tribunal de Justiça, o julgamento do agravo de admissão obedecerá ao disposto no respectivo regimento interno, podendo o relator, se for o caso, decidir na forma do art. 888.

Seção IV

Dos Embargos de Divergência

Art. 997. É embargável a decisão de turma que:

I – em recurso especial, divergir do julgamento de outra turma, da seção ou do órgão especial, sendo as decisões, embargada e paradigma, de mérito;

II – em recurso especial, divergir do julgamento de outra turma, da seção ou do órgão especial, sendo as decisões, embargada e paradigma, relativas ao juízo de admissibilidade;

III – em recurso especial, divergir do julgamento de outra turma, da seção ou do órgão especial, sendo uma decisão de mérito e outra que não tenha conhecido do recurso, embora tenha apreciado a controvérsia;

IV – nas causas de competência originária, divergir do julgamento de outra turma, seção ou do órgão especial.

§ 1º Poderão ser confrontadas teses jurídicas contidas em julgamentos de recursos e de ações de competência originária.

Art. 998. No recurso de embargos de divergência, será observado o procedimento estabelecido no regimento interno.

Parágrafo único. Na pendência de embargos de divergência de decisão proferida em recurso especial, não corre prazo para interposição de eventual recurso extraordinário.

OS EFEITOS DOS RECURSOS

Impressão:
Evangraf
Rua Waldomiro Schapke, 77 - POA/RS
Fone: (51) 3336.2466 - (51) 3336.0422
E-mail: evangraf.adm@terra.com.br